河北省碳达峰
与碳中和目标分摊机制
及路径对策研究

HEBEISHENG TANDAFENG
YU TANZHONGHE MUBIAO FENTAN JIZHI
JI LUJING DUICE YANJIU

卢 灿 著

中国财经出版传媒集团

经济科学出版社
Economic Science Press

北京

图书在版编目（CIP）数据

河北省碳达峰与碳中和目标分摊机制及路径对策研究 /
卢灿著. -- 北京：经济科学出版社，2024.8. -- ISBN
978 - 7 - 5218 - 6233 - 1

Ⅰ. X511

中国国家版本馆 CIP 数据核字第 2024NJ1651 号

责任编辑：李　雪　袁　溦
责任校对：孙　晨
责任印制：邱　天

河北省碳达峰与碳中和目标分摊机制及路径对策研究

卢　灿　著

经济科学出版社出版、发行　新华书店经销
社址：北京市海淀区阜成路甲 28 号　邮编：100142
总编部电话：010 - 88191217　发行部电话：010 - 88191522
网址：www. esp. com. cn
电子邮箱：esp@ esp. com. cn
天猫网店：经济科学出版社旗舰店
网址：http://jjkxcbs. tmall. com
固安华明印业有限公司印装
710×1000　16 开　22 印张　314000 字
2024 年 8 月第 1 版　2024 年 8 月第 1 次印刷
ISBN 978 - 7 - 5218 - 6233 - 1　定价：115.00 元

前　　言

中国碳达峰和碳中和目标的提出，既体现了中国积极参与全球气候治理的大国责任担当，也表达了中国践行绿色低碳可持续发展理念的坚定决心。实现碳达峰与碳中和是整个中国的一项庞大复杂的系统性工程，更是一个不能一蹴而就的远景目标，需要突破区域间要素流动壁垒，形成"全国一盘棋"。各省级区域单位应立足现在，着眼长远，因地制宜，制定针对性碳达峰和碳中和方案，以共同但有区别的付出为中国整体目标的实现贡献力量。

河北省因其得天独厚的自然地理优势和重要的战略定位，是全国现代商贸物流重要基地、产业转型升级试验区、新型城镇化与城乡统筹示范区、京津冀生态环境支撑区，在未来发展征程上被寄予重要期望。2020 年河北省国内生产总值（GDP）以 3.9% 的增速达到 36206.9 亿元，在全国排名第 13 位，经济发展并不靠前，但却是我国的能源消费和碳排放大省，面临复杂严峻的减排形势。

本书以河北省碳排放为实证分析对象，以碳达峰、碳中和的实现路径为切入点，通过科学的定性分析与定量分析相结合的数据模型计量方法对河北省碳排放未来发展路径进行预测、模拟以及综合评估。围绕河北省整体碳达峰与碳中和目标的时间表和路线图规划、11 个地级市与雄安新区的碳达峰与碳中和的分解子目标制定、行业碳达峰与碳中和的实现机制三个关键问题展开研究。以上述三个亟待解决的科学问题为抓手,按照总量分析—地区分解—行业分配—路径提出的逻辑思路搭建整体分析框架体系。首先,对河北省碳排放总量现状进行梳理分析,以期从多个维度、多个层面、多个主体、多个视角对河北省以及 11 个地级市的碳排放量进行盘查摸底,为后续的预测和减排方案制定奠定科学的数据基础。其次,通过构建预测模型,结合政策情景分析方法,分别设定不同强度的减排政策控制方案,模拟计算河北省总体碳达峰与碳中和时间及相应的碳排放水平。将碳达峰与碳中和河北省总体目标按照统一原则、统一尺度、统一方法分解到 11 个地级市与雄安新区,并汇总得出各地市的目标。再次,将总量目标再按照两种基本思路的分配方法分摊到各行业部门。最后,基于不同强度的政策情景约束前提,分别从省级层面、地市层面、行业层面提出不同发展主体的碳达峰与碳中和目标实现路径及相应减排机制。分别按照近期(2025~2030 年)、中期(2030~2045 年)、长期(2060 年之前)针对仿真结果采用分部门、分阶段、分主体的逻辑结构提出不同减排路径下的创新发展策略建议,力求立体式、系统化、全方位对河北省碳达峰与碳中和目标的制定及其贯彻执行路线提供具体详细的解决方案,揭示和探寻在新发展阶段下实现河北省碳峰值和碳中和的内在原理,为河北省制定碳达峰与碳中和时间表和路线图提供决策依据。

尽管在本书编写过程中作者力求完善,但由于知识水平与能力有限,书中难免存在疏漏与不妥之处,恳请各位读者批评指正。

卢 灿

2024 年 8 月

目　　录

第三篇　多目标优化视角下的河北省
分区域碳排放额度分解分析

第四篇　效率和公平视角下的河北省
分行业碳排放额度分解分析

第一篇

河北省能源经济社会整体发展概况

本篇共包括三章内容，分别为：河北省国民经济发展现状分析、河北省社会发展现状分析、河北省能源生产与消费现状分析。本篇内容主要从经济、社会、能源三个方面对河北省的基本情况进行分析，旨在为本书后续内容的研究奠定现实基础。

第一章

河北省国民经济发展现状分析

近年来，河北省经济发展取得了长足进展，经济发展成果显著，经济总量不断扩大，经济结构、发展质量等各方面日趋向好。为深入分析全省国民经济发展所处方位，本章对全省 2015～2020 年以来国民经济发展轨迹进行描述分析，以地区生产总值、三次产业增加值、货物进出口总额等重要指标为切口，通过与周边省份以及省内各地市之间进行多层面对比，从而实现对河北省国民经济发展现状及发展趋势全面而准确的总结。本章基础数据来自《中国统计年鉴》《中国能源统计年鉴》《河北省统计年鉴》。

第一节 2015～2020 年河北省经济总量发展现状分析

一、2015～2020 年地区生产总值动态趋势及比较分析

（一）2015～2020 年地区生产总值动态趋势

2015～2020 年，河北省政府认真贯彻习近平新时代中国特色社会

主义思想，贯彻落实绿水青山就是金山银山，坚持新发展理念。党的十九大以来，习近平总书记多次视察河北，作出"四个加快""六个扎实""三个扎扎实实"和建设经济强省、美丽河北，高起点、高标准建设雄安新区等一系列重要指示，特别强调"认真贯彻创新、协调、绿色、开放、共享的新发展理念"①。如图 1 - 1 所示，2020 年河北省经济实力大幅提升，全省生产总值迈上新台阶。地区生产总值从 2015 年的 26398.41 亿元增加到 2020 年的 36206.94 亿元，按不变价计算，比 1952 年增长 183.10 倍，年均增长 8.03%。

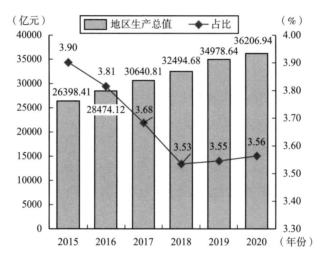

图 1 - 1   2015 ~ 2020 年河北省地区生产总值及占全国比值

资料来源：《河北统计年鉴》《河北经济年鉴》。

2015 年，河北省在面临着化解过剩产能、大气污染防治双重任务的背景下，全省着力调结构转方式，深入实施"6643"工程，促改革、治污染，加快产业结构转型升级，取得了生产总值达 26398.41 亿元的成绩，较上年增加 4.72%，占全国②国内生产总值 3.90%。

———————————

① 资料来源：《2020 年河北省政府工作报告》。
② 本书讨论范围不包含港澳台地区，全书同。

多年来，河北省经济结构偏重工业，环境污染较为严重，2016 年作为"十三五"开局之年，经过不断地去产能、着力培育新动能，经济结构调整步伐加快。河北省经济总量达到 28474.12 亿元，比 2015 年增加了 7.86%，占全国国内生产总值 3.81%。

2017 年，河北省生产总值突破 3 万亿元大关，达到 30640.81 亿元，"三去一降一补"持续推进、供给侧结构性改革取得新成效，新动能快速成长，转型升级迈出新步伐。河北省生产总值较 2016 年增加了 7.61%，占全国国内生产总值 3.68%。

2018 年，河北省全面落实"3689"工作思路，产业结构更趋优化，新动能加快成长，生态环境明显好转。全年生产总值达 32494.68 亿元，较 2017 年增长 6.05%，占全国国内生产总值 3.53%。

2019 年，河北省继续以供给侧结构性改革为主线，保持总体平稳、稳中有进、稳中向好总体态势，经济发展的动力、活力、竞争力不断增加，为全省高质量发展提供重要支持。全年实现全省生产总值 34978.64 亿元，较上年增长 7.64%，占全国国内生产总值 3.55%。

面对严峻复杂的国内外环境和新冠疫情的严重冲击，全省统筹疫情防控和经济社会发展，雄安新区建设取得重大进展，2020 年全省实现地区生产总值 36206.94 亿元，较去年增长 3.51%，占全国国内生产总值 3.56%。

（二）地区生产总值与全国各省份的比较分析

工业产业化初期，在资源、投资的双重拉动下，河北省走过了"十一五""十二五"经济高速增长的黄金阶段，在此阶段河北省的经济运行质量得到显著提高，财政收入和工业效益均达到历史最高水平。如表 1-1 所示，河北省地区生产总值在 2003~2004 年跃升到全国第 5 位。2005~2015 年，河北省往后移 1 位，排名第 6 位，与同时期广东省、江苏省、山东省、浙江省、河南省这排在前五位的省份属同一层级。2015 年之后，形势发生逆转，在产能过剩和环境保护的双重压力下，河北省正式踏入了艰难的产业转型升级的阶段，自此河北省作为国内第6位经济大省的地位开始发生摇荡，到2016年时河北省已先后被四川省、湖北省、湖南省超越，并且与这几省的差距呈逐年扩大态势。在2015年时四川省GDP为30103.26亿元，河北省GDP为26398.32亿元；但到2020年底，四川省为48598.76亿元，河北省为36206.90亿元，短短几年，两省的GDP差距从2015年的3704.94亿元扩大到2020年的12391.86多亿元。

表1-1　　　　　2020年各省（区、市）地区生产总值及增速

序号	省（区、市）	地区生产总值（亿元）	增速（%）
1	广东	110760.94	2.3
2	江苏	102700.00	3.7
3	山东	73129.00	3.6
4	浙江	64613.00	3.6
5	河南	54977.07	1.3
6	四川	48598.76	3.8
7	福建	43903.89	3.3
8	湖北	43443.46	-5.0
9	湖南	41781.49	3.8
10	上海	38700.58	1.7
11	安徽	38680.60	3.9
12	河北	36206.90	3.6
13	北京	36102.60	1.2
14	陕西	26181.86	2.2
15	江西	25691.50	3.8
16	辽宁	25115.00	0.6
17	重庆	25002.79	3.9
18	云南	24521.90	4.0
19	广西	22156.69	3.7

序号	省（区、市）	地区生产总值（亿元）	增速（%）
20	贵州	17826.56	4.5
21	山西	17651.93	3.6
22	内蒙古	17360.00	0.2
23	天津	14083.73	1.5
24	新疆	13797.58	3.4
25	黑龙江	13698.50	1.0
26	吉林	12311.32	2.4
27	甘肃	9016.70	3.9
28	海南	5532.39	3.5
29	宁夏	3920.55	3.9
30	青海	3005.92	1.5
31	西藏	1902.74	7.8

资料来源：《中国统计年鉴》、国家统计局。

从 2020 年各省份地区生产总值排名来看，广东与江苏两省继续领跑全国，其地区生产总值分别是河北省的 3.05 倍和 2.80 倍，远远高于河北省。而与周边七个省份相对比，结果如下：比山东（73129.00 亿元）、河南（54977.07 亿元）分别低 36922.10 亿元和 18770.17 亿元；比北京（36102.60 亿元）略高 104.30 亿元；比辽宁（25115.00 亿元）、山西（17651.93 亿元）、内蒙古（17360.00 亿元）、天津（14083.73 亿元）分别高 11091.90 亿元、18554.97 亿元、18846.90 亿元、22123.17 亿元。

河北省由于地理位置和资源禀赋的原因，以前的发展模式主要是"两拼一靠"，即通过拼当地资源、拼当地环境、靠外来投资，在京津冀协同发展圈内尤其在经济实力方面呈现"京津太胖、河北太瘦"的现象。但近几年，由于疏解非首都功能和减量发展，北京在朝着新发展方式转身的同时，地区生产总值增速放缓。尤其是受新冠疫情影响，2020 年北京地区生产总值增速仅为 1.20%，而河北凭借 3.56% 的地区生产总值增速，实现了 GDP 总量的赶超，经济总量也由减量为主向提高质量为主转变。

与周边省份相比较，河北省经济总量较大，总基本面良好。但自 2008 年金融危机后，河北省由于整体产能过剩，外贸拉动受阻，过分依赖能源、原材料、地方资源等原因经济增速也有所放缓，近几年与绝大部分省份在你追我赶的区域竞争中，也因转型艰难、转型包袱过重而落在了后面。从 2016 年开始，以四川、湖北、湖南为代表的一些早年相对落后于河北的省份纷纷通过供给侧结构性改革等方式实现了赶超。2020 年河北省地区生产总值排名第 12 位，从整体来看，河北省兼具了东部的区位、中部的实力、西部的收入这三种品质。从 GDP 增速到 GDP 总值等各种迹象表明河北省已不再是经济大省，而是"面积大而不强""人口多而不富"的人口大省、国土大省。这也从侧面反映了由于河北省产业结构固化所导致的诸多问题。针对全省经济水平较低状况，应当在发展中更重视综合协调和可持续发展，发挥环京津、临渤海的优势，推进产业转型升级，扩大内需等。

二、2015~2020 年三次产业增加值动态趋势及比较分析

分析三次产业的增加趋势，一方面从"质"的角度动态地揭示在地区经济发展过程中各产业部门中起支撑作用或主导地位的产业在不断发生变化的规律和其所对应的结构效益，同时展示了各个产业技术经济之间的联系与联系方式不断发展的变化趋势；另一方面是从"量"的角度静态地探讨和剖析在一定时期内产业间联系的技术经济数量比例关系和产业间联系方式的变换。本部分将通过赛尔奎因（Syrquin）－钱纳里（Chenery）模型中的三次产业 GDP 构成来判定河北省三次产业构成是否协调。

（一）2015～2020年三次产业增加值的动态趋势

党的十八大以来，习近平总书记多次视察河北省，发表了一系列重要讲话，为河北省改革发展指明了前进方向。河北省委、省政府深入贯彻落实习近平总书记关于河北省工作的重要指示批示精神，提出了"坚决去、主动调、加快转，大力推进经济结构战略性调整和转型升级，经济发展的全面性、协调性和可持续性显著增强"的总方针。2015～2020年，河北省大力推进产业结构调整，着力化解过剩产能，加快推进服务业发展，三次产业结构发生了深刻变革。

1. 横向比较

（1）发展速度与总量分析。

如图1-2所示，第一产业产出总量一般，发展速度最慢。尽管2015年以来，河北省第一产业本身也在加速发展，其规模也在不断壮大。但从目前的发展现状来看，截至2020年河北省第一产业仍然低于全国平均水平，是三次产业中总量最小、发展较慢的产业，2016年甚至出现第一产业略微下降的态势。

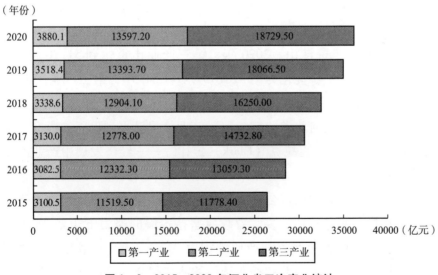

图1-2　2015～2020年河北省三次产业统计

资料来源：《河北统计年鉴》、《河北经济年鉴》、河北省统计局。

第二产业产出总量相对较小，发展速度最快。河北省作为中国至关重要的重工业大省，河北省的能源行业、钢铁工业在本省所占比重很大，但建设质量和效益很低。河北省已经进入工业化中后期阶段，不得不进行相当长时期的第二产业转型调整，才能真正步入良性发展轨道。2015～2020年，受京津冀一体化影响，河北省加入一体化的几年内第二产业发展速度一度较快，借助京津冀协同发展契机有力地推动了第二产业的全面发展。

第三产业产出总量最大，发展速度较快。尤其是2015年以来，河北的第三产业一直是三次产业中总量较大、发展较快的产业。在2015年，第三产业以11778.40亿元的产业增加值超过了第二产业11519.50亿元的产业增加值，首次成为三次产业中规模最大的产业。可以肯定的是，自2015年以来，河北各产业的增加值都实现了较快增长，第三产业的增长尤为引人注目。

（2）产值与比重分析。

如图1-3所示，第一产业产值比重曲折下降。2015年，河北省全省产业结构调整首次实现历史性蜕变，产业结构由之前的"二三一"结构转变为"三二一"格局，第三产业比重首次超过第二产业，跃升为河北省国民经济第一大产业。2018年，第三产业比重首次超过50.00%，占据半壁江山。2020年，第三产业比重达到51.70%，三次产业结构比进一步优化为10.70∶37.60∶51.70，第三产业比1952年提高32.81个百分点，比2015年提高7.10%，超过第二产业14.1%，由此可见河北省"三二一"产业格局已得到巩固和提升。结合"佩蒂（Petty）-克拉克（Clark）定律"——经济发展中产业的相对收入差距会推动劳动力分布结构变化，在中国的经济发展过程中体现为二、三产业的占比将会持续上升且第一产业的产值比重趋于逐步降低的趋势。河北省在省委、省政府坚持不懈的努力下历经20年的调整，成功实现了河北省的产业结构由"二三一"转型升级为"三二一"格局，整体上河北省产业结构的演变契合世界产业结构演变的规律。但与全国2020年三次产业结构比7.72∶37.78∶54.50还有一定

的差距，第三产业比重略低于全国平均水平，亟须快速发展。

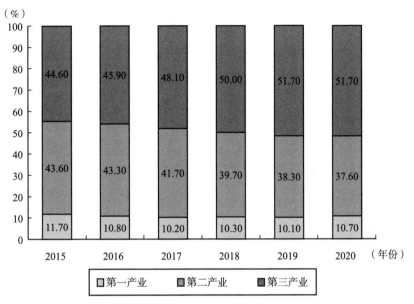

图 1-3　2015～2020 年河北省三次产业比值

资料来源：《河北统计年鉴》、《河北经济年鉴》、河北省统计局。

2. 纵向比较

如图 1-4 所示，第一产业发展趋势：2015～2020 年，河北省第一产业占 GDP 的比重呈总体波动下降态势，并且于 2016 年第一产业占比首次降至 11.00% 以下。2015 年，河北省第一产业增加值为 3100.51 亿元，占全省地区生产总值比重为 11.70%，比全国高出 3.30 个百分点。2020 年，河北省第一产业增加值为 3880.07 亿元，占全省地区生产总值比重为 10.70%，较 2015 年下降了 1 个百分点，比全国高出 3 个百分点。总体来看第一产业在总量快速上涨的同时所占权重明显下降，河北省第一产业占比与全国差距总体呈不断收窄趋势。其中：2016 年和 2017 年差距最小，相差 2.70 个百分点，2015 年和 2018 年差距最大，相差 3.30 个百分点。

图 1 - 4 2015~2020 年全国和河北省第一产业占比情况

资料来源：《中国统计年鉴》《河北统计年鉴》。

河北省第一产业份额较全国平均水平一直偏大，水平较低。河北省是以区域农业产业作为第一产业支柱产业。作为仅次于东三省的产粮大省，2020 年河北省粮食播种面积达到 638.90 万公顷，较 2015 年的 639.20 万公顷减少 0.3 万公顷，2020 年粮食播种面积约占全省耕地总面积的 84.03%，粮食总产量为 379.61 亿千克，占全国粮食总产量的 5.60%，但 2020 年河北省林业总产值占农林牧渔业总产值比重却不到 30.00%，相较而言粮食产业的效益还很低。河北省委、省政府积极调整产业结构，大力推进河北省的反季节特色蔬菜、多样花草、新鲜果品等都市精品农业涌入市场，大量供给京津冀地区。2020 年河北省的畜牧业、蔬菜业、果品业三大优势产业产值实现较大幅度跃升，占农、林、牧、渔业总产值比重达 64.56%，第一产业结构得到合理优化，但目前三大优势产业的耕种面积很小，不到 10.00%，尚未激发内需潜力形成规模经济优势，河北省都市精品农业有进一步发展空间。总体而言，目前河北省的现代农业发展还较为缓慢，相较于全国尤其是东三省粮食生产的规模化、市场化、产业化，河北省"三化"程度不高，这是河北省农业发展所面临的严峻挑战亦是发展方向。从近五年数据来看，第一产业产值占比虽然持续降低，其内部结构却不断优化，通过分类分层施策，打造都市精品农业、重点发展特色产业、推进农业产业集约化。河北省为积极推进农业现代化，农业发展格局从传统种植业向着农林牧渔业齐头并进发展，例如打造冀中平原、坝上高原，积极推进太行山连翘、燕山北苍术等中药材产业建设等。河北省第一产业将实现由规模小、市场化低、品种单一的传统农业向多业共同发展的集约化程度高的现代农业转变，第一产业中的农业产业化进程越发加快，河北省农业的比较优势和规模优势将逐步显现。

如图1-5所示，第二产业发展趋势：河北省第二产业与第一产业一样层次较低，钢铁等其他行业产能过剩问题亟待解决。在2015年前河北省第二产业所占比重历年均在45.50%以上，虽然2015年后河北省第二产业比重有所降低且呈现逐年下降的趋势，但资源型产业依然是河北工业发展的主导力量，第二产业仍为支柱型产业。在2018年前第二产业所占比重一直高于全国平均水平，2018年后才低于全国第二产业比重平均水平。即便如此第二产业依然是河北省发展的中坚板块，在推动社会经济的发展上发挥重要影响作用。

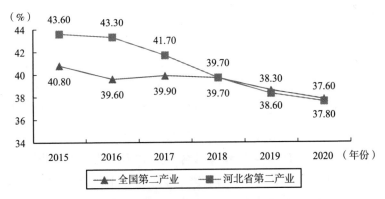

图1-5 2015~2020年全国和河北省第二产业占比情况

资料来源：《中国统计年鉴》《河北统计年鉴》。

在第二产业中，河北省传统产业和能源密度高的产业所占比重较大，2015～2020年，钢铁、石化、建材作为三大资源型产业其增加值在全部的工业增加值中的占比虽有下降但一直超过50.00%，工业初级化和低端化特征依然十分明显，钢铁等其他产能过剩问题依然十分严峻。一方面国内市场传统产业产能过剩问题和产业单一化问题亟待解决，另一方面受国际金融危机多层次广泛的影响，再加上国际市场对建材等产品需求持续低迷，河北省传统产业产能缺乏创新和产品低端化促使产能过剩进一步激化，尤其是钢铁、水泥、平板玻璃这3个行业更为突出。由于国内市场初期产业发展模式粗放，河北省在改革期间出现了严重的供过于求，行业短板日益凸显，产品同质化问题逐渐加剧，行业的边际效益下滑，只有及时地采取合理措施，提高创新力，发展高新技术，现状才能得以改变，减少市场的恶性竞争，形成国内有效循环，社会资源合理利用，能源资源得到有效保护，生态环境得以修复。如果不深化改革第二产业则会影响经济结构的优化升级，经济发展质量和经济发展效益将严重下滑，直接威胁到河北省第二产业的健康发展，由于第二产业比重较大甚至会造成民生问题和影响社会福祉。目前，河北省的新兴产业和高新技术产业规模具有进一步提升的空间，而以钢铁、建材为主的原材料工业可以通过产品优化和技术突破创新打造新的增长点，举全省之力大力发展以现代装备和高精尖为特征的先进制造业。

如图1-6所示，第三产业发展趋势：2015～2020年河北省第三产业所占比重逐年提升，到2020年第三产业产值占比与2015年相比增加了7.10%，占比51.70%，对经济拉动力显著增强。虽然较全国第三产业所占比重仍有差距，但河北省近年加大力度推动第三产业的高质量发展，既注重低端服务业融合高新技术产业，促使服务业质量不断提高，增加竞争优势，又加快高端服务业走出河北省，数量上不断增加，同时还致力于促进新兴业态的发展。第三产业中，河北省邮政业、餐饮业、旅游业继续保持高速增长。2019年和2020年，全省邮政行业业务总量增幅为53.21%、业务收入增幅为30.63%、快递业务收入增幅为38.21%，三项指标位居全国第一，其中2020年快递业务量增幅也首次成为全国第1位。

图1-6 2015～2020年全国和河北省第三产业占比情况

资料来源：《中国统计年鉴》《河北统计年鉴》。

2015～2020年，虽然河北省的第三产业所占比重一直在增长，发展势头良好，但第三产业内部仍然存在着一些问题。相较于中国的发达省份，河北省第三产业的发展程度远远比不上，之间具有相当明显的差距。第三产业内部分布不合理，服务业发展水平较低，高新技术产业比重低，新兴服务业发展缓慢，现代服务业发展缓慢。河北省的传统服务业仍占据第三产业的主导地位，现代服务业中占主要比重的生产性服务业仍处于短板，尚未形成规模优势，低于全国平均水平。河北省第三产业和第二产业发展不协调，影响了农业和产业劳动力的有序转移，成为河北省加快工业化和城镇化的重要制约因素。第三产业和第二产业的脱钩严重制约了产业结构的升级和优化，导致经济增长稳定性差，人民幸福感不强，社会效益低下。河北省作为资源密集型重化工大省，毗邻京津，毗邻渤海，具有天然的地理优势发展港口运输且需求缺口巨大。只有通过大力发展现代物流业、培育高端信息服务人才、加强金融监管和保险、加大研发设计投入力度、支持服务外包等生产性服务业，才能加快河北省产业结构优化、促进二三产业协调发展、推进新兴产业发展、转变经济发展方式，这具有极为重要的意义，也尤为迫切。

（二）三次产业增加值与全国各省份的比较分析

随着京津冀一体化规划和建设国家级雄安新区战略的顺利实施，河北省的产业转型和发展迎来了叠加的关键机遇期，但河北省经济高质量发展仍然面临着诸多困难和挑战：产业结构方面严重不协调，建设用地及能源方面资源紧张、水资源匮乏，人才与产业需求严重不对等，产业升级缓慢，企业和高校的主动创新性意识和能力不强，产业链条短，产品附加值处于低端，等等。如表 1 - 2 所示，从全国三次产业增加值及增速中可以看出：与京津相比，河北省第一产业总量是最大的，2020 年以 3880.10 亿元的增加值在京津冀地区第一产业增加值中占比高达 92.43%；在全国排名第八位，远远高于周边的山西、内蒙古、北京、辽宁；是上海的 37.45 倍；但与排名第一的四川相比相差 1676.50 亿元，四川省将近是河北省的 1.5 倍。河北省第一产业增速以 10.28% 居于全国中等水平，低于天津 13.38% 的增速，比北京高将近 16 个百分点，稳步保持逐年的正增长态势，宁夏以 20.71% 的增速占据全国第一。与第一产业相似，河北省第二产业发展水平居于全国第 12 位，均高于京津地区水平，占京津冀地区第二产业增加值总数的 56.38%；而江苏、广东分别为 44226.40 亿元、43450.20 亿元，分别是河北的 3.25 倍和 3.20 倍；远低于河南的 22875.30 亿元、福建的 20328.80 亿元。第二产业增速也表现平平，居于中国第 12 位，与西藏相比增速相去甚远，西藏第二产业增速约为河北省的 16.84 倍。相对于第一产业增加值与第二产业增加值在京津冀地区河北省所占的优势，河北省第三产业增加值比北京落后 11549.10 亿元，在京津冀中仅仅占 32.24%；远远低于广东的 62540.80 亿元、江苏的 53955.80 亿元；与周边省份相比，比毗邻的辽宁省高 5300.10 亿元、比山西高 9699.70 亿元。第三产业增速分别比北京高 1.60 个百分点、比天津高 2.03 个百分点。河北省在省委、省政府多年的不懈努力下积极加速产业转型升级，但其产业结构还有进一步优化空间，同京津地区还存在较大的差距，与周边省份相比，皆低于山东省的三次产业增速。受新冠疫情的制约，河北省三次产业转型速度并未明显加快，但在河北省政府的决策部署下，坚持稳中求进的总基调，坚持新发展理念，大力推动供给侧结构性改革，经济发展稳中向好，三次产业转型稳步提升。从环境角度分析，第三产业的发展可以减少一、二产业对于环境的影响；从民生角度来说，第三产业的发展同时有利于增强整个河北地区的就业吸纳能力。一是通过培育发展新兴产业。在大众创业、万众创新背景下，依托雄安新区和正定保税区，积极支持信息技术龙头企业发展、推进数字内容产业改革、加速科技与服务业深度融合，促进其他新兴产业发展，实现河北省第三产业与京津协同发展。二是加大资金支持并实施技术人才引进制度，打造优质先进的人才服务平台，推进人才引进工作。三是推动产业融合发展。加大文化创意产业与设计服务产业深度融合，促进信息、旅游产业的结合发展，丰富文旅产品的供给。以创意、设计引领产业升级，推动咨询设计产业向高端服务转型。

表 1-2　　　　　　　　2020 年全国三次产业增加值及增速

序号	省 （区、市）	产业增加值（亿元）			产业增速（%）		
		一	二	三	一	二	三
1	北京	107.60	5716.40	30278.60	-5.94	0.86	2.07
2	天津	210.20	4804.10	9069.50	13.38	-2.89	1.64
3	河北	3880.10	13597.20	18729.50	10.28	1.52	3.67
4	山西	946.70	7675.40	9029.80	14.71	2.80	4.15
5	内蒙古	2025.10	6868.00	8466.70	8.68	1.55	-1.39
6	辽宁	2284.60	9400.90	13429.40	4.89	-0.79	1.73
7	吉林	1553.00	4326.20	6432.10	20.64	4.63	2.02
8	黑龙江	3438.30	3483.50	6776.70	8.01	-4.30	0.83

续表

序号	省 （区、市）	产业增加值（亿元）			产业增速（%）		
		一	二	三	一	二	三
9	上海	103.60	10289.50	28307.50	-3.27	0.94	2.24
10	江苏	4536.70	44226.40	53955.80	5.57	1.65	6.10
11	浙江	2169.20	26413.00	36031.20	3.95	0.43	5.74
12	安徽	3184.70	15671.70	19824.30	9.21	4.69	4.56
13	福建	2732.30	20328.80	20842.80	5.27	1.31	5.99
14	江西	2241.60	11084.80	12365.10	8.94	2.44	4.88
15	山东	5363.80	28612.20	39153.10	4.82	1.56	5.10
16	河南	5353.70	22875.30	26768.00	15.49	-0.70	2.77
17	湖北	4131.90	17023.90	22287.70	8.47	-9.08	-2.66
18	湖南	4240.50	15937.70	21603.40	16.27	3.48	3.64
19	广东	4770.00	43450.20	62540.80	9.64	0.19	3.77
20	广西	3555.80	7108.50	11492.40	4.90	0.88	6.40
21	海南	1136.00	1055.30	3341.20	5.28	-2.63	5.46
22	重庆	1803.30	9992.20	13207.30	16.22	6.39	4.30
23	四川	5556.60	17571.10	25471.10	15.58	2.23	4.53
24	贵州	2539.90	6211.60	9075.10	11.37	4.02	6.55
25	云南	3598.90	8287.50	12635.50	18.47	2.82	4.20
26	西藏	150.70	798.30	953.80	9.04	25.60	3.23
27	陕西	2267.50	11362.60	12551.70	13.88	-3.54	4.40
28	甘肃	1198.10	2852.00	4966.50	13.10	-0.36	3.54
29	青海	334.30	1143.60	1528.10	10.73	-0.89	2.88
30	宁夏	338.00	1609.00	1973.60	20.71	1.38	4.90
31	新疆	1981.30	4744.50	7071.90	11.20	-0.83	0.58

资料来源：《中国统计年鉴》、国家统计局。

三、2015～2020 年货物进出口总额动态趋势及比较分析

（一）2015～2020 年货物进出口总额动态趋势

如图 1-7 所示，2015 年河北省进出口总额为 3192.40 亿元，比上年同期（下同）下降 13.41%，比全国总体增速低 6.54 个百分点，占全国进出口总值的 1.43%。其中出口 1150.30 亿元，下降 7.08%，比全国总体增速低 5.32 个百分点，占全国出口总值的 1.44%；进口 2042.10 亿元，下降 22.78%，比全国总体增速低 9.61 个百分点，占全国进口总值的 1.09%。2015 年 12 月当月进出口总额为 282.91 亿元，同比下降 15.78%，环比增长 14.11%。其中出口 177.21 亿元，同比下降 13.07%，环比增长 15.32%；进口 105.89 亿元，同比下降 20.11%，环比增长 12.24%。2015 年河北省钢材出口 611.22 亿元，下降 3.28%，占出口总值的 29.89%，其中钢铁棒材出口 262.44 亿元，增长 16.23%，钢铁板材出口 217.89 亿元，下降 12.23%。作为钢铁大省，钢铁行业是河北省最重要的产业支柱，水泥、平板玻璃等产能过剩行业也是河北省外贸进出口重要影响因素。全球经济增长动力疲累、大宗商品进口价格下跌，进口量回落成为河北省出口下降主因。

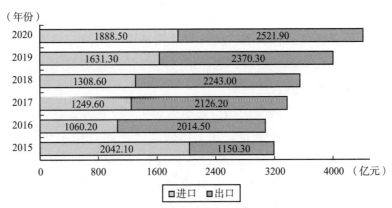

图 1-7　2015～2020 年河北省货物进出口总额

资料来源：《河北统计年鉴》《河北经济年鉴》。

2016 年河北省外贸进出口总额为 3074.70 亿元，比上年同期（下同）下降 3.72%，占全国进出口总值的 1.29%；其中出口 2014.54 亿元，下降 1.31%，全国下降 2.00%，占全国出口总值的 1.55%；进口 1060.23 亿元，下降 8.06%，占全国进口总值的 1.04%。2016 年进出口降幅较 2015 年收窄 9.71 个百分点，出口收窄 5.67 个百分点，进口收窄 14.98 个百分点，全年进出口规模除 2 月受春节假期影响外，其余月份均在 240.00 亿~295.00 亿元规模内徘徊。2016 年河北省对欧盟（28 国）进出口总额为 426.65 亿元，同比增长 4.02%，欧盟为第一大贸易伙伴。对美国进出口总额为 359.66 亿元，同比增长 2.36%，美国为第三大贸易伙伴。传统亚洲市场中，2016 年河北省对韩国进出口总额为 217.72 亿元，同比增长 8.76%，韩国为第五大贸易伙伴；对日本进出口总额为 135.91 亿元，下降 1.07%；对印度进出口总额为 96.13 亿元，增长 10.44%。传统东欧市场中，河北省外贸与俄罗斯始终保持着密切联系，近年来借助于俄包机更加稳固双方贸易发展，2016 年河北省对俄罗斯进出口总额为 166.34 亿元，同比增长 5.33%，俄罗斯为第六大贸易伙伴。传统进口市场中，依赖于铁矿砂进口，澳大利亚和巴西一直以来是河北省第一和第二大进口来源地。2016 年河北省对澳大利亚进出口总额为 397.42 亿元，下降 15.63%；对巴西进出口总额为 165.43 亿元。2016 年世界经济持续低迷，全球贸易萎缩，全球各个地区经济增速有显著差异，大部分国家及地区仍处于低位运行状态，国际贸易面临巨大挑战。国内经济供给侧结构性改革处于攻坚阶段，去产能去库存任务依然艰巨，进口需求薄弱，抑制了进口的快速回暖。

2017 年，河北省外贸进出口总值为 3375.80 亿元，在全国进出口总额中按规模排居第十五位，比上年同期（下同）增长 9.67%（同期全国外贸进出口总值增长 14.20%），河北省结束了 2015 年、2016 年连续两年的下降态势，2017 年外贸进出口总值占全国进出口总值的 1.22%，居全国进出口总额的中位数第十五位。其中，进口 1249.63 亿元，进口值增长 17.54%，同期全国增长 18.72%，低于全国增速，占全国进口总值的 1.03%，居全国进口第十五位。出口 2126.16 亿元，增长 5.51%，同期全国增长 10.78%，低于全国增速，占全国出口总值的 1.43%，居全国出口第十四位。贸易顺差为 876.62 亿元，较去年收窄 7.80%。2017 年，对欧盟（28 国）进出口总额为 466.00 亿元，较去年增长 9.23%；对"一带一路"共建国家进出口总额为 985.62 亿元，对共建国家进出口总额较去年增长 3.45%；对韩国进出口贸易总额为 205.06 亿元，相较去年下降 5.68%；对印度进出口贸易总额为 113.26 亿元，较去年增长 17.68%；对东盟进出口贸易总额为 296.42 亿元，较去年下降 13.12%；对澳大利亚进出口总额为 443.23 亿元，较去年增长 10.84 个百分点；对巴西进出口总额为 222.12 亿元，较去年增长 34 个百分点；对俄罗斯进出口总额为 229.21 亿元，较去年增长 37.82 个百分点；对美国进出口总额为 425.81 亿元，较去年增长 18.42 个百分点；对日本进出口总额为 148.10 亿元，较去年增长 9 个百分点。2017 年出口商品方面，河北省钢材出口数量继续减少同时出口价格降低，其他主要出口商品增长。2017 年，机电产品出口 648.56 亿元，增长 19.03%。高新技术产品（与机电产品有交叉）出口 147.62 亿元，增长 18.11 个百分点，其中电子技术出口 50.6 亿元，增长 17.91 个百分点，生命科学技术出口 51.32 亿元，增长 16 个百分点。传统劳动密集型产品出口 533.72 亿元，增长 17.75 个百分点，其中纺织品出口 128.55 亿元，增长 16.42 个百分点，服装及衣着附件出口 282.58 亿元，增长 16.48 个百分点。钢材出口 386.45 亿元，下降 27.71%（出口量为 1017.06 万吨，减少 54.51%，平均价格为每吨 3800.63 元，上涨 58.81%）。进口商品方面，大宗商品价格持续上扬。2017 年，煤及褐煤进口 516.12 万吨，增加 27.32%，平均价格为每吨 922.52 元，上涨 77.32%。铁矿砂平均价格为每吨 493.54 元，上涨 32.21%，进口 10644.52 万吨，减少 21.43%。大豆进口平均价格为每吨 2854.63 元，上涨 4.52%，进口 571.43 万吨，增加 43.56%。原油进口 120.54 万吨，去年同期没有进口值，平均价格为每吨 2686.12 元。

2018年，河北省海关统计的外贸进出口总值为3551.50亿元，居全国进出口第十五位，比2017年同期增长5.11%。其中，2018年出口总值为2243.06亿元，同样居全国出口第十五位，出口总值较去年增长5.5%；进口总值为1308.68亿元，居全国进口第十七位，进口总值较去年增长4.55%。贸易顺差为934.43亿元。2018年，机电产品出口贸易总额为756.5亿元，较去年增长16.7%。对欧盟（28国）进出口总额为498.7亿元，增长7%。对韩国进出口总额为240.2亿元，增长17.1%。对日本进出口总额为189亿元，增长27.6%。对美国进出口总额为422.5亿元，下降0.6%。对澳大利亚进出口总额为403.2亿元，下降9.4%。对俄罗斯进出口总额为221.7亿元，下降3.7%。2018年河北省对"一带一路"共建国家进出口贸易总额为1082.6亿元，较去年增长9.7个百分点。劳动密集型产品的出口贸易总额为534.1亿元，较去年仅增长0.1个百分点。2018年钢材出口331.2亿元，下降14.3%。高新技术产品（与机电产品有交叉）出口189.4亿元，增长28.3%。

2019年，河北省外贸进出口总值首次突破4000亿元大关，达到4001.60亿元，再创历史新高。河北省进出口总值比上年同期（下同）增长12.62个百分点，增速比全国高9.25%。其中，进口1631.34亿元，较去年增长24.43个百分点，增速比全国高22.81%；出口2370.32亿元，较去年增长5.67个百分点，增速比全国高0.71%。对韩国进出口总额为216.12亿元，较去年下降10.06%。对欧盟（28国）进出口总额为491.41亿元，较去年下降1.51%。对俄罗斯进出口总额为227.66亿元，较去年增长2.67%。对"一带一路"共建国家进出口总额为1277.25亿元，较去年增长18.13%。对澳大利亚进出口总额为653.08亿元，较去年增长60.92%。对日本进出口总额为155.43亿元，较去年下降17.65%。对东盟进出口总额为425.23亿元，较去年增长29.82%。对巴西进出口总额为289.12亿元，较去年增长26.62%。对美国进出口总额为351.43亿元，较去年下降16.82%。对印度进出口总额为129.91亿元，较去年增长

7.43%。铁矿砂进口 11024.92 万吨，较去年增加 16.42%。机电产品出口 799.10 亿元，较去年增长 12.32%。煤及褐煤进口 821.82 万吨，较去年增加 64.52%。劳动密集型产品出口 575.31 亿元，较去年增长 7.71%。大豆进口 476.32 万吨，较去年减少 1.71 个百分点，较去年降幅继续收窄，比同年 1～11 月收窄 8.84%。高新技术产品（与机电产品有交叉）出口 210.11 亿元，较去年增长 11.21%。原油进口 404.34 万吨，较去年增加 1.11 倍。

2020 年，河北省海关数据为全年外贸进出口总值 4410.40 亿元（下同），同比（下同）增长 10.21 个百分点。其中，进口 1888.51 亿元，增长 15.83%；出口 2521.89 亿元，增长 6.45%。出口商品方面，塑料制品出口 126.94 亿元，增长 100.22%。机电产品出口 877.34 亿元，增长 9.71%。农产品出口 114.11 亿元，增长 3.21%。医药材及药品出口 93.16 亿元，增长 20.35%。劳动密集型产品出口 674.46 亿元，增长 17.52%。高新技术产品（与机电产品有交叉）出口 212.32 亿元，增长 1%。钢材出口 269.93 亿元，下降 15.55%。

进口方面，农产品进口 295.94 亿元，增长 33.55%。铁矿砂进口 13073.56 万吨，增加 18.66%。机电产品进口 170.57 亿元，下降 12.26%。大豆进口 712.71 万吨，增加 49.96%。煤及褐煤进口 1088.49 万吨，增加 32.24%。高新技术产品进口 75.54 亿元，下降 18.55%。天然气进口 253.68 万吨，增加 152.46 倍。总体来看机电产品、劳动密集型产品、塑料制品、农产品、医药材等出口增长，钢材出口降幅收窄。进口商品方面，主要大宗商品进口量快速增加，机电产品、高新技术产品进口下降。2020 年 12 月当月，进出口总额为 458.56 亿元，增长 28.25%。其中，出口 276.23 亿元，增长 24.35%；进口 181.87 亿元，增长 33.96%。

（二）货物进出口总额与全国各省份的比较分析

2020 年，全球面临着新冠疫情防控的严重打压，全球各个地区受到不同程度的影响，而中国在 2020 年成为全球唯一一个经济韧性强、率先实现经济正增长的国家，根据国家统计局及中国海关梳理的数据，中国外贸进出口贸易总额趋势向好，并且实现稳中有进，面对疫情打压，外贸规模依然能够再创历史新高。2020 年，中国贸易进出口稳中向好，实现贸易进出口总值 32.16 万亿元，相较 2019 年增长 1.92 个百分点，其中中国的贸易顺差为 37000.25 亿元，较 2019 年增加 27.45 个百分点。根据河北省海关和统计局统计，2020 年全省的货物进出口规模、效益不减反增，2020 年的货物进出口总值为 4410.40 亿元，较 2019 年增长了 10.25 个百分点，其中，出口 2521.90 亿元，较 2019 年增长 6.43%；进口 1888.50 亿元，同比增长 15.83%。本书依据国家统计局、中国海关的数据梳理了河北省及全国其他省份 2020 年货物进出口总额，如表 1-3 所示。

表 1-3　　　　　　　2020 年全国各省份货物进出口总额　　　　单位：亿元

省 （区、市）	货物进出口总额		
	总额	进口	出口
河北	4410.40	1888.50	2521.90
广东	70844.80	43498.00	27346.80
江苏	44500.50	17056.20	27444.30
山东	22009.40	8954.60	13054.80
浙江	33808.00	25180.00	8628.00
河南	6654.80	2579.90	4075.00
四川	8081.90	3427.60	4654.30
福建	14035.70	5561.30	8474.40
湖北	4294.10	1592.10	2702.00
湖南	4874.50	1568.10	3306.40
上海	321557.00	142231.00	179326.00
安徽	5406.40	2245.10	3161.30
北京	23215.90	18561.00	4654.90
陕西	3772.10	1842.50	1929.60

省 （区、市）	货物进出口总额		
	总额	进口	出口
江西	4010.10	1089.70	2920.40
辽宁	6544.00	3891.80	2652.20
重庆	6513.40	2325.90	4187.50
云南	2680.40	1161.60	1518.80
广西	4861.30	2153.10	2708.20
贵州	546.50	114.90	431.60
山西	1505.80	628.80	877.00
内蒙古	1043.30	694.20	349.10
天津	7340.70	4265.50	3075.10
新疆	1484.30	385.80	1098.50
黑龙江	1537.00	1176.10	360.90
吉林	1280.10	989.30	290.80
甘肃	372.80	287.10	85.70
海南	933.00	656.60	276.40
宁夏	123.20	36.50	86.70
青海	22.80	10.50	12.30
西藏	21.30	8.40	12.90

资料来源：《中国统计年鉴》、国家统计局。

在货物进出口总额方面，上海、广东、江苏分别以 321557.00 亿元、70844.80 亿元、44500.50 亿元位列全国前三，分别是河北省的 72.91 倍、16.06 倍、10.08 倍。7 个省份总额进入"万亿梯队"，18 个省份总额进入"千亿梯队"，河北省以 4410.40 亿元位居"千亿梯队"第九名。河北省与周边的省份相比，比山西 1505.80 亿元、内蒙古 1043.30 亿元分别高出 2904.60 亿元、3367.10 亿元；北京 23215.90 亿元和山东 22009.40 亿元分别高出河北省超过万亿元，达到 18805.50 亿元和 17599.00 亿元；天津 7340.70 亿元、河南

6654.80 亿元、辽宁 6544.00 亿元分别高出河北省 2930.26 亿元、2244.40 亿元、2133.60 亿元。

在货物进口总额方面，上海、广东、浙江分别以 142231.00 亿元、43498.00 亿元、25180.00 亿元位列全国前三，分别是河北省的 75.31 倍、23.01 倍、13.30 倍。5 个省份总额进入"万亿梯队"，16 个省份总额进入"千亿梯队"，河北省以 1888.50 亿元位居"千亿梯队"第十名。河北省与周边的省份相比，比山西 628.80 亿元、内蒙古 694.20 亿元分别高出 1259.70 亿元、1194.30 亿元，是山西的 3.04 倍、内蒙古的 2.72 倍；北京以 18561.00 亿元高出河北省超过万亿元，达到 16672.50 亿元；山东 8954.60 亿元、天津 4265.50 亿元、辽宁 3891.80 亿元、河南 2579.90 亿元分别高出河北省 7066.11 亿元、2377.04 亿元、2003.30 亿元、691.36 亿元。

在货物出口总额方面，上海、江苏、广东分别以 179326.00 亿元、27444.30 亿元、27346.80 亿元位列全国前三，分别是河北省的 71.14 倍、10.92 倍、10.82 倍。河北省以 2521.90 亿元位列全国第 18 位，较后一位陕西多出了 592.26 亿元。4 个省份总额进入"万亿梯队"，17 个省份总额进入"千亿梯队"，河北省位居"千亿梯队"第十四名。河北省与周边的省份相比，比山西 877.00 亿元、内蒙古 349.10 亿元分别高出 1644.90 亿元、2172.80 亿元，是山西的 2.88 倍、内蒙古的 7.22 倍；山东以 13054.80 亿元高出河北省超过万亿元，达到 10532.90 亿元；北京 4654.90 亿元、河南 4075.00 亿元、天津 3075.10 亿元、辽宁 2652.20 亿元分别高出河北省 2133.00 亿元、1553.05 亿元、553.22 亿元、130.30 亿元。

2015～2018 年，国内贸易大省前六位一直是广东、江苏、上海、浙江、北京和山东。而与之相比，河北对外贸易进出口总值的增长速度从 2004 年的 50.71%、排名全国第一，跌到 2020 年的全国第 16 位，其背后的原因不仅仅在于国内的商品同质化严重、优势降低和全世界金融危机的影响，更在于河北省外贸在由粗放型向集约式提质增效的转型过程中并没有做好应对的政策，导致出现了进出口额的急剧下滑。之前河北省粗放型的外贸使得出口的商品明显处于价值链上的低端位置。与广东、江苏、上海、北京、浙江等外贸发达省市的机电、高新技术类产品相比差距较大。因此，国际和国内宏观大环境对河北省进出口贸易提出了更新标准与更高要求，河北省只有通过进出口商品结构优化，高端产业、人工智能、机电、高新技术类产品快速增长才能适应瞬息万变的国际国内市场。无论从生产的国际化还是到国际贸易，河北省进出口贸易额占全国进出口额比重微乎其微，河北省经济外向度仍然处于中等偏下水平，表现为河北虽有沿海城市和大型港口，但在全球一体化的大环境下，缺乏辅助的外循环，依然偏重于内陆封闭的经济内循环模式，沿海经济优势并没有充分发挥。

第二节　2015～2020年河北省各地区经济发展现状分析

一、2015～2020年11个地级市地区生产总值动态趋势及比较分析

（一）横向比较

如图1-8所示，2015年，河北省地区生产总值为26398.40亿元，从各地级市来看，唐山市以5117.90亿元地区生产总值领先，石家庄市以4263.70亿元屈居第二，唐山市在地区生产总值上相比石家庄市多了854.20亿元；沧州市、邯郸市、保定市步入三千亿元行列，分别为3320.60亿元、3145.43亿元、3000.04亿元。其他几个地市位列其后。

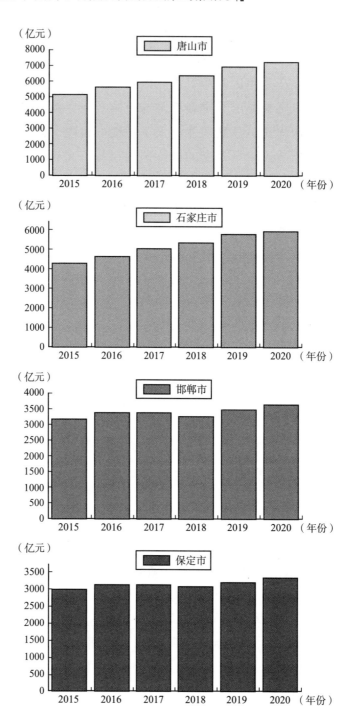

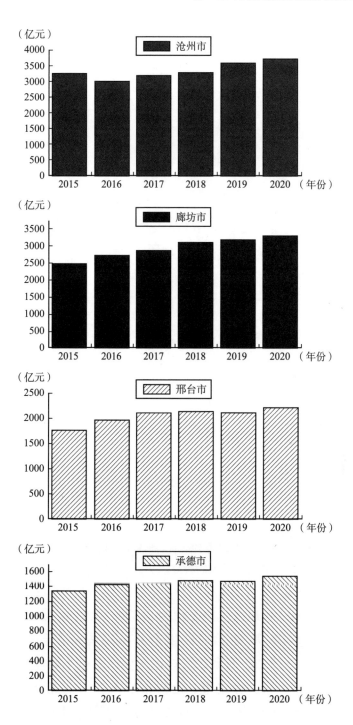

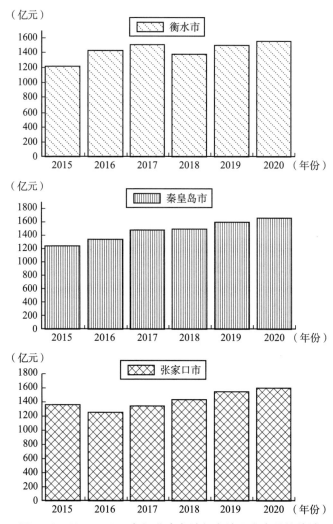

图 1 – 8 2015～2020 年河北省各地级市地区生产总值统计

资料来源：《河北统计年鉴》《河北经济年鉴》。

2016 年，河北省地区生产总值为 28474.10 亿元，从各地级市来看，唐山市以 5602.00 亿元地区生产总值领先，省会石家庄市以 4642.50 亿元屈居第二，石家庄市在地区生产总值上相比唐山市少了 959.50 亿元；邯郸市、保定市、沧州市步入三千亿元行列，分别为 3361.10 亿元、3149.30 亿元、3003.10 亿元。其他几个地市位列其后。

2017 年，河北省地区生产总值为 30640.80 亿元，从各地级市来看，唐山市以 5917.00 亿元地区生产总值领先，省会石家庄市以 5025.30 亿元屈居第二，石家庄市在地区生产总值上相比唐山市少了 891.70 亿元；邯郸市、沧州市、保定市步入三千亿元行列，分别为 3379.50 亿元、3173.10 亿元、3132.40 亿元。其他几个地市位列其后。

2018 年，河北省地区生产总值为 32494.60 亿元，从各地级市来看，唐山市以 6300 亿元地区生产总值领先，省会石家庄市以 5375.10 亿元屈居第二，石家庄市在地区生产总值上相比唐山市少了 924.90 亿元；沧州市、邯郸市、廊坊市、保定市步入三千亿元行列，分别为 3266.90 亿元、3259.20 亿元、3108.20 亿元、3070.90 亿元。其他几个地市位列其后。

2019 年，河北省地区生产总值为 34978.60 亿元，从各地级市来看，唐山市以 6890.0 亿元地区生产总值领先，省会石家庄市以 5809.90 亿元屈居第二，石家庄市在地区生产总值上相比唐山市少了 1080.10 亿元；沧州市、邯郸市、保定市、廊坊市步入三千亿元行列，分别为 3588.00 亿元、3486.00 亿元、3224.00 亿元、3196.00 亿元。其他几个地市位列其后。

2020 年，河北省地区生产总值突破 3.50 万亿元，达到了 36206.90 亿元，从各地级市来看，唐山市以 7210.90 亿元地区生产总值领先，省会石家庄市以 5935.10 亿元屈居第二，石家庄市在地区生产总值上相比唐山市少了 1275.80 亿元；沧州市、邯郸市、保定市、廊坊市步入三千亿元行列，分别为 3699.90 亿元、3636.60 亿元、3253.30 亿元、3301.10 亿元。其他几个地市位列其后。

（二）纵向比较

如图 1-9 所示，石家庄市作为河北省的省会城市，从 2015 年地区生产总值达到 4263.70 亿元，到 2020 年达到 5935.10 亿元，占河北省生产总值的 16.61%，较 2019 年上涨 3.92%。唐山市为河北省经济总量第一大城市，从 2015 年地区生产总值达到 5117.90 亿元，到 2020 年达到 7210.90 亿元，占河北省生产总值的 20.18%，较 2019 年上涨 4.42%。邯郸市 2015 年地区生产总值为 3145.43 亿元，2020 年增长到 3636.60 亿元，占河北省生产总值的 10.18%，较 2019 年上涨 4.32%。保定市 2015 年地区生产总值为 3000.04 亿元，2020 年增长到 3353.30 亿元，占河北省生产总值的 9.38%，较 2019 年上涨 3.92%。沧州市 2015 年地区生产总值为 3220.60 亿元，2020 年增长到 3699.90 亿元，占河北省生产总值的 10.35%，较 2019 年上涨 4.13%。廊坊市 2015 年地区生产总值为 2473.86 亿元，2020 年增长到 3301.10 亿元，占河北省生产总值的 9.24%，较 2019 年上涨 3.50%。邢台市 2015 年地区生产总值为 1764.73 亿元，2020 年增长到 2200.40 亿元，占河北省生产总值的 6.16%，较 2019 年上涨 3.70%。承德市 2015 年地区生产总值为 1358.73 亿元，2020 年增长到 1550.30 亿元，占河北省生产总值的 4.34%，较 2019 年上涨 4.00%。衡水市 2015 年地区生产总值为 1220.01 亿元，2020 年增长到 1560.20 亿元，占河北省生产总值的 4.37%，较 2019 年上涨 4.00%。秦皇岛市 2015 年地区生产总值为 1250.44 亿元，2020 年增长到 1685.80 亿元，占河北省生产总值的 4.72%，较 2019 年上涨 4.20%。张家口市 2015 年地区生产总值为 1363.54 亿元，2020 年增长到 1600.10 亿元，占河北省生产总值的 4.48%，较 2019 年上涨 3.62%。

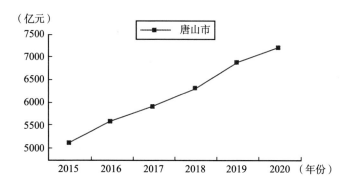

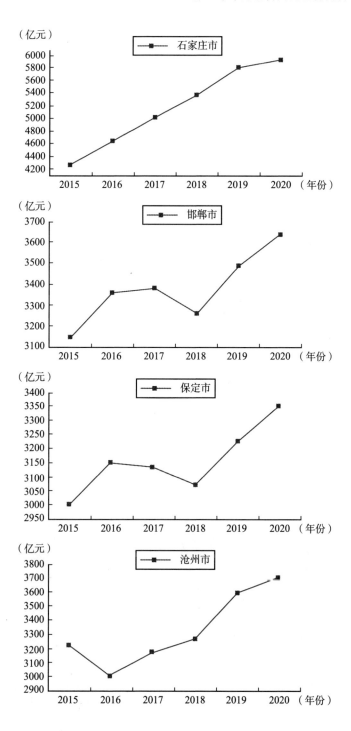

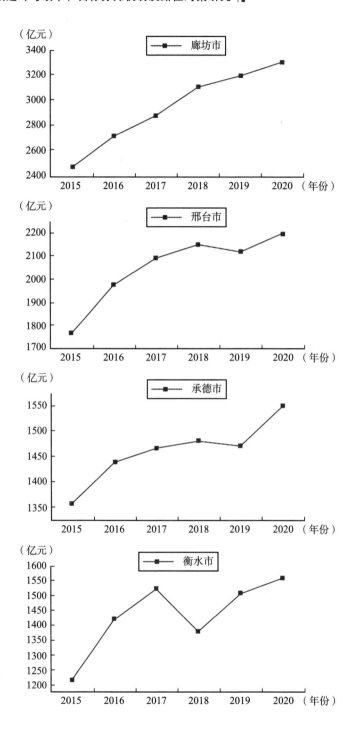

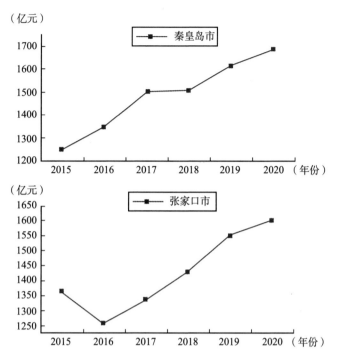

图1-9 2015~2020年河北省各地级市地区生产总值变化趋势

资料来源：《河北统计年鉴》《河北经济年鉴》。

二、2015~2020年11个地级市三次产业增加值动态趋势及比较分析

2020年，唐山市地区生产总值为7210.90亿元，其中第一产业总值比上年增长2.92个百分点，增加值为593.40亿元；第二产业总值比上年增长5.22个百分点，增加值为3836.70亿元；第三产业增加值为2780.70亿元，比上年增长3.53个百分点。三次产业结构比为8.21：53.19：38.60。

2020年，石家庄全市生产总值达到5935.10亿元，同比增长3.93%，比全国平均水平高1.60个百分点，"十三五"年均增速为6.42%。三次产业结构也由2015年的第三产业占比55.30%调整到第三产业占比高达62.20%，其中石家庄市的服务业对全市的经济增长

贡献率超过七成。由此可见石家庄市提出的"千企转型"成效逐渐显现，石家庄市实现了工业加快智能化和转型升级，逐步完成"十三五"规划中的化解钢铁等其他产业的过剩产能任务。总体来看，石家庄市产业支撑向服务业主导转变，高技术服务业快速发展，但是工业经济仍是经济高质量发展的重要支柱。

三、2015～2020年11个地级市货物进出口总额动态趋势及比较分析

（一）横向比较

如图1-10所示，2015年唐山市再次稳居首位，秦皇岛市、张家口市在2015年也实现逆势上扬，廊坊市顺利跻身前三。2015年唐山市货物进出口总额下降17.00个百分点，达到862.90亿元。石家庄市货物进出口总额下降15.10个百分点，达到752.70亿元。唐山市和石家庄市合计占全省货物进出口总值的比例高达50.61%。与此同时，廊坊市货物进出口总额比同期全省增速高出5.82个百分点，达到301.30亿元，虽然下降8.22个百分点，但首次跻身前三。此外，保定市进出口总额为294.00亿元，下降15.62%。秦皇岛市货物进出口总额增长6.72个百分点，达到285.50亿元。张家口市货物进出口总额增长幅度最大为28.44%，达到41.50亿元。

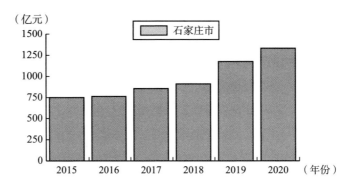

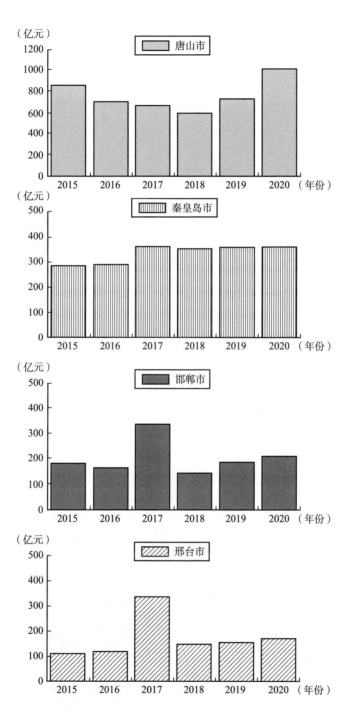

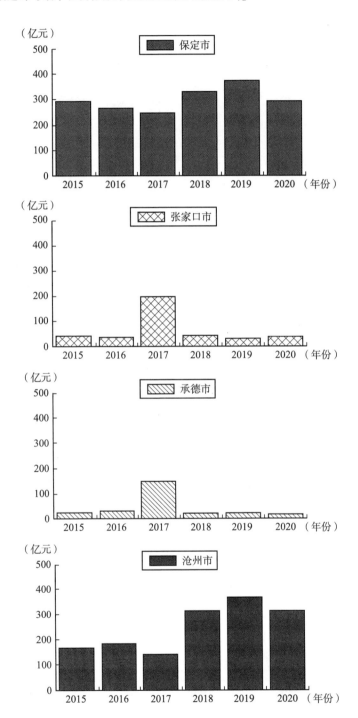

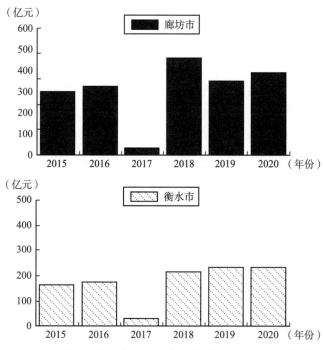

图 1 - 10   2015～2020 年河北省各地级市货物进出口总额统计

资料来源：《河北统计年鉴》《河北经济年鉴》。

2016 年石家庄市跃居首位，廊坊市跻身前三，廊坊市、沧州市、邢台市、承德市逆势增长。2016 年唐山市进出口总额为 707.30 亿元，下降 22.99%。石家庄市进出口总额为 765.37 亿元，下降 4.58%。二者合计占全省进出口总值的 47.92%。同期，衡水市进出口总额为 175.19 亿元，下降 0.15%，比同期全省增速高出 9.32 个百分点，跻身前五。此外，保定市进出口总额为 268.03 亿元，下降 14.23%。邯郸市进出口总额为 166.36 亿元，下降 14.80%。张家口市进出口总额为 37.06 亿元，下降 16.12%。承德市进出口总额为 31.37 亿元，增长 19.12%。

2017 年石家庄市依然稳居首位，唐山市、邯郸市、张家口市、承德市进出口总额同比下降，廊坊市再次进入第三。唐山市、邯郸市、张家口市、承德市进出口总额同比下降。2017 年，石家庄市进出口总额为 862.80 亿元，增长 12.32%。唐山市进出口总额为 673.70 亿元，下降 4.73%。二者合计占全省进出口总值的 45.52%。廊坊市进出口总额为 362.10 亿元，增长 10.12%。保定市进出口总额为 337.20 亿元，增长 25.82%。秦皇岛市进出口总额为 338.00 亿元，增长 16.72%。沧州市进出口总额为 248.42 亿元，上涨 32.45%，上涨速度跃居全省首位。

2018 年石家庄市稳居首位，进出口总额为 915.50 亿元，增长 6.12%。唐山市、保定市、邯郸市、承德市进出口总额同比下降，其中：唐山市进出口总额为 600.10 亿元，下降 11.01%；保定市进出口总额为 331.00 亿元，下降 1.92%；邯郸市进出口总额为 145.30 亿元，下降 2.72%；承德市进出口总额为 21.36 亿元，下降 29.32%。同期，廊坊市进出口总额为 460.90 亿元，上涨 27.52%，同期全省增速高出 17.70 个百分点，跻身前三。邢台市进出口总额为 147.00 亿元，增长 2.43%。张家口市进出口总额为 44.90 亿元，上涨 29.22%，上涨速度跃居全省首位。

2019 年省会石家庄市、工业强市唐山市、毗邻北京的保定市居前三，河北省 11 个地级市其中 5 个地级市实现了两位数增长，分别为沧州市、保定市、邯郸市、唐山市、石家庄市。石家庄市进出口总额首次突破 1000 亿元大关，达到了 1178.80 亿元，增长 28.42%，增长速度居全省第二位。唐山市进出口总额为 733.80 亿元，增长 22.13%。张家口市、廊坊市进出口总额同比分别下降 28.62%、23.61%。保定市货物进出口贸易总额增长 13.63%，达到 376.00 亿元。沧州市货物进出口贸易总额增长 17.62%，达到 371.10 亿元。衡水市货物进出口贸易总额增长 8.73%，达到 233.90 亿元。值得关注的是邯郸市以货物进出口贸易总额 187.62 亿元，上涨 29.52%，上涨速度跃居全省首位。

2020 年石家庄市进出口总额稳居第一，五地市进出口规模超 300 亿元。石家庄市进出口总额为 1341.20 亿元，增长 14.12%。唐山市进出口总额为 1021.10 亿元，增长 39.05%，增速位居全省首位。廊坊市进出口总额为 392.44 亿元，增长 11.42%。秦皇岛市进出口总额为 359.10 亿元，增长 0.10%。沧州市进出口总额为 318.30 亿元，下降 14.82%。保定市、承德市进出口总额同比分别下降 21.84%、27.63%。张家口市进出口总额为 39.11 亿元,增速 22.11%,居全省第二位。邯郸市进出口总额为 211.70 亿元,增长 12.85%。

(二) 纵向比较

如图 1-11 所示,石家庄市作为河北省的省会城市,从 2015 年货物进出口总值达到 752.70 亿元,到 2020 年达到 1341.20 亿元,占河北省货物进出口总额的 30.49%,较 2019 年上涨 14.05%。唐山市为河北省经济总量第一大城市,从 2015 年货物进出口总额达到 862.90 亿元,到 2020 年达到 1021.10 亿元,占河北省货物进出口总额的 23.22%,较 2019 年上涨 39.12%。邯郸市 2015 年货物进出口总额为 183.80 亿元,2020 年增长到 211.70 亿元,占河北省货物进出口总额的 4.81%,较 2019 年上涨 12.82%。保定市 2015 年货物进出口总额为 294.00 亿元,2020 年下降到 293.70 亿元,占河北省货物进出口总额的 6.68%,较 2019 年下降 21.9%。沧州市 2015 年货物进出口总额为 170.80 亿元,2020 年增长到 318.30 亿元,占河北省货物进出口总额的 7.24%,较 2019 年下降 14.82%。廊坊市 2015 年货物进出口总额为 301.30 亿元,2020 年增长到 392.40 亿元,占河北省货物进出口总额的 8.92%,较 2019 年上涨 11.42%。邢台市 2015 年货物进出口总额为 110.00 亿元,2020 年增长到 169.83 亿元,占河北省货物进出口总额的 3.86%,较 2019 年上涨 9.73%。承德市 2015 年货物进出口总额为 24.77 亿元,2020 年下降到 16.34 亿元,占河北省货物进出口总额的 0.37%,较 2019 年下降 27.63%。衡水市 2015 年货物进出口总额为 165.10 亿元,2020 年增长到 235.40 亿元,占河北省货物进出口总额的 5.35%,较 2019 年上涨 0.64%。秦皇岛市 2015 年货物进出口总额为 285.47 亿元,2020 年增长到 359.06 亿元,占河北省货物进出口总额的 8.16%,较 2019 年上涨 0.08%。张家口市 2015 年货物进出口总额为 41.53 亿元,2020 年下降到 39.11 亿元,占河北省货物进出口总额的 0.89%,较 2019 年上涨 22.1%。

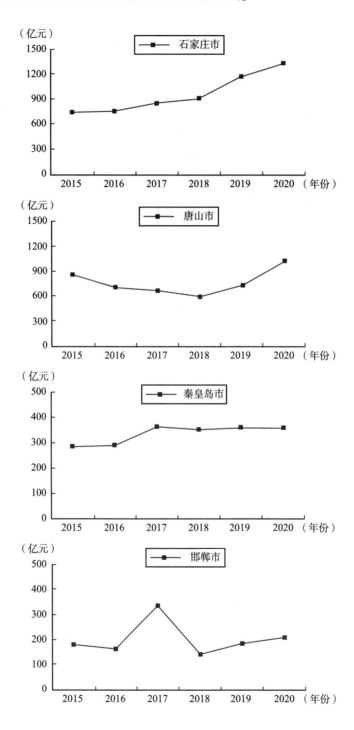

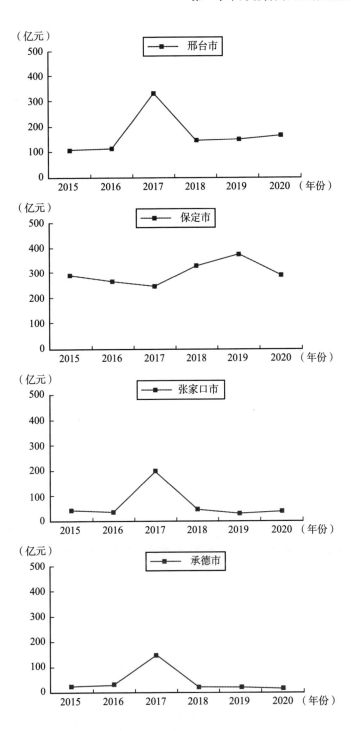

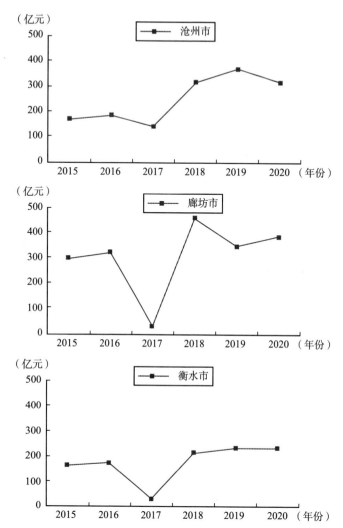

图 1－11　2015～2020 年河北省各地级市货物进出口总额变化趋势

资料来源：《河北统计年鉴》《河北经济年鉴》。

第二章

河北省社会发展现状分析

近年来，河北省经济与社会得到高质量发展、人民生活和科技水平取得了实打实的成果，河北省人民群众的获得感体会更直接、幸福感更多、安全感更实在，民生事业、生态环境等各方面日趋向好。为深入分析全省社会发展现状，本章对全省 2015～2020 年以来社会发展现状进行描述分析，以年末常住人口数量变化趋势、人均收支变动情况、科学技术发展现状等重要指标为切入，通过全省以及省内各地市之间进行多层面对比，从而实现对河北省社会发展现状及发展趋势全面而准确的总结。本章基础数据来自《中国统计年鉴》《河北省统计年鉴》。

第一节　河北省整体社会发展现状分析

一、2015～2020 年年末常住人口数量动态趋势及比较分析

（一）年末常住人口数量变动趋势及比较分析

如图 2－1 所示，2015 年末全省常住总人口为 7424.92 万人，比

上年末增加 411700 人，较上年增长 5.58 个千分点。其中全省的出生人口为 84.04 万人，全省的死亡人口为 42.87 万人，人口出生率为 11.35 个千分点，人口死亡率为 5.79 个千分点；人口自然增长率为 5.56 个千分点，比上年回落 1.39 个千分点。

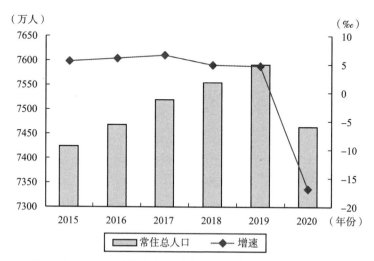

图 2-1 2015~2020 年河北省年末常住人口变化趋势及增速

资料来源：《河北统计年鉴》《河北经济年鉴》。

2016 年末，全省常住总人口为 7470.05 万人，比上年末增加 451003 人。其中全省的出生人口为 925000 人，全省的死亡人口为 473700 人；人口出生率为 12.42 个千分点，人口死亡率为 6.36 个千分点；人口自然增长率为 6.06 个千分点，比上年提高 0.50 个千分点。

2017 年末，全省常住总人口为 7519.52 万人，比上年末增加 494700 人。其中全省的出生人口为 989300 人，全省的死亡人口为 494700 人；人口出生率为 13.20 个千分点，人口死亡率为 6.60 个千分点；人口自然增长率为 6.60 个千分点，比上年提高 0.54 个千分点。

2018 年末，全省常住总人口为 7556.30 万人，比上年末增加 367800 人，较上年增长 4.89 个千分点。其中全省的出生人口为 848800 人，全省的死亡人口为 480900 人；人口出生率为 11.26 个千分点，人口死亡率为 6.38 个千分点；人口自然增长率为 4.88 个千分点，比上年回落 1.72 个千分点。

2019 年末全省常住总人口为 7591.97 万人，比上年末增加 356700 人。其中全省的出生人口为 820300 人，全省的死亡人口为 463600 人；人口出生率为 10.83 个千分点，人口死亡率为 6.12 个千分点；人口自然增长率为 4.71 个千分点，比上年回落 0.17 个千分点。值得注意的是河北省的劳动年龄范围的人口，即 16～59 周岁人口数，总计 4542.28 万人，占总人口的比重为 59.83%，比上年下降 0.81 个百分点；在非劳动力年龄人口中，60 周岁及 60 周岁以上老年人口占总人口的比重为 20.00 个百分点，总人口 1518.39 万人，比上年上升 0.20%，其中 65 周岁以及 65 周岁以上人口数为 1017.32 万人，这部分的人口占河北省总人口的比重为 13.40 个百分点，比上年上升 0.63 个百分点。

2020 年末全省常住总人口为 7463.83 万人，比上年末减少 128.13 万人，较上年回落 16.88 个千分点。根据河北省第七次全国人口普查结果显示，全省常住人口中 0～14 岁人口占 20.22%，15～59 岁人口占 59.92%，60 岁以上人口占 19.85%，其中 65 岁以上人口占 13.92%，与 2010 年第六次人口普查相比，65 岁以上人口比重提高 5.68 个百分点。

（二）城镇（常住）人口数量变动趋势及比较分析

如图 2-2 所示，2015 年城镇常住人口为 3811.21 万人，比上年末增加 168.81 万人，比上年末提高 2.00 个百分点，占总人口比重（常住人口城镇化率）为 51.33 个百分点。

2016 年城镇常住人口为 3983.03 万人，占总人口比重（常住人口城镇化率）为 53.32 个百分点，比上年提高 1.99 个百分点。比上年末增加 171.82 万人。

2017 年城镇常住人口为 4136.49 万人，比上年末增加 153.46 万人，比上年末提高 1.69 个百分点，占总人口比重（常住人口城镇化率）为 55.01 个百分点。

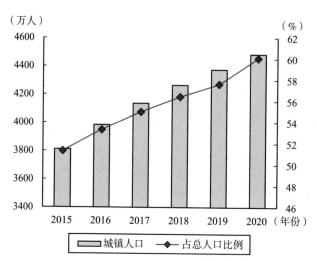

图 2-2 2015～2020 年河北省城镇人口变化趋势及增速

资料来源：《河北统计年鉴》《河北经济年鉴》。

2018 年城镇常住人口为 4264.02 万人，比上年末增加 127.53 万人，比上年末提高 1.42 个百分点，占总人口比重（常住人口城镇化率）为 56.43 个百分点。

2019 年城镇常住人口为 4374.49 万人，比上年末增加 110.47 万人，比上年末提高 1.19 个百分点，占总人口比重（常住人口城镇化率）为 57.62 个百分点。

2020 年城镇常住人口为 4483.53 万人，比上年末增加 109.04 万人，比上年末提高 2.45 个百分点，占总人口比重（常住人口城镇化率）为 60.07%。

二、2015～2020 年人均收支变动情况及比较分析

（一）居民人均可支配收入变动情况及比较分析

如图 2-3 所示，2015 年全年全省居民人均可支配收入比上年增长 8.80 个百分点，为 18118.00 元。按常住地分，城镇居民人均可支

配收入比上年增长 8.30 个百分点，为 26152.00 元；农村居民人均可支配收入比上年增长 8.50 个百分点，为 11051.00 元。

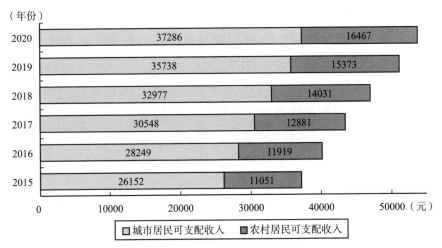

（年份）

图 2 - 3　2015～2020 年河北省居民人均可支配收入统计

资料来源：《河北统计年鉴》《河北经济年鉴》。

2016 年全年全省居民人均可支配收入比上年增长 8.92 个百分点，为 19725.00 元。按常住地分，城镇居民人均可支配收入比上年增长 8.02 个百分点，为 28249.00 元；农村居民人均可支配收入比上年增长 7.92 个百分点，为 11919.00 元。

2017 年全年全省居民人均可支配收入比上年增长 8.92 个百分点，为 21484.00 元。按常住地分，城镇居民人均可支配收入比上年增长 8.12 个百分点，为 30548.00 元；农村居民人均可支配收入比上年增长 8.13 个百分点，为 12881.00 元。

2018 年全年全省居民人均可支配收入比上年增长 9.12 个百分点，为 23446.00 元，扣除价格因素后全省居民人均可支配收入实际比上年增长 6.62 个百分点。按常住地分，城镇居民人均可支配收入比上年增长 8.01 个百分点，为 32977.00 元，扣除价格因素后城镇居民人均可支配收入实际增长 5.32 个百分点；农村居民人均可支配收入比上年增长 8.93 个百分点，为 14031.00 元，扣除价格因素后农村居民人均可支配收入实际增长 6.43 个百分点。

2019 年全年全省居民人均可支配收入比上年增长 9.52 个百分点，为 25665.00 元。按常住地分，城镇居民人均可支配收入比上年增长 8.45 个百分点，为 35738.00 元；农村居民人均可支配收入比上年增长 9.65 个百分点，为 15373.00 元。

2020 年全年全省居民人均可支配收入比上年增长 5.76 个百分点，为 27136.00 元。按常住地分，城镇居民人均可支配收入比上年增长 4.32 个百分点，为 37286.00 元；农村居民人均可支配收入比上年增长 7.12 个百分点，为 16467.00 元。

（二）居民人均消费支出变动情况及比较分析

如图 2 - 4 所示，2015 年全年河北省居民人均消费支出为 13031.00 元，增长 9.25%。按常住地分，城镇居民人均生活消费支出为 17587.00 元，增长 8.52 个百分点；农村居民人均消费支出为 9023.00 元，增长 9.42 个百分点。城镇居民家庭恩格尔（Engel）系数（即居民家庭食品消费支出占家庭消费支出的比重）为 26.05%，比上年下降 0.12%；农村居民家庭恩格尔系数为 28.57%，下降 0.78 个百分点。

2016 年全年河北省居民人均消费支出为 14247.00 元，增长 9.32%。按常住地分，城镇居民人均消费支出为 19106.00 元，增长 8.62%；农村居民人均消费支出为 9798.00 元，增长 8.62%。城镇居民家庭恩格尔系数为 26.12%，农村居民家庭恩格尔系数为 28.03%，均与上年基本持平。

2017 年全年河北省居民人均消费支出为 15437.00 元，增长 8.32%。按常住地分，城镇居民人均消费支出为 20600.00 元，增长 7.82%；农村居民人均消费支出为 10536.00 元，增长 7.52%。城镇居民家庭恩格尔系数为 24.62%，比上年下降 1.55%；农村居民家庭恩格尔系数为 26.72%，下降 1.30%。

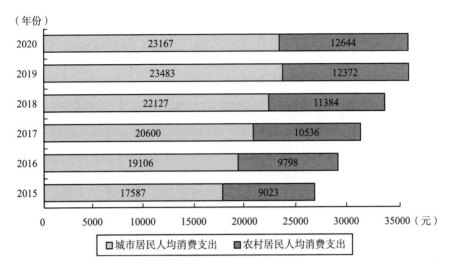

图 2 - 4　2015～2020 年河北省居民人均消费支出统计

资料来源:《河北统计年鉴》《河北经济年鉴》。

2018 年全年河北省居民人均消费支出为 16722.00 元,增长 8.31%。按常住地分,城镇居民人均消费支出为 22127.00 元,增长 7.41%;农村居民人均消费支出为 11384.00 元,增长 8.02%。城镇居民家庭恩格尔系数为 25.13%,比上年上涨 0.53%;农村居民家庭恩格尔系数为 26.44%,下降 0.31%。

2019 年全年河北省居民人均消费支出为 17987.00 元,增长 7.62%。按常住地分,城镇居民人均消费支出为 23483.00 元,增长 6.12%;农村居民人均消费支出为 12372.00 元,增长 8.72%。全省居民恩格尔系数为 26.02%,比上年上涨 0.52 个百分点。其中,城镇为 25.73%,农村为 26.74%。

2020 年全年河北省居民人均消费支出为 18037.00 元,增长 0.32%。按常住地分,城镇居民人均消费支出为 23167.00 元,下降 1.34%;农村居民人均消费支出为 12644.00 元,增长 2.24%。全省居民恩格尔系数为 27.73%,比上年上涨 1.74 个百分点。其中,城镇为 26.91%,农村为 29.23%。

三、2015~2020 年科学技术发展现状分析

（一）规模以上工业企业研究与试验发展（R&D）活动及专利情况

1. 横向比较

2015 年，全省规模以上工业企业研究与试验发展（R&D）经费支出增长 9.62 个百分点，比上年增加 25.13 亿元，为 285.80 亿元；研究与试验发展（R&D）人员全时当量为 79452.00 人年；全省的研究与试验发展（R&D）经费投入强度比上年提高 0.11 个百分点，为 0.63%；研究与试验发展（R&D）项目经费支出为 249.30 亿元；研究与试验发展（R&D）项目数为 8358 项；专利申请数为 10396 件，其中发明专利申请数为 3393 件；有效发明专利为 7740 件。

2016 年，全省规模以上工业企业共投入研究与试验发展（R&D）经费支出增长 8.02 个百分点，比上年增加 22.86 亿元，为 308.67 亿元；研究与试验发展（R&D）人员全时当量为 82971.00 人年；研究与试验发展（R&D）经费投入强度为 0.65%，比上年提高 0.02 个百分点；研究与试验发展（R&D）项目经费支出为 275.93 亿元；研究与试验发展（R&D）项目数为 9833 项；专利申请数为 13189 件，其中发明专利申请数为 4120 件；有效发明专利为 13074 件。

2017 年，全省规模以上工业企业共投入研究与试验发展（R&D）经费支出 350.97 亿元，比上年增长 13.72 个百分点，增加 42.31 亿元；研究与试验发展（R&D）人员全时当量为 79135.10 人年；研究与试验发展（R&D）经费投入强度为 0.84%，比上年提高 0.19 个百分点；研究与试验发展（R&D）项目经费支出为 350.47 亿元；研究与试验发展（R&D）项目数为 11295 项；专利申请数为 13855 件，其中发明专利申请数为 4798 件；有效发明专利为 14750 件。

2018 年，全省规模以上工业企业共投入研究与试验发展（R&D）

经费支出 3819916 万元，比上年增长 8.82 个百分点，增加 31.02 亿元；研究与试验发展（R&D）人员全时当量为 68956.40 人年；研究与试验发展（R&D）经费投入强度为 0.97%，比上年提高 0.13 个百分点；研究与试验发展（R&D）项目经费支出为 362.00 亿元；研究与试验发展（R&D）项目数为 9921 项；专利申请数为 16707 件，其中发明专利申请数为 6067 件；有效发明专利为 18762 件。

2019 年，全省规模以上工业企业共投入研究与试验发展（R&D）经费支出 438.58 亿元，比上年增长 14.85 个百分点，增加 56.59 亿元；研究与试验发展（R&D）人员全时当量为 76096.00 人年；研究与试验发展（R&D）经费投入强度为 1.07%，比上年提高 0.10 个百分点；研究与试验发展（R&D）项目经费支出为 407.22 亿元；研究与试验发展（R&D）项目数为 13340 项；专利申请数为 21570 件，其中发明专利申请数为 8431 件；有效发明专利为 21487 件。

2. 纵向比较

研究与试验发展（R&D）经费投入强度：2015 年河北省研究与试验发展（R&D）经费投入强度超过但不含 1.00%（与主营业务收入之比）的行业大类共有 9 个。2016 年研究与试验发展（R&D）经费投入强度超过但不含 1.00%（与主营业务收入之比）的行业大类有 9 个。2017 年研究与试验发展（R&D）经费投入强度超过但不含 1.00%（与主营业务收入之比）的行业大类有 10 个。2018 年全省研究与试验发展（R&D）经费投入强度为 1.39%。2019 年研究与试验发展（R&D）经费投入强度（与营业收入之比）超过 1.00% 的行业大类有 14 个。2020 年研究与试验发展（R&D）经费投入强度（与营业收入之比）超过 1.00% 的行业大类有 16 个。

科技创新成果转化：2015 年河北省专利申请数为 10396 件，较 2014 年的 9929 件增长了 4.72%；2016 年河北省专利申请数为 13189 件，较 2015 年增长了 26.92%；2017 年河北省专利申请数为 13855 件，较 2016 年增长了 5.01%；2018 年河北省专利申请数为 16707 件，较 2017 年增长了 20.62%；2019 年河北省专利申请数为 21570

件，较 2018 年增长了 29.13%。

2015 年河北省发明专利申请数为 3393 件，较 2014 年减少了 126 件；2016 年河北省发明专利申请数为 4120 件，较 2015 年增加了 727 件；2017 年河北省发明专利申请数为 4798 件，较 2016 年增加了 678 件；2018 年河北省发明专利申请数为 6067 件，较 2017 年增加了 1269 件；2019 年河北省发明专利申请数为 8431 件，较 2018 年增加了 2364 件。

2015 年河北省有效发明专利数为 7740 件，较 2014 年增长 2741 件，涨幅达 54.83%；2016 年河北省有效发明专利数为 13074 件，较 2015 年增长 5334 件，涨幅达 68.94%；2017 年河北省有效发明专利数为 14750 件，较 2016 年增长 1676 件，涨幅达 12.85%；2018 年河北省有效发明专利数为 18762 件，较 2017 年增长 4012 件，涨幅达 27.25%；2019 年河北省有效发明专利数为 21487 件，较 2018 年增长 2725 件，涨幅达 14.53%。

（二）规模以上工业企业新产品开发及生产情况

2015 年河北省统计局统计全省的规模以上工业企业新产品开发项目数为 7489 项，比上年减少 535 项；新产品开发经费支出为 2465368.80 万元，增长 130746.40 万元，增长 5.32%；新产品销售收入为 34762445.00 万元，增幅为 4.33%，其中出口总额为 3268926.00 万元，占总体收入的 9.42%。

2016 年河北省全省规模以上工业企业新产品开发项目数为 8428 项，比上年增加 939 项；新产品开发经费支出为 2626888.70 万元，增长 161519.60 万元，增长 6.66%；新产品销售收入为 39231360 万元，增幅为 12.92%，其中出口总额为 4329023.00 万元，占总体收入的 11.03%。

2017 年河北省全省规模以上工业企业新产品开发项目数为 10238 项，比上年增加 1810 项；新产品开发经费支出为 3422205.30 万元，增长 795316.60 万元，增长 30.32%；新产品销售收入为 46623294.00 万元，增幅为 18.82%，其中出口总额为 4016522.00 万元，占总体收入的 8. 62% 。

2018 年河北省全省规模以上工业企业新产品开发项目数为 11449 项，比上年增加 1211 项；新产品开发经费支出为 3863708. 00 万元，增长 441502. 70 万元，增长 12. 91%；新产品销售收入为 52288698. 00 万元，增幅为 12. 22%，其中出口总额为 4671720. 00 万元，占总体收入的 8. 92% 。

2019 年河北省全省规模以上工业企业新产品开发项目数为 14913 项，比上年增加 3464 项；新产品开发经费支出为 5046186. 50 万元，增长 1182478. 50 万元，增长 30. 63%；新产品销售收入为 64847324. 00 万元，增幅为 24. 02%，其中出口总额为 5989527. 00 万元，占总体收入的 9. 24% 。

第二节　河北省分地区社会发展现状分析

一、11 个地级市 2015～2020 年末人口数量动态趋势及比较分析

（一）年末常住人口数量变动趋势及比较分析

如图 2-5 所示，2015 年河北省人口在 1000 万以上的地级市有 2 个，分别为保定市（此处不含定州市）1034. 90 万人、石家庄市（此处不含辛集市）1007. 11 万人；而人口在 700 万～1000 万人的市有 4 个，分别为邯郸市 943. 30 万人、唐山市 780. 12 万人、沧州市 744. 30 万人、邢台市 729. 44 万人；其余 5 市人口均在 300 万～500 万人，分别为廊坊市 456. 32 万人、衡水市 443. 54 万人、张家口市 442. 17 万人、承德市 353. 01 万人、秦皇岛市 307. 32 万人；2 个省直管县（市）定州市和辛集市的常住总人口分别为 120. 34 万人和 63. 05 万人。

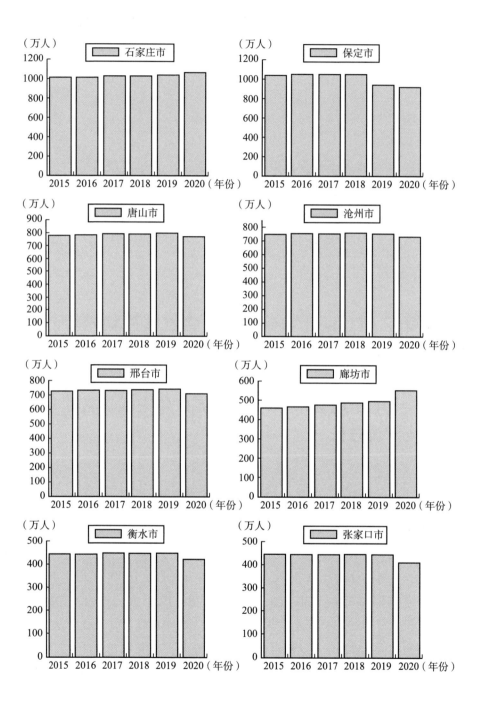

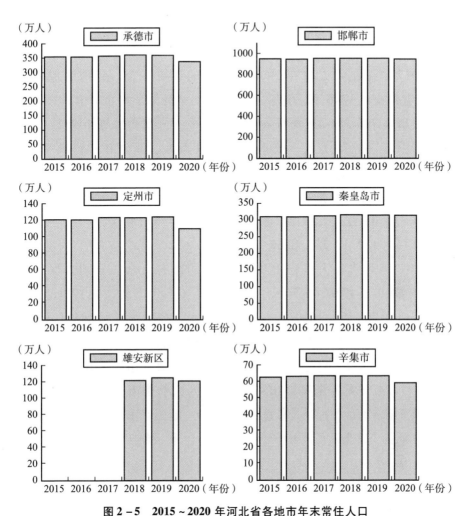

图 2 - 5 2015 ~ 2020 年河北省各地市年末常住人口

资料来源：《河北统计年鉴》《河北经济年鉴》。

  2016 年河北省人口在 1000 万以上的市有 2 个，分别为保定市（此处不含定州市）1042.53 万人、石家庄市（此处不含辛集市）1015.12 万人；人口在 700 万 ~ 1000 万人的市有 4 个，分别为邯郸市949.28 万人、唐山市 784.36 万人、沧州市 750.55 万人、邢台市731.99 万人；其余 5 市人口均在 300 万 ~ 500 万人，分别为廊坊市461.50 万人、衡水市 445.31 万人、张家口市 442.51 万人、承德市

353.18 万人、秦皇岛市 309.46 万人；2 个省直管县（市）定州市和辛集市的常住总人口分别为 120.92 万人和 63.34 万人。

2017 年河北省人口在 1000 万以上的市有 2 个，分别为保定市（不含定州市）1046.92 万人、石家庄市（不含辛集市）1024.33 万人；人口在 700 万~1000 万人的市有 4 个，分别为邯郸市 951.11 万人、唐山市 789.70 万人、沧州市 755.49 万人、邢台市 735.16 万人；其余 5 市人口均在 300 万~500 万人，分别为廊坊市 474.09 万人、衡水市 446.04 万人、张家口市 443.31 万人、承德市 356.50 万人、秦皇岛市 311.08 万人。2 个省直管县（市）定州市和辛集市的常住总人口分别为 122.13 万人和 63.66 万人。

2018 年河北省人口在 1000 万以上的市有 2 个，分别为保定市（不含定州市）1050.45 万人、石家庄市（不含辛集市）1031.49 万人；人口在 700 万~1000 万人的市有 4 个，分别为邯郸市 952.81 万人、唐山市 793.58 万人、沧州市 758.60 万人、邢台市 737.44 万人；其余 5 市人口均在 300 万~500 万人，分别为廊坊市 483.66 万人、衡水市 447.24 万人、张家口市 443.36 万人、承德市 357.89 万人、秦皇岛市 313.42 万人；2 个省直管县（市）定州市和辛集市的常住总人口分别为 122.69 万人和 63.67 万人，国家级雄安新区常住总人口为 121.99 万人。

2019 年河北省人口在 1000 万以上的市有 1 个，为石家庄市（不含辛集市）1039.42 万人；人口在 700 万~1000 万人之间的市有 5 个，分别为邯郸市 954.97 万人、保定市（不含定州市）939.91 万人、唐山市 796.42 万人、沧州市 754.43 万人、邢台市 739.52 万人；其余 5 市人口均在 300 万~500 万人，分别为廊坊市 492.05 万人、衡水市 448.57 万人、张家口市 442.33 万人、承德市 358.27 万人、秦皇岛市 314.63 万人。2 个省直管县（市）定州市和辛集市的常住总人口分别为 123.09 万人和 63.70 万人，国家级雄安新区常住总人口为 124.66 万人。

2019 年河北省人口在 1000 万以上的市有 1 个，为石家庄市（不含辛集市）1064.71 万人；人口在 700 万~1000 万人的市有 5 个，分别为邯郸市 941.49 万人、保定市（不含定州市）924.39 万人、唐山市 771.85 万人、沧州市 730.22 万人、邢台市 710.85 万人；其余 5 市人口均在 300 万~500 万人，分别为廊坊市 548.59 万人、衡水市 421.08 万人、张家口市 411.86 万人、承德市 335.15 万人、秦皇岛市 313.98 万人；2 个省直管县（市）定州市和辛集市的常住总人口分别为 109.45 万人和 59.44 万人，国家级雄安新区常住总人口为 120.79 万人。

（二）城镇（常住）人口数量变动趋势及比较分析

2015 年城镇常住人口占常住人口比重（常住人口城镇化率）在 58.00% 以上的城市有 2 个，分别为：唐山市 454.89 万人，城镇化率为 58.31%；石家庄市（含辛集市）623.90 万人，城镇化率为 58.30%。城镇化率在 50.00%~58.00% 的城市有 4 个，分别为：廊坊市 250.98 万人，城镇化率为 55.00%；秦皇岛市 166.17 万人，城镇化率为 54.07%；张家口市 230.81 万人，城镇化率为 52.20%；邯郸市 484.67 万人，城镇化率为 51.38%。其余五市城镇化率均在 46.00%~50.00%，分别为：沧州市 361.63 万人，城镇化率为 48.56%；邢台市 348.16 万人，城镇化率为 47.73%；承德市 165.21 万人，城镇化率为 46.80%；保定市（含定州市）539.15 万人，城镇化率为 46.67%；衡水市 206.87 万人，城镇化率为 46.64%。2 个省直管县（市），定州市城镇常住人口为 56.37 万人，城镇化率为 46.84%；辛集市城镇常住人口为 29.39 万人，城镇化率为 46.62%。

2016 年城镇常住人口占常住人口比重（常住人口城镇化率）在 58.00% 以上的城市有 2 个，分别为：唐山市 473.83 万人，城镇化率为 60.41%；石家庄市（不含辛集市）615.57 万人，城镇化率为 60.64%。城镇化率在 50.00%~58.00% 之间的城市有 5 个，新增加沧州市，分别为：廊坊市 262.13 万人，城镇化率为 56.80%；秦皇岛市 173.70 万人，城镇化率为 56.13%；张家口市 239.80 万人，城镇化率为 54.19%；邯郸市 508.15 万人，城镇化率为 53.53%；沧州市 379.48 万人，城镇化率为 50.56%。其余 4 市城镇化率均在 48.00% ~ 50.00% 之间，分别为：邢台市 364.75 万人，城镇化率为 49.83%；保定市（不含定州市）511.15 万人，城镇化率为 49.03%；承德市 173.06 万人，城镇化率为 49.00%；衡水市 217.71 万人，城镇化率为 48.89%。2 个省直管县（市），定州市城镇常住人口为 60.27 万人，城镇化率为 49.84%；辛集市城镇常住人口为 31.00 万人，城镇化率为 49.12%。

2017 年城镇常住人口占常住人口比重（常住人口城镇化率）在 58.00% 以上的城市有 3 个，新增加廊坊市，分别为：石家庄市（不含辛集市）638.16 万人，城镇化率为 62.30%；唐山市 486.77 万人，城镇化率为 61.64%；廊坊市 277.34 万人，城镇化率为 58.50%。城镇化率在 55.00% ~ 58.00% 之间的城市有 3 个，分别为：秦皇岛市 180.05 万人，城镇化率为 57.88%；张家口市 247.90 万人，城镇化率为 55.92%；邯郸市 526.06 万人，城镇化率为 55.31%。其余 5 市城镇化率均在 50.00% ~ 55.00% 之间，分别为：沧州市 395.20 万人，城镇化率为 52.31%；邢台市 379.12 万人，城镇化率为 51.57%；保定市（不含定州市）532.67 万人，城镇化率为 50.88%；承德市 180.75 万人，城镇化率为 50.70%；衡水市 225.70 万人，城镇化率为 50.60%。2 个省直管县（市），定州市城镇常住人口为 63.15 万人，城镇化率为 51.71%；辛集市城镇常住人口为 32.45 万人，城镇化率为 50.98%。

2018 年城镇常住人口占常住人口比重（常住人口城镇化率）在 58.00% 以上的城市有 4 个，新增加秦皇岛市，分别为：石家庄市（不含辛集市）658.40 万人，城镇化率为 63.83%；唐山市 501.07 万人，城镇化率为 63.14%；廊坊市 290.24 万人，城镇化率为 60.01%；秦皇岛市 186.23 万人，城镇化率为 59.42%。城镇化率在 55.00% ~

58.00%之间的城市有2个，分别为：张家口市253.78万人，城镇化率为57.24%；邯郸市541.86万人，城镇化率为56.87%。其余5市城镇化率均在52.00%～55.00%之间，分别为：沧州市406.91万人，城镇化率为53.64%；保定市（不含定州市）561.89万人，城镇化率为53.49%；邢台市390.18万人，城镇化率为52.91%；承德市186.35万人，城镇化率为52.07%；衡水市232.83万人，城镇化率为52.06%。2个省直管县（市），定州市城镇常住人口为65.19万人，城镇化率为53.13%；辛集市城镇常住人口为33.29万人，城镇化率为52.28%。国家级雄安新区城镇常住人口为53.86万人，城镇化率为44.15%。

2019年城镇常住人口占常住人口比重（常住人口城镇化率）在60.00%以上的城市有4个，分别为：石家庄市（不含辛集市）676.14万人，城镇化率为65.05%；唐山市512.26万人，城镇化率为64.32%；廊坊市301.58万人，城镇化率为61.29%；秦皇岛市191.04万人，城镇化率为60.72%。城镇化率在55.00%～58.00%之间的城市有2个，分别为：张家口市258.23万人，城镇化率为58.38%；邯郸市555.32万人，城镇化率为58.15%。其余5市城镇化率均在53.00%～55.00%之间，分别为：沧州市414.26万人，城镇化率为54.91%；保定市（不含定州市）514.04万人，城镇化率为54.69%；邢台市401.04万人，城镇化率为54.23%；承德市190.81万人，城镇化率为53.26%；衡水市238.73万人，城镇化率为53.22%。2个省直管县（市），定州市城镇常住人口为67.24万人，城镇化率为54.63%；辛集市城镇常住人口为34.40万人，城镇化率为54.01%。国家级雄安新区城镇常住人口为56.60万人，城镇化率为45.40%。

2020年城镇常住人口占常住人口比重（常住人口城镇化率）在60.00%以上的城市有5个，新增张家口市，分别为：石家庄市（不含辛集市）752.11万人，城镇化率首次突破七十个百分点，达到了70.64%；张家口市272.24万人，城镇化率为66.1%；廊坊市

355. 71 万人，城镇化率为 64. 84%；唐山市 496. 45 万人，城镇化率为 64. 32%；秦皇岛市 200. 85 万人，城镇化率为 63. 97%。城镇化率在 55. 00% ~58. 00% 之间的城市有 3 个，新增保定市、承德市，分别为：邯郸市 548. 61 万人，城镇化率为 58. 27%；保定市（不含定州市）528. 20 万人，城镇化率为 57. 14%；承德市 189. 63 万人，城镇化率为 56. 58%。其余 3 市城镇化率均在 50. 00% ~55. 00% 之间，分别为：衡水市 230. 50 万人，城镇化率为 54. 74%；邢台市 384. 57 万人，城镇化率为 54. 10%；沧州市 373. 43 万人，城镇化率为 51. 14%。2 个省直管县（市），定州市城镇常住人口为 57. 67 万人，城镇化率为 52. 69%；辛集市城镇常住人口为 36. 81 万人，城镇化率为 61. 92%。国家级雄安新区城镇常住人口为 56. 83 万人，城镇化率为 47. 05%。

二、11 个地级市 2015～2020 年人均收支变动情况及比较分析

（一）居民人均可支配收入变动情况及比较分析

如图 2－6 所示，2015 年唐山市、廊坊市、石家庄市、秦皇岛市 4 市居民人均可支配收入高于全省平均值，其中唐山市为 23465. 00 元、廊坊市为 22955. 00 元、石家庄市为 20762. 00 元，3 市居民人均可支配收入均过两万元，位列前三名。秦皇岛市以 18966. 00 元位列第四。居民人均可支配收入在 15000. 00 ~18000. 00 元之间的城市有 4 个，分别为邯郸市 17822. 00 元、沧州市 17764. 00 元、保定市 16182. 00 元、张家口市 15781. 00 元。其余 3 个城市人均可支配收入均超过 14500. 00 元，分别为邢台市 14785. 00 元、承德市 14617. 00 元、衡水市 14585. 00 元。

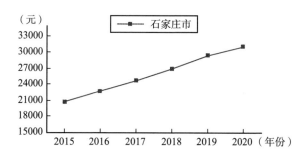

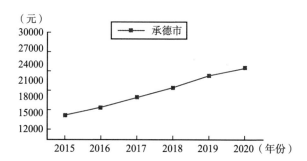

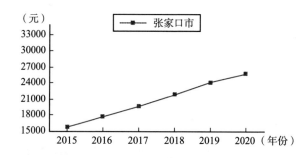

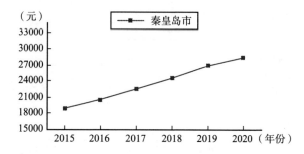

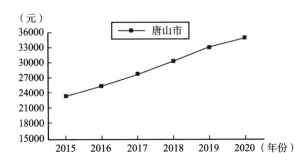

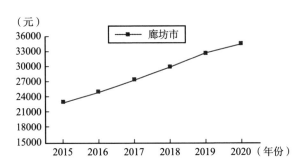

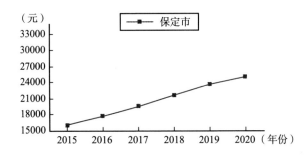

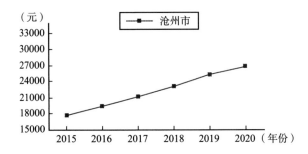

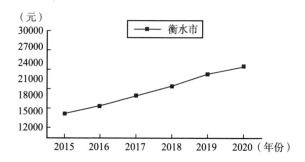

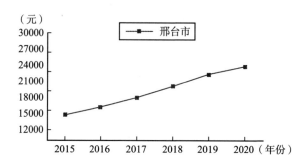

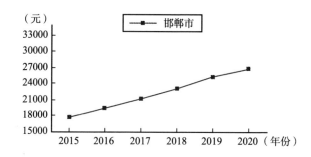

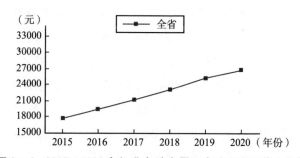

图 2-6　2015～2020 年河北各地市居民人均可支配收入趋势

资料来源:《河北统计年鉴》《河北经济年鉴》。

2016 年唐山市、廊坊市、石家庄市、秦皇岛市 4 市居民人均可支配收入继续领跑全省平均值，其中唐山市为 25534.00 元，廊坊市首次突破 25000.00 元大关、达到了 25070.00 元，石家庄市为 22652.00 元，位列前三名。全省共有 4 市居民人均可支配收入过两万元，较去年增加一市，即秦皇岛市以 20600.00 元位列第四。居民人均可支配收入在 17000.00 ~ 20000.00 元之间的城市有 4 个，分别为沧州市 19521.00 元、邯郸市 19412.00 元、保定市 17802.00 元、张家口市 17588.00 元。其余 3 个城市居民人均可支配收入均首次超过 16000.00 元，分别为邢台市 16320.00 元、衡水市 16296.00 元、承德市 16095.00 元。

2017 年唐山市、廊坊市、石家庄市、秦皇岛市 4 市居民人均可支配收入继续领跑全省平均值，其中唐山市、廊坊市首次突破 27000.00 元大关，分别达到了 27786.00 元和 27338.00 元，石家庄市为 24651.00 元，位列前三名。秦皇岛市、沧州市、邯郸市 3 市居民人均可支配收入首次超过两万元，较去年增加 3 市，即秦皇岛市以 22473.00 元位列第四，沧州市 21349.00 元，邯郸市 21168.00 元。其余 5 个城市居民人均可支配收入皆高于 17500.00 元，分别为保定市 19641.00 元、张家口市 19585.00 元、邢台市 18050.00 元、衡水市 18004.00 元、承德市 17755.00 元。

2018 年唐山市居民可支配收入突破 30000.00 元大关，达到了 30309.00 元。唐山市、廊坊市、石家庄市、秦皇岛市 4 市居民人均可支配收入继续领跑全省平均值，其中廊坊市逼近 30000.00 元大关、达到了 29781.00 元，石家庄市为 26839.00 元、位列前三名。4 市居民人均可支配收入过 24000.00 元。即秦皇岛市以 24555.00 元位列第四。居民人均可支配收入在 20000 ~ 24000 元之间的城市有 5 个，分别为沧州市 23272.00 元、邯郸市 23117.00 元、张家口市 21830.00 元、保定市 21708.00 元、邢台市 20052.00 元。其余 2 个城市居民人均可支配收入均首次超过 19000.00 元，分别为衡水市 19869.00 元、承德市 19677.00 元。

2019 年唐山市、廊坊市、石家庄市、秦皇岛市 4 市居民人均可支配收入继续领跑全省平均值，其中 2 市居民人均可支配收入超过 30000.00 元，分别为：唐山市 33080.00 元、廊坊市 32603.00 元。石家庄市为 29335.00 元，位列前三名。4 市居民人均可支配收入过 26000.00 元。即秦皇岛市以 26916.00 元位列第四。居民人均可支配收入在 23000.00 ~ 26000.00 元之间的城市有 4 个，分别为沧州市 25421.00 元、邯郸市 25317.00 元、张家口市 24159.00 元、保定市 23769.00 元。其余 3 个城市居民人均可支配收入均首次超过 20000.00 元，分别为邢台市 22338.00 元、衡水市 22067.00 元、承德市 21828.00 元。

2020 年唐山市、廊坊市、石家庄市、秦皇岛市 4 市居民人均可支配收入继续领跑全省平均值，其中 3 市居民人均可支配收入超过 30000.00 元，分别为唐山市 34871.00 元、廊坊市 34358.00 元、石家庄市 30955.00 元，位列前三名。4 市居民人均可支配收入过 28000.00 元。即秦皇岛市以 28417.00 元位列第四。居民人均可支配收入在 25000.00 ~ 28000.00 元之间的城市有 4 个，分别为邯郸市 26915.00 元、沧州市 26888.00 元、张家口市 25674.00 元、保定市 25204.00 元。其余 3 个城市居民人均可支配收入均首次超过 23000.00 元，分别为邢台市 23772.00 元、衡水市 23527.00 元、承德市 23223.00 元。

（二）居民人均消费支出变动情况及比较分析

2015 年唐山市、廊坊市、石家庄市、秦皇岛市 4 市居民人均消费支出高于全省平均值，其中唐山市和廊坊市居民人均消费支出超过 16000.00 元，分别为 17164.00 元、16656.00 元。石家庄市为 13432.00 元，位列前三名。秦皇岛市以 13278.00 元位列第四。居民人均消费支出在 10000.00 ~ 13000.00 元之间的城市有 4 个，分别为沧州市 11828.00 元、邯郸市 10991.00 元、承德市 10607.00 元、张家口市 10339.00 元。其余 3 个城市人均可支配收入均超过 9000.00 元，分别为衡水市 9789.00 元、保定市 9713.00 元、邢台市 9237.00 元。

2016 年廊坊市、唐山市、石家庄市 3 市居民人均消费支出高于全省平均值，其中廊坊市和唐山市居民人均消费支出超过 16000.00 元，分别为 17441.00 元、16625.00 元。石家庄市为 14317.00 元，位列前三名。沧州市和秦皇岛市超过 13000.00 元，分别是 13673.00 元、13408.00 元。居民人均消费支出在 11000.00～13000.00 元之间的城市有 5 个，分别为邯郸市 12402.00 元、张家口市 11898.00 元、衡水市 11896.00 元、保定市 11851.00 元、承德市 11641.00 元。全省所有城市均超过 10000.00 元大关，其中邢台市为 10662.00 元。

2017 年廊坊市、唐山市、秦皇岛市 3 市居民人均消费支出高于全省平均值，其中廊坊市和唐山市居民人均消费支出首次超过 18000.00 元，分别为 18772.00 元、18132.00 元。秦皇岛市为 16391.00 元，位列前三名。两市居民人均消费支出在 14000.00～16000.00 元之间，分别为石家庄市 15229.00 元和沧州市 14985.00 元。2017 年全省居民人均消费支出均超过 11000.00 元，在 11000.00～14000.00 元之间的城市有 6 个，分别为邯郸市 13736.00 元、承德市 13454.00 元、张家口市 13127.00 元、衡水市 13086.00 元、保定市 12967.00 元、邢台市 11630.00 元。

2018 年廊坊市、唐山市、秦皇岛市 3 市居民人均消费支出高于全省平均值，其中廊坊市居民人均消费支出首次超过 20000.00 元，达到了 20364.00 元。唐山市和秦皇岛市紧随其后分别为 19757.00 元、17880.00 元。全省共有 2 市居民人均消费支出在 16000.00～17000.00 元之间，分别为石家庄市 16442.00 元和沧州市 16350.00 元。居民人均消费支出在 14000.00～16000.00 元之间的城市有 5 个，分别为邯郸市 15884.00 元、张家口市 15148.00 元、衡水市 14505.00 元、承德市 14280.00 元、保定市 14200.00 元。全省所有城市居民人均消费支出均高于 12000.00 元，其中邢台市为 12950.00 元。

2019 年廊坊市、唐山市、秦皇岛市 3 市居民人均消费支出高于全省平均值，其中廊坊市居民人均消费支出为 22029.00 元。唐山市居民人均消费支出首次超过 20000.00 元，达到了 21490.00 元。秦皇岛市紧随其后为 19380.00 元。全省共有 4 市居民人均消费支出在 17000.00 ~ 18000.00 元之间，分别为石家庄市 17892.00 元、沧州市 17876.00 元、张家口市 17377.00 元、邯郸市 17123.00 元。居民人均消费支出在 15000.00 ~ 17000.00 元之间的城市有 3 个，分别为保定市 16243.00 元、衡水市 16089.00 元、承德市 15938.00 元。全省所有城市居民人均消费支出均高于 14000.00 元，其中邢台市为 14114.00 元。

三、11 个地级市 2015 ~ 2020 年科学技术发展现状分析

（一）规模以上工业企业研究与试验发展（R&D）经费

2015 年规模以上工业企业研究与试验发展（R&D）经费居全省前三位的区市总计占比 65.12%，分别为：石家庄市 669401.00 万元，占全省规模以上工业企业研究与试验发展（R&D）经费 23.42%（下同）；唐山市 660527.00 万元，占全省 23.10%；保定市 529928.00 万元，占全省 18.60%。规模以上工业企业研究与试验发展（R&D）经费在 100000.00 万 ~ 300000.00 万元之间的城市有 5 个，占全省 27.1%，分别为：邯郸市 229480.00 万元、沧州市 157514.00 万元、邢台市 148090.00 万元、廊坊市 127253.00 万元、秦皇岛市 111683.00 万元。其余 3 市规模以上工业企业研究与试验发展（R&D）经费均超过 60000.00 万元，分别为衡水市 93426.00 万元、承德市 67369.00 万元、张家口市 63379.00 万元。

2016 年规模以上工业企业研究与试验发展（R&D）经费居全省前三位的区市总计占比 63.60%，较去年下降了 1.52 个百分点，分别为：石家庄市 715563.00 万元，占全省规模以上工业企业研究与试验发展（R&D）经费 23.20%（下同）；唐山市 663548.00 万元，占全

省21.50%；保定市583177.00万元，占全省18.90%。规模以上工业企业研究与试验发展（R&D）经费在100000.00万~300000.00万元之间的城市有6个，较去年增加了衡水市，占全省32.50%，分别为：邯郸市259877.00万元、沧州市190244.00万元、邢台市172711.00万元、廊坊市154216.00万元、秦皇岛市124772.00万元、衡水市101847.00万元。其余两市规模以上工业企业研究与试验发展（R&D）经费均超过45000.00万元，分别为承德市74776.00万元、张家口市45877.00万元。

2017年规模以上工业企业研究与试验发展（R&D）经费居全省前三位的区市总计占比62.80%，较去年下降了0.80个百分点，分别为：石家庄市802227.00万元，占全省规模以上工业企业研究与试验发展（R&D）经费22.90%（下同）；唐山市779860.00万元，占全省22.20%；保定市621391.00万元，占全省17.70%。规模以上工业企业研究与试验发展（R&D）经费在100000.00万~300000.00万元之间的城市有6个，占全省33.20%，较去年增长0.70个百分点，分别为：邯郸市284351.00万元、邢台市218244.00万元、沧州市213446.00万元、廊坊市203380.00万元、秦皇岛市138652.00万元、衡水市107927.00万元。其余两市规模以上工业企业研究与试验发展（R&D）经费均超过50000.00万元，分别为承德市86952.00万元、张家口市53254.00万元。

2018年规模以上工业企业研究与试验发展（R&D）经费居全省前三位的区市总计占比62.60%，较去年下降了0.20个百分点，分别为：石家庄市首次突破100000.00万元，达到了1057907.00万元，占全省规模以上工业企业研究与试验发展（R&D）经费27.70%（下同），较去年上涨4.80个百分点；唐山市773616.00万元，占全省20.30%；保定市558880.00万元，占全省14.60%。规模以上工业企业研究与试验发展（R&D）经费在100000.00万~350000.00万元之间的城市有5个，占全省34.40%，较去年增长1.20个百分点，分别为：邯郸市338483.00万元、邢台市307399.00万元、沧州市

268445.00 万元、廊坊市 165321.00 万元、秦皇岛市 136580.00 万元。其余 3 市规模以上工业企业研究与试验发展（R&D）经费均超过 30000.00 万元，分别为衡水市 97396.00 万元、承德市 84300.00 万元、张家口市 31588.00 万元。

2019 年规模以上工业企业研究与试验发展（R&D）经费居全省前三位的区市总计占比 58.20%，较去年下降了 4.40 个百分点，分别为：石家庄市 1165998.00 万元，占全省规模以上工业企业研究与试验发展（R&D）经费 26.60%（下同），较去年下降 1.10 个百分点；唐山市 893056.00 万元，占全省 20.40%；保定市 494067.00 万元，占全省 11.30%。规模以上工业企业研究与试验发展（R&D）经费在 150000.00 万~450000.00 万元之间的城市有 5 个，占全省 32.50%，分别为：邯郸市 435672.00 万元、邢台市 389374.00 万元、沧州市 263760.00 万元、廊坊市 180053.00 万元、秦皇岛市 157944.00 万元。其余 3 市规模以上工业企业研究与试验发展（R&D）经费均超过 10000.00 万元，分别为衡水市 127821.00 万元、承德市 123177.00 万元、张家口市 16181.00 万元。

（二）规模以上工业企业研究与试验发展（R&D）研究人员

2015 年全省研究与试验发展 R&D 人员全时当量为 79452.00 人年，其中石家庄市与保定市占全省研究与试验发展（R&D）人员全时当量的 52.10%，分别为石家庄市 22506.00 人年、保定市 18858.00 人年。唐山市位列前三，为 14245.00 人年。全省各区市中 R&D 人员全时当量在 4000.00~5000.00 人年之间的有 3 个，占全省的 16.40%，分别为沧州市 4623.00 人年、邯郸市 4249.00 人年、廊坊市 4150.00 人年。其余 5 市 R&D 人员全时当量均在 1000.00 人年以上，分别为邢台市 2835.00 人年、秦皇岛市 2677.00 人年、衡水市 2207.00 人年、张家口市 1597.00 人年、承德市 1505.00 人年。

2016 年全省研究与试验发展 R&D 人员全时当量为 82971.00 人年，其中石家庄市与保定市占全省研究与试验发展（R&D）人员全时当量的 48.50%，较上年减少 6.60 个百分点，分别为石家庄市 20745.00 人年、保定市 19507.00 人年。唐山市位列前三，为 14567.00 人年。全省各区市中 R&D 人员全时当量在 4000.00 ~ 5500.00 人年之间的有 4 个，占全省的 22.60%，分别为沧州市 5265.00 人年、廊坊市 5159.00 人年、邯郸市 4308.00 人年、邢台市 4049.00 人年。其余 4 市 R&D 人员全时当量均在 1000.00 人年以上，分别为秦皇岛市 3221.00 人年、衡水市 2805.00 人年、承德市 2075.00 人年、张家口市 1269.00 人年。

2017 年全省研究与试验发展 R&D 人员全时当量为 79135.00 人年，其中石家庄市与保定市占全省研究与试验发展 R&D 人员全时当量的 41.90%，较去年减少 3.60 个百分点，分别为石家庄市 18135.00 人年、保定市 14589.00 人年。唐山市位列前三，为 13652.00 人年。全省各区市中 R&D 人员全时当量在 4000.00 ~ 7500.00 人年之间的有 4 个，占全省的 28.70%，较去年增长了 6.10 个百分点，分别为廊坊市 7071.00 人年、邯郸市 6011.00 人年、沧州市 5265.00 人年、邢台市 4227.00 人年。其余 4 市 R&D 人员全时当量均在 1000.00 人年以上，分别为秦皇岛市 3590.00 人年、衡水市 2789.00 人年、承德市 2009.00 人年、张家口市 1229.00 人年。

2018 年全省研究与试验发展 R&D 人员全时当量为 68956.00 人年，其中唐山市与保定市占全省研究与试验发展 R&D 人员全时当量的 43.00%，较去年增加 1.10 百分点，分别为唐山市 15075.00 人年、保定市 14589.00 人年。石家庄市位列前三，为 12191.00 人年。全省各区市中 R&D 人员全时当量在 4000.00 ~ 7500.00 人年之间的有 4 个，占全省的 29.90%，较去年增长了 1.20 个百分点，分别为廊坊市 6230.00 人年、邯郸市 5956.00 人年、秦皇岛市 4229.00 人年、沧州市 4187.00 人年。其余 3 市 R&D 人员全时当量均在 1000.00 人年以上，分别为邢台市 2783.00 人年、衡水市 1937.00 人年、承德市 1027.00 人年。仅有一市 R&D 人员全时当量少于 1000.00 人年，即张家口市 929.00 人年。

2019 年全省研究与试验发展 R&D 人员全时当量为 76096.00 人年，其中唐山市、石家庄市与保定市占全省研究与试验发展 R&D 人员全时当量的 51.00%，分别为唐山市 18896.00 人年、占比 24.80%，石家庄市 8456.00 人年，保定市 11467.00 人年。沧州市和邯郸市紧随其后，R&D 人员全时当量分别为 8347.00 人年和 8255.00 人年，全省 R&D 人员全时当量在 4000.00～7500.00 人年之间的有 3 个，占全省的 19.00%，较去年减少了 10.90 个百分点，分别为廊坊市 7373 人年、秦皇岛市 3949.00 人年、邢台市 3141.00 人年。其余两市 R&D 人员全时当量均在 1000.00 人年以上，分别为衡水市 2947.00 人年、承德市 1222.00 人年。仅有一市 R&D 人员全时当量少于 1000.00 人年，即张家口市 697.00 人年。

第三章

河北省能源生产与消费现状分析

第一节　河北省资源禀赋现状分析

一、河北省森林资源禀赋情况及比较分析

　　河北省地处华北平原北部，与内蒙古高原相对，地势复杂，总体从北方朝南方倾斜、从西方向东方倾斜。地貌的种类繁复，环境复杂、变化多，平原、盆地、丘陵、山地皆有分布。北方有坝上高原，东北有燕山，西有太行山，西北有恒山，群山环抱河北平原。森林在冀北和冀西北部山区、太行山及坝上高原地区都有分布。森林中存在多种植物，主要有寒带针叶林、针阔混交林和落叶阔叶林。山地植被有华叶落叶松、油松、白桦、蒙古栎、白扦、杞柳、枸杞、沙棘、柠条、怪柳、山杏等。在平原植被中常见树种有杨树、柳树、榆树、香椿、泡桐等。

　　近年来，河北省各级党委和政府按照科学发展观要求，认真落实了党中央，省委、省政府和国务院关于加快林业改革发展的一系列决策部署，深化了集体林权制度改革，积极创新发展机制，在社会上取得了积极的反响，人民对政府的举措高度支持、积极配合，全省林业

取得长足发展，为加快科学发展奠定了坚实基础。

根据全国第九次森林资源清查（2014～2018 年）结果显示，河北省林业用地使用面积达 775.64 万公顷，其中森林面积达 502.69 万公顷，人工林面积达 263.54 万公顷，占森林面积的 51.4%。整体森林覆盖率达 26.8%。活立木总蓄积量为 1.59 亿立方米，森林蓄积量为 1.37 亿立方米。如图 3 – 1 所示，林业用地使用面积中，各类林地面积分别如下：乔木林地 365.4 万公顷、疏林地 8.66 万公顷、灌木林地 249.41 万公顷、未成林造林地 22.31 万公顷、苗圃地 7.84 万公顷、迹地 10.75 万公顷、宜林地 111.27 万公顷。灌木林地分类中，国家特别规定的灌木林地为 137.29 万公顷，一般性灌木林地为 112.12 万公顷，分别占比 55.05% 和 44.95%。按林种划分，森林各林种面积、蓄积比例如表 3 – 1 所示。

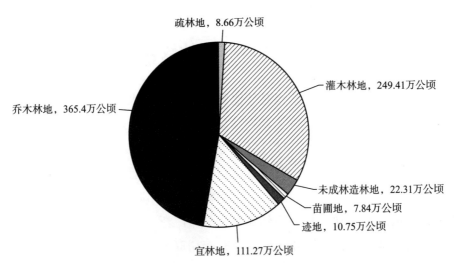

图 3 – 1　林业用地分类

资料来源：《中国森林资源报告》。

表 3 – 1　　　　　　　　　森林面积和森林蓄积按林种分类

林种	面积（万公顷）	面积比例（%）	蓄积量（万公顷）	蓄积比例（%）
合计	502.69	100.00	13737.98	100.00

续表

林种	面积（万公顷）	面积比例（%）	蓄积量（万公顷）	蓄积比例（%）
防护林	284.44	56.58	8936.02	65.05
特用林	8.99	1.79	650.41	4.74
用材林	78.82	15.68	3946.99	28.73
薪炭林	7.25	1.44	58.28	0.42
经济林	123.19	24.51	146.28	1.06

资料来源：《中国森林资源报告》。

较上次清查结果，森林面积新增 110.62 万公顷，与上次清查的新增 48.73 万公顷相比增加了 61.89 万公顷，森林面积增长速度有所提高。森林蓄积净增 2963.03 万立方米，与上次清查净增 2400.87 万立方米相比增加了 562.16 万立方米，森林蓄积量有大量提升。

二、河北省湿地面积情况及比较分析

河北省湿地面积少，相对其他省份是一个缺水省份。2009~2013年河北省的第二次湿地资源调查结果显示，全省湿地占比 5.05%，含有湿地总面积 94.79 万公顷（不含唐山市芦台行政区）。河北省湿地种类包括五大类十九种，其中有滨海湿地、河流湿地、湖泊湿地、沼泽湿地、人工湿地五类湿地，有海洋、滩涂和陆地河流、湖泊和洼地，从沿海到内地，从平原到高原，分布广泛。

河北省的经济发展和湿地资源有密切联系，依托于多样化的湿地资源，河北省拥有了环境保护的天然屏障。湿地资源在水质治理、防旱防洪、调节气候等方面发挥着重要作用，北京、天津、河北地区的环境治理很大一部分功劳来自于河北省的湿地资源。

河北省湿地资源可分为自然湿地与人工湿地两大类型，分别占河北省湿地面积的 26%、74%。

河北省的湿地资源中，滨海、湖泊、河流及沼泽湿地这四大类型是自然湿地,如表 3 - 2 所示。滨海湿地为 23.19 万公顷,河流湿地为 21.25 万公顷,湖泊湿地为 2.66 万公顷,沼泽湿地为 22.36 万公顷。水稻田和库塘湿地这两类湿地属于人工湿地,共 24.73 万公顷。

表 3 - 2   河北省自然湿地分类型面积   单位:万公顷

项目	近海与海岸(滨海)	河流	湖泊	沼泽
面积	23.19	21.25	2.66	22.36

资料来源:《河北省湿地资源调查报告》。

　　河北省滨海湿地,尤其是曹妃甸湿地、南大港湿地,主要分布在秦沧线沿线;河流湿地在河北省的所有湿地类型中面积最大,拥有约 300 条河流;湖泊湿地零散分布于各处,存在于河北省的平原地区中,如宁津泊、永年洼、白洋淀、大芦泽、衡水湖、大浪甸等;沼泽湿地更多位于坝区及河湖周边地区。河北省建设了 38 座中型水库、22 座大型水库,这些属于河北省人工湿地资源,水稻田湿地主要集中在秦皇岛市和唐山市地区。

　　河北省湿地具有湿地类型多样及分布零散、分布位置并不均衡的特点。河北省湿地类型多,在全国 34 种湿地类型中占有 55.88% 的比例[1],滨海湿地是河北省湿地面积最大的部分,其他类型的湿地面积较小、分布不集中,难以发挥湿地本身的规模化生态效益。滨海湿地作为河北省最大的湿地,分布较为集中,主要位于秦、唐、沧地区。湖泊湿地和河流湿地是中国各地的重要生态系统,其中河北省湖泊湿地主要分布在张家口、保定、沧州的交界区域以及衡水市区,而沼泽湿地则更多地分布在湖泊湿地周边以及坝上地区。此外,人工湿地也十分普遍,包括沿海水库、池塘坝区以及内陆城市的海洋水生动植物养殖场和盐田。

―――――――――

① 资料来源:《河北省湿地资源调查报告》。

三、河北省草原建设利用情况及比较分析

河北省全省草原分布情况可分为坝上高原区、坝下山地丘陵区、山麓平原区、黑龙港低平原区和滨海低平原区 5 个区，全省草原总面积为 471.21 万公顷①。全省天然草原主要分为温性草原、温性草甸草原、山地温性草原、山地草甸、暖性灌草丛、暖性草丛 6 个大类，如图 3-2 所示。其中，温性草原总面积为 24.9 万公顷，分多年生禾草草原、灌木草原，主要分布于张家口坝上高原地区；温性草甸草原总面积为 21 万公顷，有多年生禾草草原和多年生莎草草原之分，主要分布于承德市的坝上、接坝地区；山地温性草原总面积为 37.4 万公顷，包括多年生禾草草原、半灌木草原、一年生杂类草原，主要在张家口市；山地草甸类总面积有 27.7 万公顷，分多年生莎草草原、多年生禾草草原、多年生杂类草草原，位于张家口、承德和保定三市；河北省的山地丘陵地区中，面积最大、分布面积最广的是暖性灌草丛类草原类型，总面积达 189.5 万公顷，其中包括灌木草原、缠绕木本杂类草原、乔木疏林草原；在河北省邢台市和张家口市的 2000 米以下海拔区域，即中低山和低山丘陵区，分布着暖性草丛，主要属于禾草草原，总面积达 88.3 万公顷，其他草原类型包括低湿地草甸类、滨海滩涂草甸类、草本沼泽类草原，总面积约112.8 万公顷。

河北省根据国家政策，在相关政策的引导下，对京津风沙的源头进行治理改造，这已经持续有 10 年之久，草原治理项目进展总体顺利。截至 2011 年底，在京津风沙的源头治理工程中已经有了很大投资，草原治理项目总投资 13 亿多元，治理总面积 90 多万公顷②。

---

①② 资料来源：《河北省自然保护地发展规划（2021—2035 年）》。

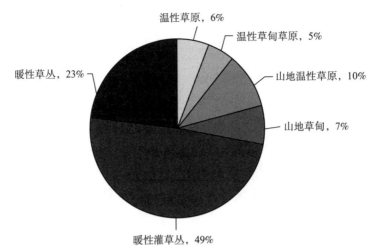

图 3 - 2　河北省天然草原类型

资料来源：《河北省自然保护地发展规划（2021—2035年）》。

2020年河北省草原治理工作卓见成效。草原鼠害危害面积有175.3千公顷，治理面积达135.9千公顷；草原虫害面积有207.9千公顷，治理面积达134千公顷①。近年来，为了防治草原生物灾害，河北省草原治理工作又增加了生物制剂（绿僵菌、生物碱、阿维菌素等）、植物源农药（印楝素、苦参碱等）的使用。同时使用牧鸡治蝗作为生物防治蝗虫的主要手段。

第二节　河北省能源生产现状分析

一、2015～2020年河北省煤炭生产总量

（一）原煤生产现状

河北省的煤炭资源得天独厚，因此成为中国最主要的炼焦煤产地

----

① 资料来源：《河北省自然保护地发展规划（2021—2035年）》。

之一，是国家十四个大型煤炭基地之一。河北省的煤炭资源能够开采的储量目前在 40 亿吨上下，还能够保证 80 年的稳定供应，它的开采寿命和全世界的常规能源基本保持一致①。

河北省煤炭种类齐全，主要为长焰煤，其余从褐煤到无烟煤均有。全省煤种在平面上分布整齐，形状呈现为带状，平泉－涞源线呈东北、西南分布；北部的张家口和承德地区的煤气变质程度相对其他地区更低，煤种也相对较少，多为褐煤、长焰煤和不黏煤；燕山、太行山及平原地区，煤变质程度普遍较高，煤种从气煤到无烟煤不等，分布情况如表 3 - 3 所示。

表 3 - 3　　　　　　　　河北省不同煤种资源分布

煤种	区域
低变质煤区	蔚县、下花园
中变质煤区	开滦、井陉、兴隆、邯郸、邢台、临城
贫煤、无烟煤	薛村、小屯、大淑村、万年、康二城、郭二庄、贺庄、陶庄、云驾岭、周庄、显德旺、三王村、许庄、北堂、隆尧

资料来源：《河北省能源统计年鉴》。

2015~2020 年，河北省原煤生产总量为 35487.4 万吨。2015 年河北省原煤累计产量为 7437.1 万吨，同比增长 14.4%，累计增长 1.2%；2016 年河北省原煤累计产量为 6484.3 万吨，同比增长 -17.8%，累计增长 -12.5%；2017 年河北省原煤累计产量为 6010.8 万吨，同比增长 -10.1%，累计增长 -10.1%；2018 年河北省原煤累计产量为 5505.3 万吨，同比增长 -21%，累计增长 -7.7%；2019 年河北省原煤累计产量为 5075.2 万吨，同比增长 8%，累计增长 -8.6%；2020 年河北省原煤累计产量为 4974.7 万吨，同比增长

———————
① 资料来源：《河北省能源统计年鉴》。

−3%，累计增长 −0.9%，如图 3 −3 所示。

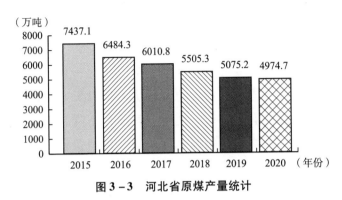

图 3 − 3 河北省原煤产量统计

资料来源：《河北省能源统计年鉴》。

随着河北省钢铁煤炭去产能计划、重点企业加速转型升级的逐步推进，河北省原煤产量持续呈现下降态势。中国的煤炭行业消费十分集中，九成集中于电力、钢铁、煤化工、建筑、建材以及水泥等行业，而这些行业也普遍存在着产能过剩的问题，在压煤减碳上仍存在很多的操作空间。

近年来，国家大环境呼吁生态建设、节能减排、大气污染治理，随着国家对煤炭企业产能计划的更大力度干预，河北省的钢铁煤炭行业去产能任务也顺利超额完成。2016 年，国家发展和改革委员会能源研究所发布了《行业部门煤炭消费总量控制研究》报告，报告认为，在人工干预的前提下，煤炭消费峰值会在 2020 年提前到来，峰值水平为 40.6 亿吨原煤，2030 年将会下降至 37 亿吨左右，相当于不控制的情况下的 3/4。其中，2015 年河北省煤炭销售量减少500 万吨，到 2017 年河北省煤炭消费量比 2012 年减少 4000 万吨。国家宏观政策调控在很大程度上限制了河北省的煤炭消费。报告认为，在 2020 年，河北省张家口市、承德市、保定市、秦皇岛市将基本形成"无煤市"。并在 2020 年，河北省预计将煤炭开采企业数量控制在 10 家以内，将煤炭数量控制在 60 处，并合理控制煤炭产能。

从河北省电力行业投资结构来看，明显以燃煤发电为主要投资方向，煤电结构逐步弱化。

未来的发展离不开生态文明建设，而煤炭再利用过程中产生大量有害物质，已经成为雾霾天气的罪魁祸首。污染物一半由非电力耗煤产生，是大气污染的主要源头，中国的空气状况一直不佳，常有雾霾发生，这也坚定了中国大气污染防治的决心，煤炭燃烧过程中产生大量不利于空气质量的有害物质，使得空气质量下降，因此，治理大气污染必须要从减少煤炭消耗做起。河北的煤炭消费量一直在国内位居前列，治理空气污染势必聚焦河北省。国家制定了煤炭减产减耗的相关计划，对于煤炭消费重点城市要求务必实现煤炭消费量的负增长，并在此基础上制定了对中长期煤炭消费总量的控制计划，将煤炭减量的责任落实到各个部门。河北省已成为全国控制煤炭总量和煤炭消费量的重中之重。

这么多年以来，中国最主要的能源、最重点的工业原料一直离不开煤炭。但是消耗煤炭作为主要能源的过程又对中国环境造成了巨大的伤害，产生了大量的污染。因此，在环保压力下，中国正在实施新能源战略，其目的是通过发展核能、风能、太阳能等清洁能源来抑制煤炭的发展。国家计划对不符合标准的燃煤锅炉实行一系列清理铲除计划，对燃煤电厂进行大量的低碳、节能改造工程。从源头提升清洁能源的比重，计划更多地使用天然气替代煤炭，并对风能、太阳能、生物质能投入更多的经费支持，并出台更多的政策完善。通过大量的水电、核电等清洁能源进入市场，压缩煤炭能源的占比，压缩煤炭资源的需求量。在河北，已经有各级政府采取了对新能源发展大力支持的举措，比如推出了"节能灶"产品，在工业发达的唐山市、沧州市等有了良好反应，煤炭需求有所减少。

（二）焦炭生产现状

2016年发布的《焦化行业"十三五"发展规划纲要》中，明确提出了去产能的目标，河北省焦炭产量不断下降。2018年随着环保政策的深化，去产能政策规划得到细化。2019 年 10 月生态环境部发布了《京津冀及周边地区 2019～2020 年秋冬季大气污染综合治理攻坚行动方案》，明确要求调整重污染物产业结构，要进一步推进行业建材、焦化、化工等产业结构调整、高质量发展等规划要求，细化 2019 年度任务进度，确保按时完成、分阶段推进。焦化行业去产能持续推进，加强环保是焦化行业未来发展的必然方向。

根据《河北省"十三五"发展规划》，河北省地域内有部分安全隐患大、开采难度高以及地理环境复杂的焦炭推出市场，并对长期亏损、运营困难以及无法机械化生产的煤矿予以关闭处理。对于焦炭的加工和转化利用环节，河北省计划提升原煤洗选设施，提高洗选煤炭技术水平，在 2020 年保证河北省原煤入选率在九成以上。2015～2020 年河北省焦炭生产情况如图 3－4 所示。

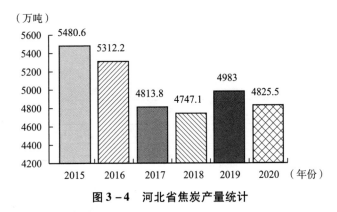

图 3－4　河北省焦炭产量统计

资料来源：《河北省能源统计年鉴》。

（三）人工煤气发展现状

人工煤气主要是由煤、焦炭等固体燃料或者重油等液体燃料，通过汽化、干馏或者裂解等过程而制得的气体。受环保因素的影响，中国的城市人工煤气因其污染大、毒性强等缺点，逐渐被天然气所取代。据统计，近年来，中国城市人工煤气总量每年都在减少，2020

年，河北省城市人工煤气供气总量达 46895.83 万立方米，总体占比最大，占全国城市人工煤气供气总量的 20.26%。河北省人工煤气供气总量如图 3-5 所示，总体呈逐年下降趋势。人工煤气在生产过程中会消耗大量的碳，造成严重的环境污染，在运输过程中会腐蚀管道，在使用过程当中毒性很大、热值较低。

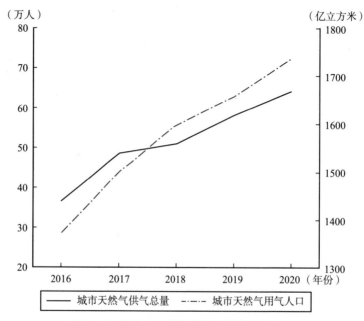

图 3-5　城市人工煤气供气总量与用气人口

资料来源：《河北省能源统计年鉴》。

在油气资源匮乏的时代，人工煤气曾经发挥着重要作用。然而，随着油气资源的不断丰富、供给设施的不断完善和经济的不断发展，中国已经具备了全面禁止人工供气、提高人民生活质量、优化能源结构的充分条件，使用人工煤气的人口也在逐年减少，如图 3-5 所示，人工煤气将逐渐被天然气或液化石油气等清洁能源所取代，彻底退出历史舞台。

二、2015～2019 年河北省石油生产总量

河北省境内有华北、冀东、大港三大油田。近几年，受华北和冀东等油田产量递减的影响，河北省原油产量呈下降趋势。

华北油田地理位置在任丘市，处于河北省冀中平原中部，包括北京、河北、山西、内蒙古等油气产区。大港油田的地理位置在天津市大港区。其大港油田的面积很大，包括大港探区及新疆尤尔都斯盆地，总面积达到 34629 平方公里，其中大港探区面积为 18629 平方公里。大港勘探区中已经有 15 个油气田、24 个开发区建设完成并且投入生产，每年能够产出原油 430 万吨、天然气 3.80 亿立方米。冀东油田位置在渤海湾的北岸，油田具体的开发面积覆盖了包括唐山、秦皇岛、唐海等两市七县，总面积有 6300 平方公里，其中分为陆地面积和浅海区域，陆地面积为 3600 平方公里，潮间带和极浅海面积为 2700 平方公里①。

河北省燃气消费主要以液化石油气、煤气等为主，集中在石家庄、唐山、保定、邢台等重点城市，2015～2019 年河北省石油生产总量如表 3-4 所示。

表 3-4　　　　2015～2019 年河北省石油生产总量　　　　单位：万吨

石油种类	2015 年	2016 年	2017 年	2018 年	2019 年
原油	580.10	545.96	539.11	537.21	550.00
汽油	432.83	475.88	385.86	446.42	536.06
煤油	44.15	57.90	42.64	58.29	70.81
柴油	497.79	501.92	437.34	412.39	556.48
燃料油	123.01	160.31	194.12	163.60	152.50
液化石油气	16.64	17.07	24.12	15.67	14.12

资料来源：《河北省能源统计年鉴》。

---

① 资料来源：《河北省能源统计年鉴》。

由图 3 - 6 河北省石油生产总量统计图可得，2015 ~ 2019 年河北省石油生产总量增长平缓，原油平均产量为 550.476 万吨，汽油平均产量为 455.41 万吨，煤油平均产量为 54.758 万吨，柴油平均产量为 481.184 万吨，燃料油平均产量为 158.708 万吨，液化石油气平均产量为 17.524 万吨。

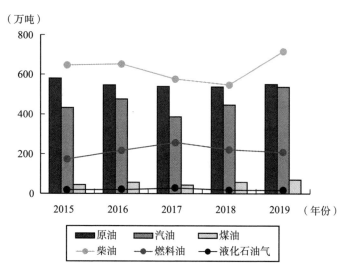

图 3 - 6 2015 ~ 2019 年河北省石油生产总量统计

资料来源：《河北省能源统计年鉴》。

三、2015 ~ 2020 年河北省天然气供应总量

2019 年 7 月 3 日，国家能源局综合司发函，面向社会征求《关于解决"煤改气""煤改电"等清洁供暖推进过程中有关问题的通知》意见，提出了因地制宜拓展多种清洁供暖方式，并要求各地政府研究财政补贴到期后的应对政策。大气污染防治将从"煤改气"转向多能互补模式，补贴可能逐步取消。未来河北省天然气市场将进入后"煤改气"时代，市场供需形势将继续发生较大变化。

中国北方地区大气污染严重，河北省作为北方城市中最为重点的大气污染防治省、冬季取暖区域，顺理成章地成为了实施"煤改气"工程的重点区域。为了对清洁能源替代煤炭计划大力支持，并进一步提高清洁能源占总能源消费的比重，国家和河北省出台了各种各样的"煤改气"补贴政策和优惠方案，通过各个部门对环境的监管，有力推动了"煤改气"的实施。河北省天然气近年来在各方面共同努力作用下实现了飞速增长，但在与此同时，也暴露出产、供、储、销发展不充分、不协调等问题，在 2017 年更是出现了冬季供气难以为继的紧张局面。近年来，得益于持续推进国家产供储销体系建设和大企业合作，河北省天然气产业呈现持续快速增长态势，供、储、销环节日益紧密协调。

河北省城镇燃气消费的主体是液化石油气以及煤气，主要消费的人群集中分布在石家庄、唐山、保定、邢台等重点城市；而天然气的主要消费人员主要集中分布在华北油田、大港油田和冀东油田附近。20 世纪 90 年代陕京线开通后，河北省进入了天然气的新型能源时代。2000 年，河北省委、省政府组建了天然气利用合作小组，制定完成了《河北省天然气利用规划》，大力支持河北省天然气企业的发展，对天然气消费起积极推动作用。依托陕京管道、甬秦管道、冀宁联络线等主要交通要道，在省内铺设支线，对天然气的使用范围进行大力推广。但受当地经济发展水平和发展结构的制约，天然气资源普遍稀缺，以及首都和主要城市优先节约天然气等政治因素的影响，河北省天然气消费发展相对缓慢。2012～2016 年，河北省天然气消费量平均年增长率仅为 6.8%，低于全国 10% 的平均增速水平[①]。特别是 2015 年，在国内经济结构优化、产业转型升级步伐加快、大量淘汰落后和过剩产能的大环境下，河北省天然气消费量下降。但天然气作为清洁能源是环境发展的必然趋势，天然气供应总量和消费总量同比持续增长，如图 3-7 所示。

---

① 资料来源：《河北省能源统计年鉴》。

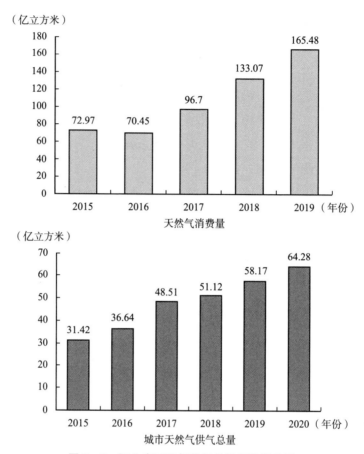

（亿立方米）

天然气消费量

城市天然气供气总量

图 3-7 河北省天然气供气总量及消费总量

资料来源：《河北省能源统计年鉴》。

四、2015～2020 年河北省不同类型发电量

（一）水力发电量

河北省水电分布相对集中，分布地主要集中在石家庄市西部、保定市西部和邯郸市西部。承德市南部和张家口市东部也有少量水力发电厂。水电是一种以天然水资源和自然高差为基础的清洁能源。受这些自然资源条件的限制，河北省中南部的华北平原水能资源非常少（见图 3-8）。因此，河北省的水力发电并不属于河北省主要的绿色能源。

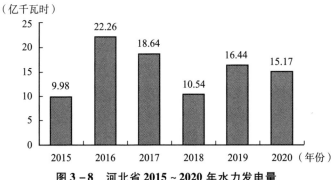

图 3 – 8　河北省 2015～2020 年水力发电量

（二）火力发电量

　　中国火力发电在目前阶段仍然是电力供应的最主要部分。虽然中国在近年来不断调整着电力结构，倡导清洁能源，但火力发电的主导地位仍未撼动。现阶段火力发电仍然是中国发电的主要方式，河北省也不例外。但是由于火力发电的环保性远远不如清洁能源，在电厂的转型中，火力发电量虽然仍在上升，如图 3 – 9 所示，但是其所占总体发电量比例在逐年下降，如图 3 – 10 所示。由于经济发展、社会所需，河北省整体的发电量都在上涨，而火力发电量的比例下降证明了电厂、能源的转型，见证了社会的进步与发展。

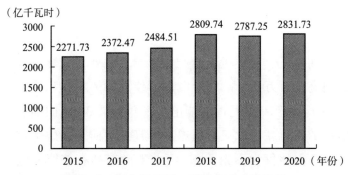

图 3 – 9　河北省 2015～2020 年火力发电量

资料来源：《河北省能源统计年鉴》。

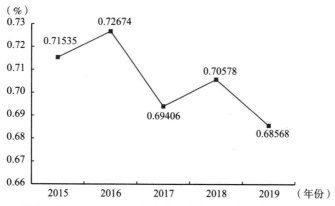

图 3 - 10　2015 ~ 2019 年火力发电占河北省发电总量比例

资料来源：《河北省能源统计年鉴》。

(三) 新能源发电量

河北省发电方式以火力发电为主，风力发电次之。作为首批利用风电的人口大省，河北省的风电机组初具规模；水电受自然资源限制，发展相对缓慢，但在河北省总体发电中所占比例也越来越大，而太阳能发电则是近两年才兴起，还有很大的发展空间。河北省还有其他的发电方式，比如垃圾发电等。遗憾的是，河北省至今没有核能发电。

核能发电在环保方面有巨大优势。核能发电与燃煤发电相比，相当于减少燃烧标准煤 7646.79 万吨，减少排放二氧化碳 20034.6 万吨，减少排放二氧化硫 65 万吨，减少排放氮氧化物 56.59 万吨[①]。在安全使用的前提下，对环境不会产生影响。此外，核燃料能量密度比起化石燃料高几百万倍，故核能电厂所使用的燃料体积小，运输与储存都很方便，一座 10 亿瓦的核能电厂一年只需 30 吨的铀燃料，一班飞机一航次的飞行就可以完成运送。但直到目前为止中国核电发电能力有限，核电占比仅为不到 5%。河北省尚未拥有核能发电企业，核电发电量为 0。

① 资料来源：《河北省能源统计年鉴》。

河北省风能生产企业分布高度集中，主要分布在张家口市北部和承德市西北部；一些风能企业也在唐山市南部沿海地区、沧州市东部沿海地区、保定市北部地区和廊坊市南部地区开展经营。总体而言，风能企业相对较少。为大力发展绿色清洁能源生产，河北省积极发展风电，合理优化布局风电场，扩大风电场规模，充分利用张家口和承德两地的风能资源，投入巨资在张家口、承德建设千万千瓦风电场，同时在唐山、沧州开发海上风能低速风电场项目。

2015～2020年河北省风力发电量如表3－5所示，呈现逐年上升的趋势。河北省的风能优势显著，在河北省内，风力发电的发电量占该省所有绿色能源发电量的比例最高，与全国风力发电的发电量平均占比水平相比，2019年的数据高出约1倍，发展风力发电为河北省带来了大量清洁能源。

表 3 – 5　　　　　　　　2016～2020 年河北省风力发电统计

统计项目	2015 年	2016 年	2017 年	2018 年	2019 年	2020 年
风力发电量累计值（亿千瓦时）	185. 2	208. 8	252. 1	261. 8	277. 3	340. 5
风力发电量同比增长（%）	– 5. 4	– 3. 1	44. 4	– 0. 9	13. 1	12. 9
风力发电量累计增长（%）	5. 9	11. 9	16. 8	5. 4	5. 5	15. 3

资料来源：《河北省能源统计年鉴》。

河北省太阳能发电企业主要分布在张家口市、保定市西北部、石家庄市西北部、承德市北部、邯郸市西部、沧州市东部沿海地区。

河北省的太阳能资源非常的充足，比如张家口市、承德市、唐山南部、秦皇岛北部、保定西部、北部沧州市中部等地区，全年的日照时间相对来说十分充裕，日照条件得天独厚。这些地区年均日照时间超过 2600 小时，太阳辐射资源更加丰富的局部地区年均日照时间甚至超过了 2800 小时，河北省太阳能发电平均占比略高于全国的太阳能发电平均占比①。

2016～2020年，河北省太阳能发电持续增长，如表3－6所示，2020年相比2016年太阳能发电量增长了4倍。随着"双碳"的提出，从中央到地方，自上而下地掀起了一场能源革命，让更清洁、更智慧的能源走进每个人的身边，河北省利用优越的太阳能光伏发电优势，持续提高电网、天然气管网等输配设施智能化水平，太阳能发电必是大势所趋。

表3－6　　　　　　　2016～2020年河北省太阳能发电统计

统计项目	2016年	2017年	2018年	2019年	2020年
太阳能发电量累计值（亿瓦时）	20.38	37.41	56.55	79.44	99.47
太阳能发电量同比增长（%）	57.20	65.00	－4.80	16.40	12.50
太阳能发电量累计增长（%）	86.90	40.20	15.60	16.70	13.30

资料来源：《河北省能源统计年鉴》。

河北省风力发电及太阳能发电量如图3－10所示。河北省清洁能源发电比例如图3－11所示。

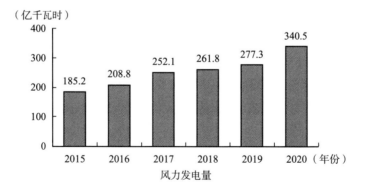

① 资料来源：《河北省能源统计年鉴》。

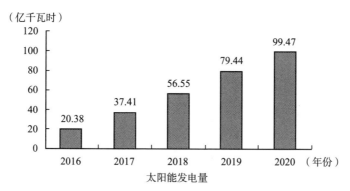

图 3－10　河北省风力发电及太阳能发电量

资料来源：《河北省能源统计年鉴》。

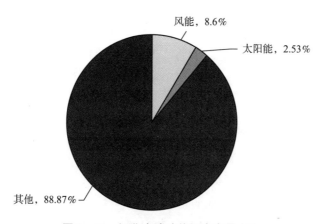

图 3－11　河北省清洁能源发电量占比

资料来源：《河北省能源统计年鉴》。

第三节　河北省能源消费现状分析

一、2015～2019 年河北省分品种能源消费现状

2015～2019 年河北省分品种能源消费统计如表 3－7 所示。

表 3 - 7　　　　　　　2015 ~ 2019 年河北省分品种能源消费统计

年份	煤炭（万吨）	石油（万吨）	天然气（亿立方米）	电力（亿千瓦时）
2015	28943.13	1631.63	72.97	3175.66
2016	28105.65	1788.49	70.45	3264.52
2017	30174.50	1384.24	95.12	3579.67
2018	29539.75	1460.40	133.07	3981.00
2019	28738.44	1341.22	165.48	4064.91

资料来源：《河北省能源统计年鉴》。

（一）煤炭消费总量

由于大气污染治理压力越来越大，京津冀作为重点治污地区，对煤炭消费的管控力度也随之加强。2017 年《京津冀能源协同发展行动计划（2017 ~ 2020)》的提出是三地区政府部门对京津冀能源发展的首次计划。在计划中，提出要在 2020 年将京津冀煤炭消费总量控制在 3 亿吨左右。而截至 2016 年，京津冀燃煤消耗量在 4 亿吨。未来三年京津冀地区还需要降低 25% 的燃煤消耗量，而聚焦到各省份来看，4 亿吨燃煤消耗量中北京占不足 1000 万吨，那么燃煤消费的压缩，主要压力在天津和河北省。2017 年 4 月，河北省印发《河北省煤炭工业发展"十三五"规划》，预计在 2020 年河北省煤炭消费达峰值 2.9 亿吨，并计划到 2020 年河北省煤炭消费总量要下降 10%。

根据"十三五"节能减排综合工作方案的要求，河北省燃煤综合效率有了很大提升，煤炭消费逐渐被更多清洁能源替代，节能技术有了更大提升，2015 ~ 2020 年，河北在产业结构转型升级的同时不忘大气污染防治，实施"减碳工程、技术改造、节碳、煤政策减量和精煤替代"，严格控制煤炭消费增长，积极减少库存，以达成"十三五"目标。对于新建燃煤建设项目，河北省严格落实煤炭减量替代政策、控制消费量的增长，同时重点推进钢铁、火电、焦化、水泥等去产能计划，加快实施工业窑炉、燃煤锅炉等集中供热替代和燃料置换，减少和优化消耗存量。2015～2019 年河北省煤炭消费量如图 3－12 所示。

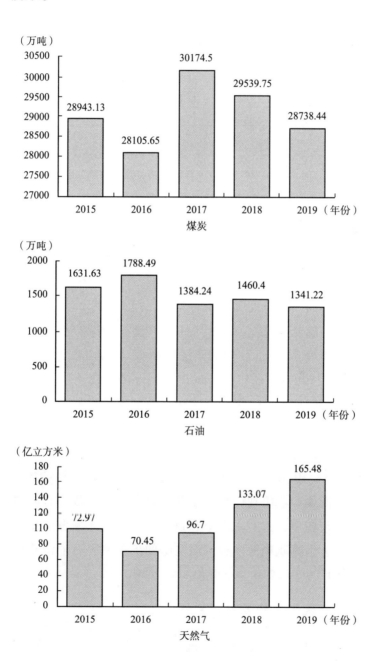

煤炭

石油

天然气

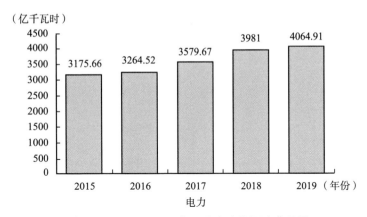

图 3-12 2015~2019 年河北省分能源消费总量

资料来源:《河北省能源统计年鉴》。

(二) 石油消费总量

石油作为非可再生资源,其储量有限,河北省依托华北油田、冀东油田和大港油田,石油资源相对充足。但近几年,随着对华北油田以及冀东油田的全面开发,两大油田的产量逐渐减产,河北省原油产量下降,2018 年较 2015 年原油产量下降 42.89 万吨,较 2007 年下降 122.8 万吨。河北省石油年消费量也呈现逐渐平稳下降趋势,主要是因为社会经济快速增长,带动交通运输业的发展,从而拉动了河北省的石油消费总量。

根据《河北省能源统计年鉴》数据,2016 年,河北省石油消费总量达到 1788.49 万吨,但随着经济增速放缓以及河北省能源结构调整,众多新能源产业出现,替代了部分石油消耗。替代石油的需求来自于全球低碳转型,为实现碳中和目标,中国在不断发展新能源。太阳能、氢能、生物质能等多种清洁能源的出现使得石油消费量有了明显下降,2017 年较 2016 年下降约 400 万吨。

(三) 天然气消费总量

河北省作为大气污染重点区域,是中国大气污染防治重点区域,也是"煤改气"工程的重点区域。近年来，河北省天然气消费量的快速增长与"煤改气"工程的推进密不可分。国家和河北省不断加强环境监管措施，鼓励煤炭替代，提高清洁能源消费比重，出台优惠补贴政策，有力推动"煤改气"落地。近年来，随着国家产、供、储、销体系的进一步完善和发展，以及大型企业的积极配合，河北省天然气产业得到了集约化发展，天然气消费总量实现了快速增长，稳步增加。

2000 年，河北省委、省政府联合成立天然气合作小组，联合制定下发了《河北省天然气利用规划》（以下简称《规划》），大力发展全省天然气工业。拟对陕京管道、甬秦管道、冀宁联络线等重点管道原管线进行改造，同时在省内铺设直管线，扩大天然气利用规模和范围。但由于河北省本地天然气资源普遍稀缺，受经济发展水平和发展结构制约，以及省会和大城市优先节约天然气的需要，河北省天然气消费规模在《规划》初期起步缓慢。2016 年之前，河北省天然气消费年均增速远低于全国 10% 的增速。特别是 2015 年，随着国民经济结构优化和产业转型升级步伐加快，大量落后和过剩产能被淘汰，河北省燃气消费停滞不前。

2017 年后，国家提出的空气污染防治计划、北方地区的清洁供暖政策给予了河北省的省内环境治理很大启发。河北省依托国家的相关政策，提出了要以"2 + 26"城市大气污染传输通道区域为重点计划基点，通过出台相关政策，大力推广"煤改气"工程。

2018 年河北省"煤改气"工程收效显著。在过去一年内，共实现了农村"气代煤""电改煤"253.7 万户，其中"气代煤"231.8 万户；2018 年，河北省新增了"气代煤"145.1 万户，结转 21.6 万户，合计 166.7 万户。

河北省天然气资源主要依赖于中国石油天然气集团公司旗下的陕京供气系统，整体天然气资源高度集中。随着中国天然气产业产、供、储、销体系建设和市场化进程的不断发展，河北省资源供应主体有了更多选择，整体呈多元化发展。

有了"煤改气"政策的强力支持与推动作用，相关的河北省取暖燃料需求、工业的燃气需求都有了很大的增长，拉动了取暖燃料和工业燃气的消费。2017 年，河北省天然气消费量达 96.7 亿立方米，比上年增长 37.26%；2018 年消费量达到 133.07 亿立方米，如图 3 - 12 所示，比上年增长 37.61%。

（四）电力消费总量

为了应对燃煤带来的大气污染，河北省采用外电入冀办法，大力实施电能替代工程，并进一步提升电网的清洁消纳能力。截至 2020 年，河北省电能消费占能源消费的总比重超过 30%，如表 3 - 8 所示。

表 3 - 8　　　　　　　　　河北省电力消费量占全国比重

统计项目	2015 年	2016 年	2017 年	2018 年	2019 年
河北省电力消费量（亿千瓦时）	3175.66	3264.52	3579.67	3981	4064.91
全国电力消费量（亿千瓦时）	58019.98	61205.09	65913.97	71508.20	74866.12
河北省占比（%）	5.47	5.33	5.43	5.57	5.43

资料来源：《中国能源统计年鉴》。

河北省是电能消耗大省，2015～2019 年 5 年间河北省电力消费量平均占全国电能消费量的 5.446%。河北省的电力工业发展走在全国前列，发展年代早、发展时间跨度大，全省以火电电力工业为主，同时近年来通过水电、风电和太阳能电力的发展，形成了能源互补，多样化的电力生产体系。

自 2015 年来，河北省电力消费量不断上升。其电力消费量上升的原因主要是河北省长期的电力结构优化调整以及清洁能源发电的政策带来的正面影响，河北省对电力市场的改革、对清洁能源发电的科技创新的大力支持，都提升了河北省电力消费量。证明了河北省对国家能源转型升级的积极响应，河北省的清洁能源有了很大进步，对国家环保建设作出了重要贡献。

二、2015～2020 年河北省分行业能源消费现状

（一）综合能源消费总量

根据《河北省能源统计年鉴 2020》，河北省分行业能源消费量如表 3-9 所示。

表 3-9　　　　　河北省规模以上分行业综合能源消耗量　　单位：万吨标准煤

行业	2015 年	2018 年	2019 年
煤炭开采和洗选业	929.53	737.74	720.39
石油、煤炭及其他燃料加工业	762.78	735.32	805.44
化学原料及化学制品制造业	1288.43	1110.47	1076.10
非金属矿物制品业	1011.22	1208.14	1345.25
黑色金属冶炼及压延加工业	10686.81	13121.47	12977.89
电力、热力的生产和供应业	3871.98	4436.61	4420.12
总计	18550.75	21349.75	21345.19

资料来源：《河北省能源统计年鉴》。

根据 2014 年中国环境保护部提供的城市空气质量监测数据，在 74 个城市数据中，空气质量较差的前 10 位城市河北省占了 7 个，河北省已然成为中国环境污染最严重的地区。依托国土资源部的调查数据，河北省能够直接饮用的一类地下水资源仅占比 22.2%，高能耗行业中的工业行业是环境污染的重点治理对象。为此，2014 年，河北省启动"6643"工程，目标为调整产能、减少污染物排放，河北省产业结构调整力度大，责任重。

2017 年，确保落实河北省"十三五"约束性节能目标，节约能源，提高能源利用效率，推进绿色发展，促进发展方式转变，增强可持续发展机遇，符合《河北省国民经济和社会发展"三个五年"规划纲要、"十三五"全国节能减排综合工作方案》《"十三五"全国节能减排行动计划》中河北省节能"十三五"时期和"十三五"规划，重点规划工业区去产能。

继续淘汰落后产能，大力化解过剩产能，持续降低高耗能行业比重。支持传统产业通过技术改造实现高端化、智能化、绿色化发展。加快发展低能耗高附加值的战略性新兴产业，特别是有核心竞争力的先进装备制造业、生物、新材料、新能源、信息技术、节能环保等产业，推动工业发展逐步从资源、劳动密集型向资本、技术密集型转变。

制定电力、钢铁、石化等重点高耗能行业技术改造指导意见，支持重点企业实施综合节能改造工程，示范带动行业加快节能技术改造步伐改造和提高工业节能水平。推进节能技术和装置产业化，重点推广高效传热、节能电机系统、干熄焦、能源梯次利用、民用煤粉清洁高效燃烧、富氧燃烧和清洁低温—温度余热产生。到 2017 年，钢铁企业焦化配套全部采用干熄焦。

突出抓好 1000 家重点用能企业。加快企业能源管理体系、能源管控中心建设，实现企业能源管理规范化、精细化、智能化；实施工业能效提升计划，在电力、钢铁、建材、化工、石化、煤炭、纺织、食品、造纸等重点耗能行业推行能效对标，推进新一代信息技术与制造技术融合发展，利用"互联网＋"、云计算、大数据等手段促进工业提效降耗。强化电力需求侧管理，优化电力节能调度，建设智能化电网和电能管理服务平台；加强节能管理体系信息建设，建设覆盖全省重点企业的网络服务信息平台，对重点用能企业能源管理实施全过程服务和监控。并提出燃煤压减替代工程、锅（窑）炉改造工程、余热余压利用工程、电机（变压器）节能工程、智慧节能工程、节能产品推广工程、建筑能效提升工程、园区循环化改造工程。

在燃煤替代工程中，加快化解过剩产能和淘汰落后产能，到 2020 年，全省压减炼铁产能 4989 万吨、炼钢产能 4913 万吨，焦炭产能控制在 6000 万吨以内，水泥、玻璃产能分别控制在 2 亿吨、2 亿重量箱左右①。对新增耗煤建设项目，严格执行煤炭等（减）量替代，严控煤炭消费总量。火电行业大力实施淘汰落后、改造提升、置换替代、退城进郊"四个一批"工程。2020 年，淘汰落后机组 400 万千瓦以上，改造提升 1700 万千瓦，单位供电煤耗降至 305 克标准煤以内。对钢铁、焦炭等行业的燃煤窑炉以及集中供热、大型燃煤锅炉实施节能提效改造。全面淘汰小型燃煤锅炉，2018 年 10 月底前，农村地区实现全省范围 35 蒸吨/小时以下锅炉"无煤化"，保留的 35 蒸吨/小时以上燃煤锅炉完成节能环保改造，达到国家和河北省污染物排放和能效标准。实施城镇化节能升级改造工程。对企业用能较为集中的园区，将生产用蒸汽和热水供应纳入能源基础设施建设，因地制宜利用工业余热。加强清洁能源供应保障，发展太阳能、风能、生物质能、地热能等新能源和可再生能源，扩大天然气、电力等清洁能源供应能力。推广清洁高效燃煤技术，推进大型清洁高效燃煤供热站和热电联产建设。加快建设洁净型煤生产配送中心和配送网络，优化边远山区洁净型煤生产配送体系，大力推广洁净型煤及配套专用炉具，保障洁净型煤替代分散燃煤。

（二）电力消费总量

河北省是电能消耗大省，根据河北省分行业用电量统计，如表 3 - 10 所示，2019 年河北省全省耗电 38560.58 千万千瓦时，其中占比最大的是第二产业，占 2019 年河北省用电量 67.5%，其次是第三产业，占比 17.5%。

---

① 资料来源：《河北省能源统计年鉴》。

表 3 – 10　　　　　　河北省分行业用电量统计　　　单位：千万千瓦时

行业		2018 年	2019 年
全社会用电总计		36656.61	38560.58
第一产业		522.41	553.75
第二产业		25056.84	26032.71
第三产业		6136.69	6743.24
城乡居民生活用电		4940.67	5230.89
按行业分类	农、林、牧、渔业	1164.82	1286.31
	工业	24675.077	25654.34
	建筑业	438.69	428.68
	交通运输、仓储和邮政业	1169.95	1240.37
	信息传输、软件和信息技术服务业	444.61	549.35
	批发和零售业	1349.41	1471.49
	住宿和餐饮业	318.96	352.38
	金融业	79.04	77.32
	房地产业	336.04	379.77
	租赁和商务服务业	125.74	142.53
	公共服务及管理组织	1613.61	1747.17
	科学研究和技术服务业	74.29	71.85
	水利、环境和公共设施管理业	308.83	327.59
	居民服务、修理和其他服务业	250.50	276.45
	教育、文化、体育和娱乐业	452.91	505.13
	卫生和社会工作	225.12	243.14
	公告管理和社会组织、国际组织	301.97	323.01

资料来源：《河北省能源统计年鉴》。

2018～2019 年，河北省全省社会用电量增加 1903.97 千万千瓦时，这种现象的出现主要是因为河北省产业转型的良好发展，钢铁化工等传统第二产业用电量增速回稳。同时，供给侧结构性改革深入推进，工业产业结构调整力度进一步加大，制造业和战略性新兴产业发展良好，带动第二产业用电量增长。第三产业用电量不断增加，随着经济结构的不断调整，河北省第三产业发展迅速，用电量保持较快上升趋势，产业发展动力充足。

城乡居民生活用电增长较快。随着城镇居民生活水平的提升、城市的发展、城镇化率的不断提升，城乡居民夏季制冷、冬季取暖的需求不断增长，2019 年较 2018 年增长了 290.22 千万千瓦时，同比增长 5%。

据统计，2019 年河北省行业用电增长最多的是信息传输、软件和信息技术服务业，较 2018 年同比增长 23.56%；其次是租赁和商务服务业，同比增长 13.35%；第三是房地产业，同比增长 13.01%。

第二篇

河北省整体碳达峰与碳中和目标测算

本篇共包括五章内容，分别为：河北省碳排放现状分析、河北省碳吸收现状分析、基于 STIRPAT 模型的河北省碳排放总量预测、基于智能优化算法的河北省碳吸收总量预测、河北省碳中和目标情景分析。本篇内容通过模型量化分析的方式将河北省碳排放量与碳吸收量进行盘点核算，得出不同发展情景下的河北省碳达峰时间与水平、河北省碳中和目标达成时间与水平，为本书后续分城市区域及分行业的碳达峰与碳中和目标分摊奠定总基调。

第四章

河北省碳排放现状分析

第一节　河北省碳排放总量趋势分析

一、IPCC清单碳排放量测算方法

联合国政府间气候变化专门委员会（IPCC）制定的《IPCC国家温室气体清单指南》为世界各国计算温室气体排放量提供了广泛适用的标准。通过加总不同类型能源消耗量与相应的排放因子的乘积，IPCC清单方法得到生产活动的碳排放量。计算过程中需要的能源消耗量通常来自各国发布的统计数据，对应的排放因子通过相应能源的平均低位发热量、单位热值含碳量和碳氧化率计算得到，由于实际情况差异而不尽相同。碳排放量的计算式见式（4-1），其中 I 为二氧化碳排放量，EC_i 为第 i 类能源的消耗量，EF_i 为该类能源对应的二氧化碳排放因子。

$$I = \sum_i EC_i \times EF_i \qquad (4-1)$$

二、数据来源及数据基础

根据《中国能源统计年鉴》中的《河北能源平衡表》，本书利

用河北省的煤炭、焦炭、原油、汽油、煤油、柴油、燃料油、液化石油气和天然气共 9 类能源消耗量计算河北省碳排放总量。根据《综合能耗计算通则》《中国能源统计年鉴》《能源消耗引起的温室气体排放计算工具指南》中关于各类能源平均低位发热量、单位热值含碳量和碳氧化率的数据，计算得到二氧化碳排放因子，如表 4 – 1 所示。

表 4 – 1   9 类能源的二氧化碳排放因子

能源类型	二氧化碳排放因子
煤炭（吨二氧化碳/吨燃料）	1.90
焦炭（吨二氧化碳/吨燃料）	2.86
原油（吨二氧化碳/吨燃料）	3.02
汽油（吨二氧化碳/吨燃料）	2.93
煤油（吨二氧化碳/吨燃料）	3.02
柴油（吨二氧化碳/吨燃料）	3.10
燃料油（吨二氧化碳/吨燃料）	3.17
液化石油气（吨二氧化碳/吨燃料）	3.10
天然气（吨二氧化碳/万立方米燃料）	21.62

三、测算结果分析

以历年《中国能源统计年鉴》中《河北能源平衡表》记录的河北省煤炭、焦炭、原油、汽油、煤油、柴油、燃料油、液化石油气和天然气共 9 类能源消耗量和表 4 – 1 中的二氧化碳排放因子为数据基础，根据二氧化碳排放量计算公式（4 – 1），利用 IPCC 清单法计算得到 2010~2019 年的河北省碳排放总量，如表 4 – 2 所示。2010~2019 年，河北省碳排放总量整体呈现上升趋势，但增速缓慢，且部分年份碳排放总量下降，如图 4 - 1 所示。

表 4 - 2	2010～2019 年河北省碳排放总量
年份	二氧化碳排放量
2010	80973.98
2011	91561.35
2012	92850.55
2013	93126.68
2014	88574.09
2015	92617.84
2016	92749.89
2017	92078.01
2018	94441.12
2019	94794.51

单位：万吨

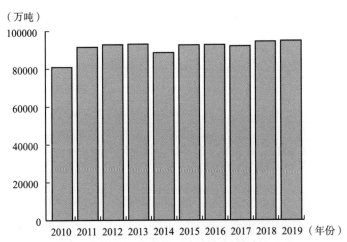

图 4 - 1 2010～2019 年河北省碳排放总量趋势

第二节　河北省分区域碳排放量趋势分析

一、石家庄市碳排放量趋势分析

根据《石家庄统计年鉴》中的《全市规模以上工业企业能源购进、消费及库存》表，利用 IPCC 方法计算得到历年石家庄市二氧化碳排放量，如表 4-3 所示。2012~2016 年石家庄市碳排放量持续上升，然后下降，如图 4-2 所示。

表 4-3　　　　　　**2012~2019 年石家庄市碳排放量**　　　　单位：万吨

年份	二氧化碳排放量
2012	3069.56
2013	3155.64
2014	3415.57
2015	4396.94
2016	4586.87
2017	4132.37
2018	4049.33
2019	4085.90

注：2010 年和 2011 年的能源消耗数据与 2012~2019 年统计口径不一致，不讨论。涉及的能源有焦炉煤气、高炉煤气、转炉煤气、其他煤气、天然气、液化天然气、原油、汽油、煤油、柴油、燃料油、液化石油气和炼厂干气。

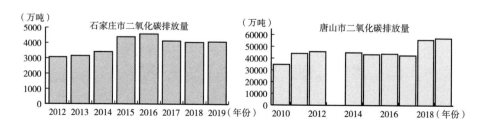

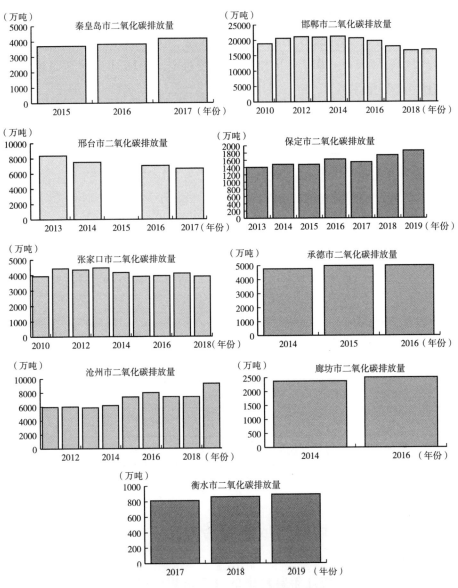

图 4-2 河北省分区域碳排放量趋势

二、唐山市碳排放量趋势分析

根据《唐山统计年鉴》中的《规模以上工业企业能源消费与库

存》表，利用 IPCC 方法计算得到历年唐山市二氧化碳排放量，如表 4-4 所示。作为资源型重工业城市的典型，唐山消耗的资源量大，碳排放量高。2011～2017 年碳排放量比较稳定，2018 年碳排放量剧增，如图 4-2 所示。

表 4-4   2010～2019 年唐山市碳排放量   单位：万吨

年份	二氧化碳排放量
2010	34690.69
2011	44025.16
2012	45649.66
2014	44872.18
2015	43303.34
2016	43914.00
2017	42564.32
2018	55800.28
2019	57101.42

注：2013 年的数据缺失。涉及的能源有原煤、洗精煤、其他洗煤、煤制品、焦炭、其他焦化产品、焦炉煤气、高炉煤气、转炉煤气、其他煤气、天然气、液化天然气、原油、汽油、煤油、柴油、燃料油、液化石油气。

三、秦皇岛市碳排放量趋势分析

根据《秦皇岛统计年鉴》中的《全市规模以上工业企业能源购进、消费与库存》表，利用 IPCC 方法计算得到历年秦皇岛市二氧化碳排放量，如表 4-5 所示。这三年秦皇岛市碳排放量呈上升趋势，如图 4-2 所示。

| 表 4 - 5 | 2015～2017 年秦皇岛市碳排放量 | 单位：万吨 |

年份	二氧化碳排放量
2015	3706.85
2016	3828.71
2017	4184.87

注：只找到 2015～2017 年三年的数据。涉及的能源有原煤、洗精煤、其他洗煤、煤制品、焦炭、其他焦化产品、高炉煤气、转炉煤气、天然气、液化天然气、原油、汽油、煤油、柴油、燃料油、液化石油气。

四、邯郸市碳排放量趋势分析

根据《邯郸统计年鉴》中的《全市规模以上工业企业能源购进、消费及库存》表，利用 IPCC 方法计算得到历年邯郸市二氧化碳排放量，如表 4 - 6 所示。2010～2019 年邯郸市碳排放量先上升后下降，如图 4 - 2 所示。

| 表 4 - 6 | 2010～2019 年邯郸市碳排放量 | 单位：万吨 |

年份	二氧化碳排放量
2010	18921.96
2011	20650.79
2012	21127.49
2013	20986.31
2014	21233.25
2015	20712.34
2016	19794.76
2017	18022.92
2018	16707.79
2019	16932.70

注：涉及的能源有原煤、洗精煤、其他洗煤、焦炭、汽油、柴油。

五、邢台市碳排放量趋势分析

根据《邢台统计年鉴》中的《工业企业能源购进、消费与库存》表，利用 IPCC 方法计算得到历年邢台市二氧化碳排放量，如表 4 - 7 所示。这四年邢台市碳排放量呈下降趋势，如图 4 - 2 所示。

表 4 - 7　　　　　　2013 ~ 2017 年邢台市碳排放量　　　　　　单位：万吨

年份	二氧化碳排放量
2013	8354. 46
2014	7511. 67
2016	7038. 58
2017	6654. 23

注：知网年鉴只有 2013 年、2014 年、2016 年、2017 年四年数据。涉及的能源有原煤、洗精煤、其他洗煤、煤制品、焦炭、其他焦化产品、焦炉煤气、高炉煤气、转炉煤气、天然气、液化天然气、原油、汽油、煤油、柴油、燃料油、液化石油气。

六、保定市碳排放量趋势分析

根据《保定经济统计年鉴》中的《规模以上工业企业能源购进、消费与库存》表，利用 IPCC 方法计算得到历年保定市二氧化碳排放量，如表 4 - 8 所示。2013 ~ 2019 年保定市碳排放量呈先上升后下降再上升的波动上升趋势，如图 4 - 2 所示。

表 4 - 8　　　　　　2013 ~ 2019 年保定市碳排放量　　　　　　单位：万吨

年份	二氧化碳排放量
2013	1404. 02
2014	1484. 61
2015	1478. 18

年份	二氧化碳排放量
2016	1621.62
2017	1544.29
2018	1732.27
2019	1856.92

注：2010～2012 年数据缺失。涉及的能源有原煤、洗精煤、其他洗煤、煤制品、焦炭、高炉煤气、天然气、液化天然气、原油、汽油、煤油、柴油、燃料油、液化石油气。

七、张家口市碳排放量趋势分析

根据《张家口经济年鉴》中的《规模以上工业企业分行业分品种能源消费情况》表，利用 IPCC 方法计算得到历年张家口市二氧化碳排放量，如表 4 - 9 所示。2010～2018 年张家口市碳排放量呈先上升后下降的趋势，如图 4 - 2 所示。

表 4 - 9　　　　　　**2010～2018 年张家口市碳排放量**　　　　单位：万吨

年份	二氧化碳排放量
2010	3935.95
2011	4425.04
2012	4346.09
2013	4468.27
2014	4168.92
2015	3909.94
2016	3947.69
2017	4103.48
2018	3906.38

注：2019 年数据缺失。涉及的能源有原煤、焦炭、汽油、柴油。

八、承德市碳排放量趋势分析

根据《承德统计年鉴》中的《分行业规模以上工业各品种能源消费量》表，利用 IPCC 方法计算得到历年承德市二氧化碳排放量，如表 4-10 所示。2014~2016 年承德市碳排放量逐年上升，如图 4-2 所示。

表 4-10　　　　　　**2014~2016 年承德市碳排放量**　　　　单位：万吨

年份	二氧化碳排放量
2014	4762.46
2015	4979.50
2016	4998.88

注：只有 2014~2016 年能源消耗数据。涉及的能源有原煤、洗精煤、其他洗煤、煤制品、焦炭、其他焦化产品、焦炉煤气、高炉煤气、转炉煤气、天然气、液化天然气、原油、汽油、煤油、柴油、燃料油、液化石油气。

九、沧州市碳排放量趋势分析

根据《沧州统计年鉴》中的《规模以上工业企业能源购进、消费与库存》表，利用 IPCC 方法计算得到历年沧州市二氧化碳排放量，如表 4-11 所示。2011~2014 年沧州市碳排放量比较平稳，2014~2016 年沧州市碳排放量上升，随后下降，但 2019 年碳排放量增加，如图 4-2 所示。

表 4-11　　　　　　**2011~2019 年沧州市碳排放量**　　　　单位：万吨

年份	二氧化碳排放量
2011	5942.38
2012	5979.41

年份	二氧化碳排放量
2013	5853.93
2014	6145.12
2015	7363.92
2016	7988.79
2017	7398.11
2018	7374.73
2019	9287.73

注：2010 年能源消耗数据缺失。涉及的能源有原煤、洗精煤、其他洗煤、煤制品、焦炭、焦炉煤气、高炉煤气、转炉煤气、天然气、液化天然气、原油、汽油、煤油、柴油、燃料油、液化石油气、炼厂干气。

十、廊坊市碳排放量趋势分析

根据《廊坊统计年鉴》中的《年主营业务收入 2000 万元及以上工业企业能源购进消费与库存》表，利用 IPCC 方法计算得到历年廊坊市二氧化碳排放量，如表 4 – 12 所示。2016 年廊坊市碳排放量高于 2014 年碳排放量，如图 4 – 2 所示。

表 4 – 12　　　　　**2014 年和 2016 年廊坊市碳排放量**　　　单位：万吨

年份	二氧化碳排放量
2014	2375.83
2016	2509.08

注：只有 2014 年和 2016 年的数据。涉及的能源有原煤、洗精煤、其他洗煤、煤制品、焦炭、其他焦化产品、焦炉煤气、高炉煤气、转炉煤气、天然气、液化天然气、原油、汽油、煤油、柴油、燃料油、液化石油气。

十一、衡水市碳排放量趋势分析

根据《衡水统计年鉴》中的《分品种能源消耗量分组表（全部

工业企业）》，利用 IPCC 方法计算得到历年衡水市二氧化碳排放量，如表 4 - 13 所示。2017 ~ 2019 年衡水市碳排放量逐年递增，如图 4 - 2 所示。

表 4 - 13	2017 ~ 2019 年衡水市碳排放量	单位：万吨

年份	二氧化碳排放量
2017	813.31
2018	860.35
2019	890.21

注：只有 2017 ~ 2019 年的数据。涉及的能源有原煤、洗精煤、其他洗煤、煤制品、焦炭、天然气、液化天然气、原油、汽油、煤油、柴油、燃料油、液化石油气。

第三节 河北省分行业碳排放量趋势分析

一、农林牧渔业碳排放量趋势分析

根据《中国统计年鉴》中的《河北能源平衡表》，利用 IPCC 方法计算得到历年河北省农林牧渔业二氧化碳排放量，如表 4 - 14 所示。2010 ~ 2013 年河北省农林牧渔业碳排放量逐年上升，2014 ~ 2017 年碳排放量比较稳定，2018 年碳排放量骤降，如图 4 - 3 所示。

表 4 - 14	2010 ~ 2019 年河北省农林牧渔业碳排放量	单位：万吨

年份	二氧化碳排放量
2010	317.05
2011	620.51
2012	875.09
2013	762.73

年份	二氧化碳排放量
2014	729. 07
2015	737. 7
2016	750. 07
2017	718. 52
2018	354. 78
2019	331. 96

注：涉及的能源有原煤、洗精煤、型煤、焦炭、汽油、煤油、柴油、燃料油、液化石油气、天然气。

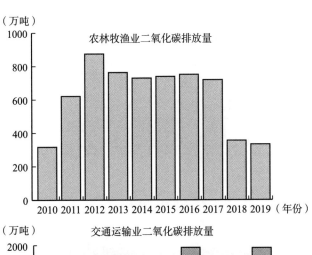

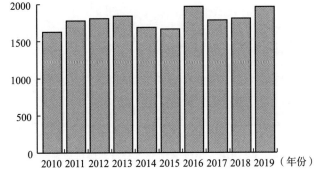

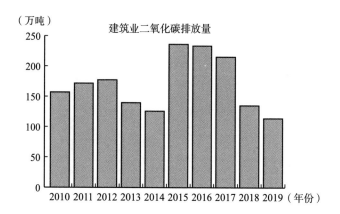

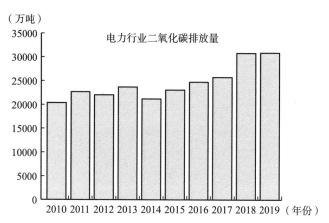

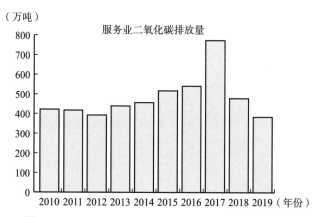

图 4 - 3　2010～2019 年河北省分行业碳排放量趋势

二、工业碳排放量趋势分析

（一）交通运输、仓储和邮政业

根据《中国统计年鉴》中的《河北能源平衡表》，利用 IPCC 方法计算得到历年河北省交通运输、仓储和邮政业（以下简称交通运输业）二氧化碳排放量，如表 4 - 15 所示。2010～2019 年河北省交通运输业碳排放量呈波动上升趋势，如图 4 - 3 所示。

表 4 - 15　　　　　**2010～2019 年河北省交通运输业碳排放量**　　　单位：万吨

年份	二氧化碳排放量
2010	1626.46
2011	1778.29
2012	1809.01
2013	1840.86
2014	1687.90
2015	1664.67
2016	1968.48
2017	1785.01
2018	1807.27
2019	1962.28

　　注：涉及的能源有原煤、型煤、焦炉煤气、汽油、煤油、柴油、燃料油、液化石油气、天然气、液化天然气。

（二）建筑业

根据《中国统计年鉴》中的《河北能源平衡表》中的终端用能数据，利用 IPCC 方法计算得到历年河北省建筑业二氧化碳排放量，如表 4 - 16 所示。2010～2012 年河北省建筑业碳排放量上升，2012～

2014 年碳排放量下降，2015 年碳排放量陡然增加，然后持续下降，如图 4 - 3 所示。

表 4 - 16   2010 ~ 2019 年河北省建筑业碳排放量   单位：万吨

年份	二氧化碳排放量
2010	157. 21
2011	171. 79
2012	177. 38
2013	139. 88
2014	125. 95
2015	236. 69
2016	233. 63
2017	215. 41
2018	135. 32
2019	114. 16

注：涉及的能源有原煤、型煤、焦炭、焦炉煤气、汽油、煤油、柴油、燃料油、液化石油气、天然气。

(三) 电力行业

根据《中国统计年鉴》中的《河北能源平衡表》中的火力发电用能数据，利用 IPCC 方法计算得到历年河北省建筑业二氧化碳排放量，如表 4 - 17 所示。2010 ~ 2019 年河北省电力行业碳排放量总体呈现增长趋势，2019 年增速放缓，如图 4 - 3 所示。

表 4 - 17   2010 ~ 2019 年河北省电力行业碳排放量   单位：万吨

年份	二氧化碳排放量
2010	20413. 59
2011	22714. 17
2012	22034. 72

年份	二氧化碳排放量
2013	23693.50
2014	21236.22
2015	23094.75
2016	24763.12
2017	25764.11
2018	30812.46
2019	30885.00

注：涉及的能源有原煤、其他洗煤、煤矸石、焦炉煤气、高炉煤气、转炉煤气、其他煤气、柴油、燃料油、炼厂干气、其他石油制品、其他焦化产品和天然气。

三、服务业碳排放量趋势分析

根据《中国统计年鉴》中的《河北能源平衡表》中的终端用能数据，利用 IPCC 方法计算得到历年河北省服务业（批发、零售业和住宿、餐饮业）二氧化碳排放量，如表 4 – 18 所示。2010～2012 年河北省服务业碳排放量下降，2012～2017 年碳排放量上升，2017～2019 年碳排放量下降，如图 4 – 3 所示。

表 4 – 18　　　　2010～2019 年河北省服务业碳排放量　　　单位：万吨

年份	二氧化碳排放量
2010	421.79
2011	417.25
2012	393.42
2013	439.54
2014	457.15
2015	517.66
2016	541.23

续表

年份	二氧化碳排放量
2017	773.78
2018	478.40
2019	384.56

注：涉及的能源有原煤、型煤、焦炭、焦炉煤气、汽油、煤油、柴油、燃料油、液化石油气、天然气。

第五章

河北省碳吸收现状分析

第一节 河北省森林碳吸收量趋势分析

森林通过光合作用吸收和固定空气中的二氧化碳。利用森林蓄积量换算因子法计算森林碳吸收量,根据森林蓄积量与蓄积量扩大系数、林下植物碳转换系数、林地碳转换系数等相关换算系数得到碳吸收量。河北省森林蓄积量数据来自国家统计局。计算后得到 2010 ~ 2019 年的河北省森林碳吸收量,如表 5-1 和图 5-1 所示。河北省森林碳吸收量呈现增长趋势。

表 5-1   2010 ~ 2019 年河北省森林碳吸收量   单位:万吨

年份	二氧化碳吸收量
2010	40469.11
2011	40469.11
2012	40469.11
2013	44867.56
2014	46566.96
2015	46566.96
2016	49649.21

续表

年份	二氧化碳吸收量
2017	50982.08
2018	54647.45
2019	56480.14

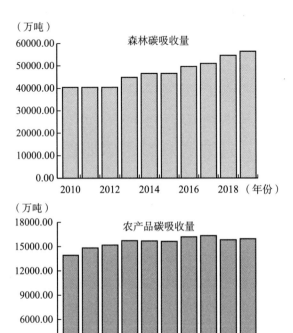

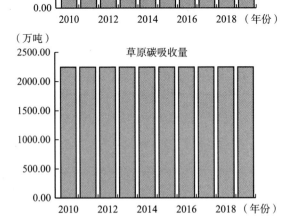

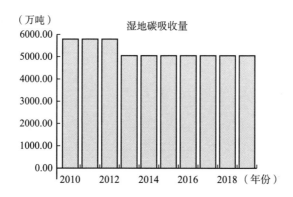

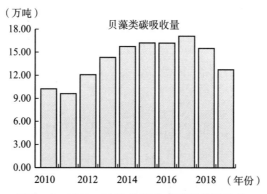

图 5 - 1   2010 ~ 2019 年河北省碳吸收量趋势

第二节   河北省农产品碳吸收量趋势分析

农产品通过光合作用吸收二氧化碳，参考吕斯涵等的算法，由各类农产品的生物产量和作物经济系数得到各类农产品的经济产量，再利用经济产品的含水量和碳吸收率得到各类农产品的碳吸收量，加和得到河北省农产品的碳吸收量。河北省 16 类农产品数据来自国家统计局。如表 5 - 2 和图 5 - 1 所示，河北省每年的农产品碳吸收量基本保持稳定。

表5-2　　　　　**2010~2019 年河北省农产品碳吸收量**　　　单位：万吨

年份	二氧化碳吸收量
2010	13935.99
2011	14840.49
2012	15187.14
2013	15726.69
2014	15693.31
2015	15627.99
2016	16184.63
2017	16329.49
2018	15819.89
2019	15952.18

第三节　河北省草原碳吸收量趋势分析

根据 IPCC 的报告，1 公顷的草原每年可以固定 1.3 吨碳，即吸收 4.77 吨二氧化碳。根据国家统计局数据和《中国统计年鉴》，2010~2019 年河北省草原面积不变，计算得到的河北省草原碳吸收量，如表 5-3 和图 5-1 所示。

表5-3　　　　　**2010~2019 年河北省草原碳吸收量**　　　单位：万吨

年份	二氧化碳吸收量
2010	2246.10
2011	2246.10
2012	2246.10
2013	2246.10
2014	2246.10
2015	2246.10

年份	二氧化碳吸收量
2016	2246.10
2017	2246.10
2018	2246.10
2019	2246.10

第四节 河北省湿地碳吸收量趋势分析

参考米楠等的研究，利用湿地的平均土壤碳密度和湿地面积来估算河北省湿地的碳吸收量，湿地面积数据来自国家统计局，计算的结果如表5－4和图5－1所示。河北省湿地碳吸收量在2013年下降。

表5－4　　　　2010～2019年河北省湿地碳吸收量　　　单位：万吨

年份	二氧化碳吸收量
2010	5791.98
2011	5791.98
2012	5791.98
2013	5042.30
2014	5042.30
2015	5042.30
2016	5042.30
2017	5042.30
2018	5042.30
2019	5042.30

第五节　河北省贝藻类碳吸收量趋势分析

参考于佐安等的研究以及农业农村部和国家统计局的数据，本书计算了七种贝类的碳吸收量和海带的碳吸收量，得到河北省贝藻类碳吸收量，如表5－5和图5－1所示。2011~2017年河北省贝藻类碳吸收量呈上升趋势，2017~2019年河北省贝藻类碳吸收量减少。

表5－5　　　　　　　2010~2019年河北省贝藻类碳吸收量　　　　单位：万吨

年份	二氧化碳吸收量
2010	10.25
2011	9.62
2012	12.07
2013	14.32
2014	15.76
2015	16.23
2016	16.21
2017	17.11
2018	15.52
2019	12.74

第六章

基于 STIRPAT 模型的
河北省碳排放总量预测

第一节 改进的 STIRPAT 模型构建

一、IPAT 模型基本原理

保罗·埃尔利希（Paul R. Ehrlich）作为世界著名的人口学家曾经提出过一个恒定模型：IPAT 模型。IPAT 模型的传统形式为：

$$I = P \times A \times T \tag{6-1}$$

其中，I 为环境负荷，P 表示人口数量，富裕程度由 A 表示，技术为 T。公式主要是对环境负荷、技术、人口和富裕程度进行了分析。一般来说，富裕程度主要的表现形式是人均生产总值，技术的表现形式是单位人均生产总值下的环境承载负荷，环境负荷的表现形式是物质产出量。这个恒定模型，在历经了多次探讨，通过反复研究后才得到了学者们的认可，不仅用于定量分析，还方便学者使用。

二、改进的 STIRPAT 模型

约克（York）等基于 IPAT 模型提出了 STIRPAT 模型，该模型具有随机性和可拓展性，其标准形式为：

$$I = aP^b A^c T^d e \qquad (6-2)$$

其中，I 表示环境压力、P 表示人口规模、A 表示富裕度（人均GDP）、T 表示技术水平（能源强度）；模型常数用 a 来表示；需要估计的常数项用 b、c、d 来表示；误差项用 e 来表示。在等式的两边同时取对数得：

$$\ln I = \ln a + b\ln P + c\ln A + d\ln T + \ln e \qquad (6-3)$$

为了研究河北省碳排放的影响因素，从而准确预测河北省未来碳排放量，本书参考河北省碳排放的实际情况，来扩展 STIRPAT 模型，借鉴有关学者进行的碳排放影响因素的研究，综合考虑河北省的资源优势以及目前的能源结构，从而对碳排放量的分析选择 I、P、A、T 四种因素，可以得到：

$$I = aP^b A^c T^d U^f e \qquad (6-4)$$

对等式两边同时取对数得：

$$\ln I = \ln a + b\ln P + c\ln A + d\ln T + f\ln U + \ln e \qquad (6-5)$$

其中，U 为城镇化水平；b、c、d、f 为弹性系数，表示当 P、A、T、U 每变化 1% 时分别引起 I 的变化。

河北省产生的碳排放量用 I 表示；A 代表河北省富裕度，用人均 GDP 来表示；P 表示河北省人口数；T 代表能源强度，用能源消费量与 GDP 的比值来表示；b、c、d、f 分别表示为四种因素的弹性系数，表示每当 P、A、T、U 发生 1% 的变化时，分别导致 I 发生 $b\%$、$c\%$、$d\%$、$f\%$ 的变化。

本章建立 STIRPAT 模型。首先以 $\ln I$ 为因变量，$\ln P$、$\ln A$、$\ln T$、$\ln U$ 为自变量，进行多元线性回归分析分析拟合效果，再进行多重共线性检验检查共线性，结果如表 6-1 所示。从表中结果可以得到，各个变量的方差膨胀因子都超过了 10，而且各个因素的显著性水平没有通过 t 检验，这说明多重共线性存在于各个变量之间，即得不到平稳的回归结果，从而模型的预测失效。偏最小二乘法、增加样本容量、差分法、岭回归和主成分分析都可以用来修正多重共线性。其中，岭回归可以有偏估计量的存在，可以提高数值的稳定性、增加计算准确度，提高靠近真实值的可能性，因而，对影响河北碳排放的因素采用岭回归进行分析，如表 6-2 所示。

表 6-1　　　　　　　　　　　　线性回归分析

变量	非标准化系数		标准化系数	t	p	VIF
	B	标准误差	$Beta$			
常数	-1.19	33.62	—	-0.04	0.97	—
$\ln P$	-0.09	3.99	-0.01	-0.02	0.98	116.72
$\ln A$	0.81	0.24	1.20	3.38	0.01	110.51
$\ln T$	0.33	0.18	0.24	1.82	0.09	15.18
$\ln U$	0.02	0.38	0.01	0.06	0.95	35.78

表 6-2　　　　　　　　　　$K=0.03$ 时，岭回归结果

变量	非标准化系数		标准化系数	t	p
	B	标准误差	$Beta$		
常数	-27.4	7.36	—	-3.72	0.00
$\ln P$	3.12	0.87	0.29	3.61	0.00
$\ln A$	0.38	0.05	0.57	7.35	0.00
$\ln T$	0.26	0.11	0.19	2.37	0.03
$\ln U$	0.57	0.17	0.30	3.30	0.00
R^2	0.98				

本章采用岭回归分析法。岭回归分析过程如图 6-1 所示，从岭迹图中可以看出，将 $\ln P$、$\ln A$、$\ln T$、$\ln U$ 作为自变量，而将 $\ln I$ 作为

因变量进行 Ridge 回归（岭回归）分析后得到岭迹图。

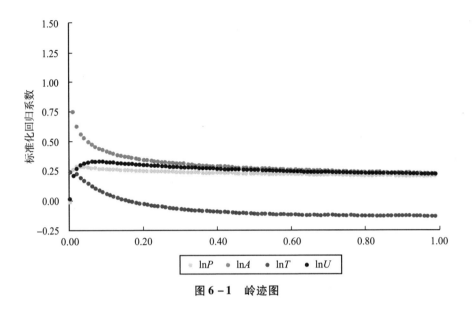

图 6 - 1　岭迹图

由图 6 - 1 可得，当 ln$I$ 的标准化回归系数接近于稳定时，K 的取值为 0.03，因而将 K 值设置为最佳值 0.03。由此可以得到相关系数的平方为 0.98，说明拟合结果良好，具体分析结果见表 6 - 2。

从表 6 - 2 可知，将 ln$P$、ln$A$、ln$T$、ln$U$ 作为自变量，将 ln$I$ 作为因变量进行 Ridge 回归分析，0.03 为 K 的取值，分析得到，0.98 是模型 R^2 的取值，意味着 ln$P$、ln$A$、ln$T$、ln$U$ 可以解释 ln$I$ 的 97.80% 变化原因。$F = 155.81$，$p = 0.00 < 0.05$ 说明模型通过了 F 检验。也即说明 ln$P$、ln$A$、ln$T$、ln$U$ 中至少一项会对 ln$I$ 产生影响关系，以及模型公式为：ln$I = -27.398 + 3.122 \times$ ln$P + 0.383 \times$ ln$A + 0.263 \times$ ln$T + 0.572 \times$ ln$U$。ln$P$ 的回归系数值为 3.12（$t = 3.60$，$p = 0.00 < 0.01$），意味着 ln$P$ 会对 ln$I$ 产生显著的正向影响关系。ln$A$ 的回归系数值为 0.38（$t = 7.35$，$p = 0.00 < 0.01$），说明 ln$I$ 被 ln$A$ 显著影响。ln$T$ 的回归系数值为 0.26（$t = 2.37$，$p = 0.03 < 0.05$），说明 ln$I$ 被 ln$T$ 显著影响。ln$U$ 的回归系数值为 0.57（$t = 3.30$，$p = 0.00 < 0.01$），意味

着 $\ln I$ 被 $\ln U$ 显著影响。总结分析可知：$\ln I$ 均会被 $\ln P$、$\ln A$、$\ln T$、$\ln U$ 显著影响。从而可以得到岭回归方程：

$$\ln I = -27.398 + 3.122\ln P + 0.383\ln A + 0.263\ln T + 0.572\ln U$$

$$(6-6)$$

从方程系数看，人口数量、富裕度、能源强度和城镇化水平都对工业碳排放量起促进作用。其中人口数量每增加 1.00%，碳排放量将增加 3.12%。人均 GDP 每增加 1.00%，碳排放量将增加 0.38%。能源强度每增加 1.00%，碳排放量将增加 0.26%，表明碳排放量增加可能由于能源强度的加大和电力的过度使用。城镇化水平每增加 1.00%，碳排放量将增加 0.57%。通过 STIRPAT 模型得到，能源消费结构的调整和经济增长与减排的关系的平衡可以减少碳排放量。

进行模型的有效性的验证，从而保证模型能够准确对河北省的碳排放量作出预测，在式（6-6）中代入 I、P、A、T、U 的原始数值检验模型误差，得到 STIRPAT 模型实际结果和预测结果的误差对比，如图 6-2 所示。

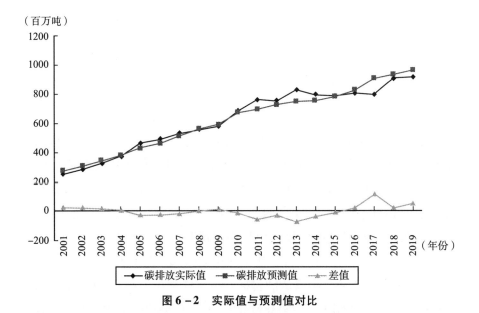

图 6-2　实际值与预测值对比

从图 6 - 2 结果来分析，模型的年平均误差为 4.00%，数据拟合良好，因此预测河北省未来的碳排放量情况可以使用 STIRPAT 模型。

三、数据来源及数据基础

河北省 2001 ~ 2019 年的碳排放数据取自中国碳核算数据库（CEADs）。CEADs 采用 IPCC 分部门排放核算方法（45 个生产部门和 2 个居民部门），定期发布中国及其 30 个省份（不包含西藏及港澳台地区）的最新二氧化碳（CO_2）排放清单。所有排放清单均根据国家统计局最新能源数据修订版（2015 年）编制。

从国家统计局官网以及河北省统计局官网获得总人口、人均 GDP、城镇化水平等宏观经济数据。能源强度来源于《中国区域经济统计年鉴》。采取线性插值法以及预测的方法在一定范围对缺失值进行补充。

第二节　情景分析

一、情景设计理论与政策依据

碳排放问题是第 26 届联合国气候变化大会讨论的焦点。世界气象组织发布的《2021 年全球气候状况报告》以及美国国家海洋和大气管理局发布的《2021 年度气候状况报告》强调，地球大气中温室气体浓度和海平面在 2021 年都打破了以往纪录。这说明人们虽然已经努力在遏制温室气体排放，但是仍然没有改变气候变化的趋势。

温室气体减排已成为当今研究的焦点。2009 年 12 月，中国政府提出了旨在控制温室气体排放的目标。更具体地说，决定 2020 年中国单位国内生产总值（GDP）二氧化碳排放量应比 2005 年减少 40% ~ 45%。

随后，中国和美国于 2014 年 11 月联合发表了《中美气候变化联合主席声明》，中国声称将在 2030 年左右达到二氧化碳排放峰值，并将努力尽快达到碳排放峰值。此外，中国还将气候变化行动纳入"十四五"发展规划。此后，目标能否实现成为讨论的焦点。

近年来，中国成为了全球最大的碳排放国之一，如何减排成为了亟待解决的问题。国务院 2021 年 10 月发布的《国务院关于印发 2030 年前碳达峰行动方案的通知》规定，到 2025 年，单位国内生产总值能源消耗比和单位国内生产总值二氧化碳排放比相对于 2020 年分别下降 18.00% 和 13.50%。到 2030 年，在单位国内生产总值二氧化碳排放上相对于 2005 年要下降 65.00%，保证 2030 年前碳达峰目标平稳达成。此外，中国还将应对气候变化的工作全面纳入"十四五"的生态文明建设。

河北省作为一个经济和能源消费大省，重化工业在国民经济中占有较高比重。河北省已形成以钢铁、煤炭、化工、装备制造等资源密集型、重污染产业为主的多支柱产业结构。从中国碳核算数据库得到，河北省的二氧化碳排放量从 1997 年的 2.12 亿吨增加到 2019 年的 9.14 亿吨。随着河北省经济的增长，能源浪费越来越严重，这造成了许多生态环境问题，例如对社会和个人健康造成巨大危害的雾霾。此外，河北省拥有大量高耗能工业企业，面临着产业结构升级、企业转型等诸多问题。因此，控制河北省碳排放不容迟缓。

中共中央和国务院最近推出了包括河北省在内的几项国家战略，如"京津冀协同发展"和"空气污染防治行动计划"。京津冀的碳排放主要受河北的影响。2016 年，河北省能源消费量达到 29874 万吨标准煤，占中国能源消费总量的 6.83%[①]。中共中央和国务院设立了被誉为"千年计划"的河北省雄安新区。为了成为生态标杆，河北省对碳排放提出了新的要求。

同时，河北省面临着新的机遇，其未来发展可能是复杂多样的，

---

① 资料来源：《河北省能源统计年鉴》。

研究碳排放的意义有很多方面。因此，在研究减碳政策时，应该将重点放在河北省。城市地区工业化和技术的快速进步正在导致城市地区严重的空气污染。中国的城市发展不可避免地导致更多的直接和间接污染，并对碳排放产生影响。特别是，人类试图维持城市生活会损害健康。人口增长和工业化导致一些城市的空气污染达到威胁人类健康的程度。

向低碳方向转变是河北省未来发展的方向，因此尽量靠拢低碳方向是每一个变量的基本设定，为了构建不同的情景，对每个变量进行设置，在对河北省地区碳排放预测时，本书以萨和雅等的研究作为参考，设定了三种不同情景，高增长情景、中增长情景以及低增长情景，不同的发展路径和变量组合设置在不同的场景下，用来测定各个变量组合对碳排放峰值及时间的影响。

在参数设置方面，经济变量包括城镇化水平、人口状况、富裕度；减排变量包括能源强度；对经济变量设置低增长、中增长、高增长，对减排变量设定中减排、高减排。

人口方面。《国家人口发展规划（2016～2030年）》规定，2030年左右，中国的人口数量达到峰值。根据河北省政府印发的《河北省人口发展规划（2018～2035年）》，河北省人口总量到2035年要增加到7910万人。2000～2010年，年均增长率为0.75%。因此设置高增长、中增长、低增长三种模式，分别于2035年、2030年、2025年达到人口峰值，增长速率分别为0.75%、0.60%、0.40%。

富裕度方面。根据《中共河北省委关于制定河北省国民经济和社会发展第十四个五年规划和二〇三五年远景目标纲要》，指标设置坚持以人民为中心，坚持目标导向和问题导向，既落实国家要求又突出河北特色，既尽力而为又量力而行。围绕建设经济强省、美丽河北总目标，共设置5大类23项指标，比"十三五"规划减少了6项。从经济增长目标看，6.00%是河北省"十四五"时期设定的目标。全省生产总值"十二五"年均增长8.10%（全国为7.80%），"十三五"年均增长6.10%（全国为5.70%）。目前河北省新型城镇化的进度加速，全省经济增速有望达到 6.00% 以上，设置 6.00% 左右的增长目标，是有基础支撑的，是积极稳妥的。因此，设置高增长、中增长、低增长三种模式，增长速率分别为 7.00%、6.00%、5.00%，考虑到在低碳背景下，经济发展水平有所让步，每五年降低 2.00%，最低保持 1.00% 不变。

城镇化水平方面。《河北省人民政府办公厅关于推动非户籍人口在城市落户的实施意见》提出"到 2020 年，全省户籍人口城镇化率达到 45.00% 左右"的目标已完成。河北省印发《河北省人口发展规划（2018～2035 年）》，提出 2035 年常住人口城镇化率达到 70.00% 左右。因此设置高增长、中增长、低增长三种模式，分别为在 2030 年城镇化率达到 70.00%，2035 年达到 70.00%，2040 年达到 70.00%。

能源强度方面。《河北省国民经济和社会发展第十四个五年规划和二〇三五年远景目标纲要》明确了河北省 2035 年远景目标和"十四五"时期经济社会发展主要目标。到 2035 年，促进绿色生产生活方式的形成，在生态建设方面取得进步，碳排放达峰后稳中有降，基本建成山清水秀的美丽河北。"十四五"时期，生态文明建设取得新进展，不断优化国土空间开发保护格局，健全生态文明制度体系，提高能源资源利用效率，单位生产总值的能源消耗要下降，减少主要污染物排放总量，二氧化碳的排放减少，提升山水林田湖草沙系统治理水平，改善城乡人居环境，全省森林覆盖率提高到 36.50%，地级及以上城市空气优良天数比例达到 80.00%。《河北省"十四五"循环经济发展规划》提出，重点增加资源利用效率，资源循环利用体系迅速完善，资源循环利用的协同减碳作用充分发挥，保证在重点领域、重点行业推动绿色循环发展，为尽快实现碳达峰、碳中和目标提供资源保障，主线是推动循环型生产方式和生活方式，核心工作是建设绿色低碳循环发展经济体系。《河北省"十四五"公共机构节约能源资源工作规划》提出，剔除新冠疫情因素，以 2019 年碳排放、水资源消费以及能源为基数，到 2025 年全省公共机构单位建筑面积能耗、人均用水量、人均综合能耗、单位建筑面积碳排放分别下降 5.00%、

5.00%、6.00%、7.00%。因此，设置高减排、中减排两种模式，降低速率分别为2.50%、2.00%。

二、指标及参数设定

指标以及参数在不同情景下设定如表6-3所示。

表6-3 不同情景模式的参数设置

因素	情景模式	变化速率（%）	说明
人口状况	高增长	0.75	设置高增长、中增长、低增长三种模式，达到人口峰值的年份分别为2035年、2030年、2025年，增长速率分别为0.75%、0.60%、0.40%
	中增长	0.60	
	低增长	0.40	
人均GDP	高增长	7.00	设置高增长、中增长、低增长三种模式，增长速率分别为7.00%、6.00%、5.00%，考虑到低碳背景下，每五年降低2.00%，最低保持1.00%不变
	中增长	6.00	
	低增长	5.00	
城镇化率	高增长	1.60	设置高增长、中增长、低增长三种模式，分别为在2030年城镇化率达到70.00%，2035年达到70.00%，2040年达到70.00%
	中增长	1.00	
	低增长	0.80	
能源强度	高减排	2.50	设置高减排、中减排两种模式，降低速率分别为2.50%、2.00%
	中减排	2.00	

三、情景描述说明

STIRPAT模型中的各变量在不同情景下设置不同的阶段性预测值，以政策导向和过往阶段的不同变化作为参考来设置预测值，在符合河北省经济社会发展实际的情况下，合理设置数据。从客观实际来看，人口数量、人均GDP、城市化水平的提高间接带来碳排放水平的提升，而技术水平的提升有助于抵消其他因素带来的增碳效应。因此，将人口、人均GDP、城市化率分为一组，将技术水平分为一组。

结合减排要素和经济要素，可以设置以下不同情景，如表 6 - 4 所示，分别为高增长 - 高减排、高增长 - 中减排、中增长 - 高减排、中增长 - 中减排、低增长 - 高减排、低增长 - 中减排。基准情景的设定为河北地区各影响因素正常增加和减少，没有人为干预。通过观察以往二十年各影响因素的发展规律，得到本书中的中增长 - 高减排为基线情景。

表 6 - 4　　　　　　　情景分析法设置的发展模式

发展模式	人口状况	人均国内生产总值	城镇化水平	能源强度
一	高增长	高增长	高增长	高减排
二	高增长	高增长	高增长	中减排
三	中增长	中增长	中增长	高减排
四	中增长	中增长	中增长	中减排
五	低增长	低增长	低增长	高减排
六	低增长	低增长	低增长	中减排

第三节　碳排放总量仿真预测结果

一、不同情景下碳排放总量达峰状态

根据本书设定的六种情景，在模型中输入上文不同情景的数值，对未来的碳排放量做出预测，如表 6 - 5 所示。

表 6 - 5　　　　　河北省未来碳排放量预测值　　　　单位：百万吨

年份	情景一	情景二	情景三	情景四	情景五	情景六
2020	983.63	983.63	983.63	983.63	983.63	983.63
2025	1272.20	1280.59	1200.03	1207.95	1136.03	1143.53

续表

年份	情景一	情景二	情景三	情景四	情景五	情景六
2030	1591.08	1614.51	1415.78	1436.62	1154.65	1171.65
2035	1885.37	1916.63	1397.87	1421.04	1130.38	1149.12
2040	1798.99	1849.53	1337.64	1375.23	1101.33	1132.28
2045	1726.40	1780.71	1286.42	1326.89	1064.11	1097.59
2050	1649.49	1717.74	1232.19	1283.17	1023.61	1065.96
2055	1578.98	1652.60	1182.42	1237.55	986.46	1032.46
2060	1504.18	1584.51	1129.17	1189.47	946.07	996.59

结合上文建立的 STIRPAT 模型，对 2020～2060 年河北省碳排放峰值及峰值时间进行预测，各种情景变化趋势如图 6 - 3 所示。

（百万吨）

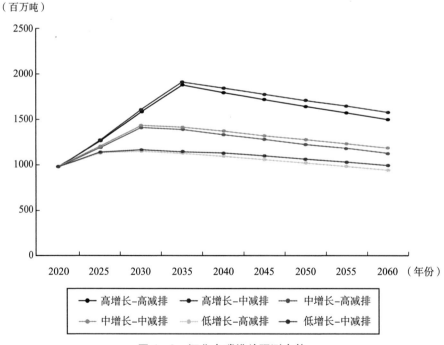

图 6 - 3 河北省碳排放预测走势

根据河北省碳排放预测图，可以得到不同情景下，碳达峰时间以及碳达峰量。其中，高增长 – 高减排情景下：达峰时间为 2035 年，达峰量为 188537 万吨。中增长 – 高减排情景下：达峰时间为 2030 年，达峰量为 141578 万吨。低增长 – 高减排情景下：达峰时间为 2030 年，达峰量为 115465 万吨。高增长 – 中减排情景下：达峰时间为 2035 年，达峰量为 191663 万吨。中增长 – 中减排情景下：达峰时间为 2030 年，达峰量为 143662 万吨。低增长 – 中减排情景下：达峰时间为 2030 年，达峰量为 117165 万吨。

二、不同情景下碳排放总量变动趋势比较分析

三种高减排情景比较，经济变量为高增长情景时，碳排放量的增加速度最为迅速。三种中减排情景比较，经济变量为高增长情景时，碳排放量增加速度最为迅速。由此得到，减排变量情景不变，社会发展越迅速，经济增加速度越迅速，碳排放增加速度也就越迅速，碳排放量也越多。对比经济变量不变时各情景，可知，当社会发展缓慢，减排力度越高，那么碳排放量增加速度越慢，碳排放量越少。

为了使河北省的碳排放量控制效果达到最佳，且跟上国家碳排放达峰的速度，必须做到经济中度发展，保持高减排水平。由 STIRPAT 模型可知，高减排情景下碳排放量更容易控制和减少，因此河北省的最佳碳排放发展模式是中增长 – 高减排的发展模式。

本书对人口总量、人均 GDP、能源强度、城镇化水平四种因素构建 STIRPAT 模型，分析了这四种因素对河北省碳排放量的影响，并设置了六种不同的情景模式，预测了河北省不同情景下的碳排放量，由此有以下结论。

（1）人口数量、人均 GDP、能源强度、城镇化水平每提高 1.00%，碳排放量就会对应增加 3.12%、0.38%、– 0.26%、0.57%，从模型得到的弹性系数上来看，对碳排放量的影响最显著的因素是人口规模。

（2）经济变量不变时，减排强度越弱，碳排放量增加速度越迅速；减排变量情景不变时，经济增加速度越迅速，碳排放量的增加速度越迅速。增强减排强度，能够减少经济增长而带来的碳排放量的增加。结合河北省的发展态势和预测结果，确定中增长－高减排为最佳发展模式。

第七章

基于智能优化算法的
河北省碳吸收总量预测

第一节　支持向量机模型构建

一、模型基本原理

作为一种机器学习方法，支持向量机（support vector machine，SVM）以统计学习理论为基础，在有限的样本下，致力于得到全局的最优点，推广能力良好，计算的复杂度和样本维数没有关系，在函数逼近、回归估计等方面应用广泛。

建立一个最优的分类面来当作决策曲面，同时把样本准确区分成两类，这就是 SVM 方法。分类面要求能将两类正确分升，同时使分类间隔最大，这就是最优分类面。SVM 利用核函数将数据映射到高维空间，让数据线性可分。傅里叶核、线性核函数、样条核、多项式核、径向基核（RBF）等都是常用的核函数。对这些核函数适用的数据特点进行比较，无论高维还是低维的样本数据，大数据量或是小数据量，RBF 核函数都体现出了很好的分类性能。因此，SVM 的分类核函数选择 RBF。如给定一数集，则所求函数表达式如下：

$$f(x) = \omega^T \times g(x_i) + b \qquad (7-1)$$

其中，ω、b 是需要进行辨识的参数。根据结构风险最小化原则，用下式对 ω、b 来进行估计：

$$\begin{cases} \min \dfrac{1}{2}\|\omega\|^2 + c\sum\limits_{i=1}^{n}\delta_i, \; c \geq 0 \\ h_i\big[\,\omega \times g(x_i) + b\,\big] \geq 1 + \delta_i, \; \delta_i \geq 0 \end{cases} \qquad (7-2)$$

其中，$\|\omega\|^2$ 为置信风险；c 为惩罚参数；δ_i 是松弛变量。为了便于求解，将上式转化为对偶问题，则可得：

$$\begin{cases} \min \dfrac{1}{2}\sum\limits_{i=1}^{n}\sum\limits_{j=1}^{n} h_i h_j u_i u_j K(x_i, x_j) - \sum\limits_{i=1}^{n} u_i \\ \sum\limits_{i=1}^{n} h_i u_i = 0, \; 0 \leq u_i \leq c \end{cases} \qquad (7-3)$$

其中：

$$K(x_i, x_j) = \big[\, g(x_i) \times g(x_j)\,\big] \qquad (7-4)$$

$K(x_i, x_j)$ 是内积核函数。根据 Mercer 条件，选用径向基函数：

$$K(x_i, x_j) = \exp(-g\|x_i - x_j\|)^2 \qquad (7-5)$$

得到最终函数：

$$\begin{cases} \min \dfrac{1}{2}\sum\limits_{i=1}^{n}\sum\limits_{j=1}^{n} h_i h_j u_i u_j \exp(-g\|x_i - x_j\|)^2 - \sum\limits_{i=1}^{n} u_i \\ \sum\limits_{i=1}^{n} h_i u_i = 0, \; 0 \leq u_i \leq c \end{cases} \qquad (7-6)$$

二、改进的支持向量机模型

本书研究的是 1999 ～ 2019 年的数据，参考相关文献，建立粒子群算法优化的支持向量机模型。

第一步，对样本进行分类。本书以河北省为例，将其 1999 ～ 2019 年的碳吸收量及其影响因素数据分别作为训练样本和测试样本。

第二步，对所有样本数据进行归一化处理，即将所有样本中的自变量和因变量分别用下式进行归一化处理，使得所有数据均处于[0，1]。

第三步，引入 PSO 优化算法优化模型建立过程中的两个重要参数，使用 PSO 算法寻找最佳参数 c 和 g。

第四步，将训练样本和测试样本数据代入得其相关系数。同时，将训练样本和测试样本一起代入模型，得原始数据与拟合数据对比图。可见该模型拥有着良好的学习和推广能力，因此回归函数 $f(x)$ 可作为河北省碳吸收预测模型。

第五步，预测数据。把河北省 2020~2060 年碳吸收量相关影响因素的数据归一化处理后，代入碳吸收预测模型得到输出结果，再将结果进行反归一化处理，即得到 2020~2060 年河北省碳吸收量。

本书通过阅读大量相关文献，发现影响河北省二氧化碳吸收的因素主要包括森林、绿地、湿地以及耕地，其他可以忽略不计，主要因素具体计算方式如下。

（一）河北省森林二氧化碳吸收量

河北省 1999~2019 年森林蓄积量和森林面积从国家统计局和全国森林资源清查报告中检索得到，本书仅测算林地和森林二氧化碳储量两部分。森林二氧化碳储量的计算公式和林地二氧化碳储量计算公式如下：

$$CI = fgs \times eci \times vci \times cci \times \frac{44}{12} \qquad (7-7)$$

$$FI = csi \times Si \times \frac{44}{12} \qquad (7-8)$$

其中，CI 代表生物量二氧化碳储量；fgs 代表森林蓄积量；eci 代表扩大系数；vci 代表容积系数；cci 代表含碳率；FI 代表森林二氧化碳吸收量；Si 代表森林；csi 表示碳汇系数。

计算结果如表 7-1 所示，河北省在 1999~2019 年间不断加大林业投资，重视生态建设，森林面积不断增多，二氧化碳吸收量也在不断增长。

表 7 – 1　　　　　　1999～2019 年河北省森林二氧化碳吸收量

年份	河北省森林蓄积量（万立方米）	河北省森林面积（万公顷）	河北省林地二氧化碳吸收量（万吨）
1999～2003	5948.19	328.83	11136.24
2004～2008	8400.00	418.33	15617.82
2009～2013	10800.00	439.33	19847.40
2014～2019	13700.00	502.69	25047.85

注：河北省森林蓄积量和林地面积来源于《中国统计年鉴》、第六次全国森林资源清查（1999～2003）、第七次全国森林资源清查（2004～2008）、第八次全国森林资源清查（2009～2013）和第九次全国森林资源清查（2014～2018）的资料。

（二）河北省耕地二氧化碳吸收量

耕种的农作物也影响着耕地二氧化碳的吸收量，稻谷、小麦、玉米等是河北地区种植的主要农作物，因此为了估算耕地二氧化碳吸收能力，参考相关文献，得到河北省耕地二氧化碳吸收量公式如下：

$$CLI = \frac{pi \times \sum_{i=1}^{6} cyi}{N} \times \frac{44}{12} \qquad (7-9)$$

其中，CLI 代表河北省耕地二氧化碳吸收量；N 代表农作物经济系数；pi 表示耕地二氧化碳吸收率；cyi 表示粮食产量。

河北省耕地二氧化碳吸收量计算结果如表 7 – 2 所示。

表 7 – 2　　　　1999～2019 年河北省粮食产量及耕地二氧化碳吸收量　　单位：万吨

年份	河北省地区粮食产量	河北省耕地二氧化碳吸收量
1999	2746.29	12587.16
2000	2551.07	11692.40

年份	河北省地区粮食产量	河北省耕地二氧化碳吸收量
2001	2491.80	11420.75
2002	2435.76	11163.90
2003	2387.80	10944.08
2004	2480.07	11366.99
2005	2598.58	11910.16
2006	2780.60	12744.42
2007	2897.31	13279.34
2008	2994.99	13727.04
2009	3017.43	13829.89
2010	3120.99	14304.54
2011	3344.98	15331.16
2012	3442.62	15778.68
2013	3584.87	16430.65
2014	3568.98	16357.83
2015	3602.19	16510.04
2016	3782.99	17338.70
2017	3829.25	17550.73
2018	3700.86	16962.28
2019	3739.24	17138.18

注：河北省 1999~2020 年粮食产量数据来源于《中国农村统计年鉴》。

（三）河北省湿地二氧化碳吸收量

有天然森林氧吧之称的湿地，一直是人们热衷于休闲旅游的地方，同时还能吸收大气中的二氧化碳，减缓温室效应，但是湿地建设对环境有着较高的要求，同时难度也较大，因此发展的速度颇为缓慢。

通过参考相关文献，有很多种计算湿地吸收二氧化碳的方法，基于本书以湿地的面积值作为数据，因此，选择生物量转换因子法，也就是使用面积计算二氧化碳吸收量的方法，根据上面统计的河北省湿地面积，计算湿地的二氧化碳吸收量的公式如下：

$$WI = Zbi \times wa \times \frac{44}{12} \qquad (7-10)$$

其中，WI 表示河北省湿地一年内二氧化碳吸收量；Zbi 表示湿地的生物转换因子；wa 表示河北省湿地面积。河北省湿地二氧化碳吸收量计算结果如表 7-3 所示。

表 7-3   1999~2019 年河北省湿地二氧化碳吸收量

年份	河北省湿地面积（万公顷）	河北省二氧化碳吸收量（万吨）
1999	108.19	579.18
2000	108.19	579.18
2001	108.19	579.18
2002	108.19	579.18
2003	108.19	579.18
2004	108.19	579.18
2005	108.19	579.18
2006	108.19	579.18
2007	108.19	579.18
2008	108.19	579.18
2009	108.19	579.18
2010	108.19	579.18
2011	108.19	579.18
2012	108.19	579.18
2013	94.19	504.23
2014	94.19	504.23
2015	94.19	504.23
2016	94.19	504.23
2017	94.19	504.23
2018	94.19	504.23
2019	94.19	504.23

注：河北省 1999~2019 年湿地面积均来自《新中国六十年统计资料汇编》。

根据以上三部分的计算，得到河北省每年的碳吸收总量如表 7-4 所示。

表 7-4　　　　　1999~2019 年河北省二氧化碳总吸收量　　　单位：万吨

年份	林地生物二氧化碳吸收量	林地二氧化碳吸收量	耕地二氧化碳吸收量	湿地二氧化碳吸收量	总吸收量
1999	10359.76	776.48	12587.16	579.18	24302.58
2000	10359.76	776.48	11692.40	579.18	23407.82
2001	10359.76	776.48	11420.75	579.18	23136.17
2002	10359.76	776.48	11163.90	579.18	22879.32
2003	10359.76	776.48	10944.08	579.18	22659.50
2004	14630.00	987.82	11366.99	579.18	27563.98
2005	14630.00	987.82	11910.16	579.18	28107.15
2006	14630.00	987.82	12744.42	579.18	28941.41
2007	14630.00	987.82	13279.34	579.18	29476.33
2008	14630.00	987.82	13727.04	579.18	29924.03
2009	18810.00	1037.40	13829.89	579.18	34256.47
2010	18810.00	1037.40	14304.54	579.18	34731.12
2011	18810.00	1037.40	15331.16	579.18	35757.74
2012	18810.00	1037.40	15778.68	579.18	36205.26
2013	18810.00	1037.40	16430.65	504.23	36782.29
2014	23860.83	1187.02	16357.83	504.23	41909.91
2015	23860.83	1187.02	16510.04	504.23	42062.12
2016	23860.83	1187.02	17338.70	504.23	42890.79
2017	23860.83	1187.02	17550.73	504.23	43102.81
2018	23860.83	1187.02	16962.28	504.23	42514.36
2019	23860.83	1187.02	17138.18	504.23	42690.27

　　根据上面对河北省包括森林、湿地、耕地的二氧化碳吸收量的计算，具体统计如图 7 - 1 所示。根据本章对河北省森林、湿地、耕地吸收的二氧化碳量进行的统计可知，历年来，政府不断加强对森林生态系统的重视，加大种植力度，整体呈不断地上升趋势。

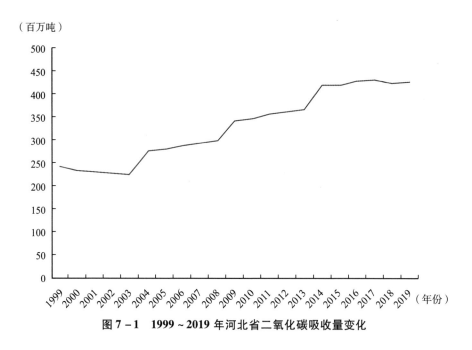

（百万吨）

图 7 - 1　1999 ~ 2019 年河北省二氧化碳吸收量变化

三、数据来源与数据基础

　　河北省森林蓄积量和林地面积来源于《中国统计年鉴》、第六次全国森林资源清查（1999 ~ 2003 年）、第七次全国森林资源清查（2004 ~ 2008 年）、第八次全国森林资源清查（2009 ~ 2013 年）和第九次全国森林资源清查（2014 ~ 2018 年）的资料。河北省 1999 ~ 2020 年粮食产量数据来源于《中国农村统计年鉴》。河北省 1999 ~ 2019 年湿地面积均来自《新中国六十年统计资料汇编》。河北省 1999 ~ 2019

年林业投资来源于《中国统计年鉴》。河北省1999~2019年造林总面积来源于《中国统计年鉴》。河北省1999~2019年耕地面积来源于《中国统计年鉴》。河北省1999~2019年森林病虫害面积来源于《中国统计年鉴》。

第二节 情景分析

一、情景设计理论与政策依据

河北省作为一个经济和能源消费大省，重化工业在国民经济中占有较高比重。河北省已形成以钢铁、煤炭、化工、装备制造等资源密集型、重污染产业为主的多支柱产业结构。从中国碳核算数据库得到，河北省的二氧化碳排放量从1997年的2.12亿吨增加到2019年的9.14亿吨。近年来，河北省煤炭消费比重和天然气消费比重分别比全国平均水平高23%，比全国平均水平低2%。随着河北经济的增长，能源浪费越来越严重，这造成了许多生态环境问题，例如对社会和个人健康造成巨大危害的雾霾。此外，河北省拥有大量高耗能工业企业，面临着产业结构升级、企业转型等诸多问题。因此，控制河北省碳排放碳吸收不容迟缓。

考虑到国际未来低碳的发展趋势，《巴黎协定》也规定了21世纪中叶全世界实现碳中和的目标。中国也在积极进行减排行动，向低碳方向转变是河北省未来发展的方向，因此尽量靠拢低碳方向是每一个变量的基本设定，为了构建不同的情景，对每个变量进行设置。本书参考杨思佳等的研究成果，对地区碳吸收预测时，设定了三种情景，高增长情景、中增长情景和低增长情景，在每个场景下设定不同的变量，以测定变量对碳吸收量的影响。

2020年9月，在第75届联合国大会上，习近平主席宣布，中国的 CO_2 排放力争于2030年前和2060年前分别实现峰值和碳中和。双碳目标的逐渐明确及碳减排工作的加快推进，使得碳捕捉（CCUS）的定位和作用更加清晰。CCUS技术是指从工业或其他排放源中把二氧化碳分离出来，并在特定地点对其利用或封存，从而使得捕集的二氧化碳与大气长期隔离。作为一种新兴技术，CCUS可帮助化石能源大规模利用的愿景实现，也可以作为一种重要技术对未来二氧化碳进行减排。扶持政策对CCUS的发展会起到至关重要的作用，2020年7月8日，人民银行会同国家发展和改革委员会、中国证券监督管理委员会发布《关于印发〈绿色债券支持项目目录（2020年版）〉的通知（征求意见稿）》，第一次增加了CCUS，融资渠道得到了拓展。《中华人民共和国国民经济和社会发展第十四个五年规划和2035年远景目标纲要》也提出，要"开展碳捕集利用与封存重大项目示范"。CCUS不但可以将二氧化碳资源化，还可以产生经济效益，不仅可以避免大量污染现象的发生，将治理污染的费用用在其他行业，还可以带来经济的增长。根据《中共河北省委关于制定河北省国民经济和社会发展第十四个五年规划和二〇三五年远景目标纲要》，从经济增长目标看，"十四五"时期河北省经济增长目标设置为6.00%左右，这一指标是根据缩小与全国发展差距需要、三次产业和三大需求支撑条件、全国和外省市情况综合考虑得出的。全省生产总值"十二五"年均增长8.10%（全国为7.80%），"十三五"年均增长6.10%（全国为5.70%）。目前河北省新型城镇化的进度加速，国家大事和重大战略正在稳步推动，全省经济增速有望达到6.00%以上，设置6.00%左右的增长目标，是有基础支撑的，是积极稳妥的。考虑到低碳背景下，经济发展水平有所让步，每五年降低2.00%，最低保持1.00%不变。

河北省委、省政府出台《关于深入打好污染防治攻坚战的实施意见》，积极推动生产生活方式向绿色转型，碳排放达峰后实现稳中有降，彻底改善生态环境，基本达到美丽河北的建设目标。到2025年，森林覆盖率、湿地保护率、草原综合植被盖度分别要达到36.50%、

44.00%、73.00%。完善生态环境经济政策和投入机制。《河北省生态环境保护"十四五"规划》规定，到2025年，在新增水土流失治理方面，综合治理面积需要到10000平方公里，草原综合植被盖度、湿地保护率分别要到73.00%、44.00%。投入力度要增大，加快改革实施方案的落实，想办法充分激发市、县保障本行政区域内生态环境领域公共服务的积极性。《"十四五"林业草原保护发展规划纲要》指出，"十四五"时期，以习近平新时代中国特色社会主义思想为指导来发展林草事业，习近平生态文明思想要得到认真贯彻，牢固树立绿水青山就是金山银山理念。分别完成造林绿化和森林抚育各1500万亩，是河北省"十四五"时期林业草原预期目标规定，2025年林地面积、森林覆盖率和森林蓄积量分别达到689万公顷、36.50%和1.95亿立方米。根据历年河北省林业投资投资总额，以及考虑国家GDP的增速情况，设置高增长、中增长、低增长三种模式，增长速率分别为10.00%、9.00%、8.00%，每五年下降2.00%，最低保持1.00%不变。

《河北省林业和草原保护发展"十四五"规划》提出，到2025年，全省完成营造林200万公顷，草原生态修复12万公顷，森林覆盖率达到36.50%，森林蓄积量达到1.95亿立方米，草原综合植被盖度稳定在73.00%以上，湿地保护率不低于44.00%，自然保护地面积占国土面积的7.41%以上，治理沙化土地面积56万公顷。河北省林业和草原局印发《河北省国土绿化规划》，提出到2035年，河北省将完成营造林345万公顷，全省森林覆盖率由2018年的34.00%达到并稳定在40.00%。到2035年，"十四五"期间，河北省将持续开展森林质量提升，增加森林蓄积量，提升森林碳汇能力，坚决筑牢京津冀生态安全屏障。到2025年，全省完成造林绿化、森林抚育、有林地面积分别为100万公顷、100万公顷、689万公顷，森林覆盖率要到36.50%。在考虑河北省土地可利用面积以及历年造林总面积上下浮动的情况下，设置高增长、中增长、低增长三种模式，增长速率分别为3.00%、2.00%、1.50%，每十年降低2.00%，最低保持1.00%不变。

《河北省森林病虫害防治实施办法》规定，森林病虫害防治实行"预防为主、综合治理"的方针。森林经营单位和个人在林业生产的采种、育苗、造林（建园）、抚育管理、采伐（采收）和储运等各个生产环节，都应当实行科学管理，采用抑制森林病虫害发生、发展的先进技术和措施，创造有利于林木健康生长的环境，指导全省进一步科学实施绿化，以构建健康稳定的生态系统，实现国土绿化又快又好高质量发展。河北省印发《关于科学绿化的实施意见》提出，河北省将开展高质量编制绿化规划、加强森林抚育经营、强化森林草原防灭火和病虫害防治、做好林业草原资源保护、完善资源监测评价等 10 个方面的任务。未来伴随着不断完善的森林管理系统，对森林进行定期检查，因此，森林病虫鼠灾害发生面积未来呈负增长趋势，考虑到森林面积的日渐扩大和历年河北省森林病虫鼠灾害发生面积，设置高降低、中降低两种模式，降低速率分别为 2.00%、1.00%，并且每十年降低 1.00%，最低保持 1.00% 不变。

生态退耕还林、农业结构调整以及建设占用耕地等是造成河北省耕地面积减少的主要原因。由于农村居民住房用地、国家建设用地、乡镇集体建设用地占用的称为建设占用耕地；园地或鱼塘等由耕地调整而来的称为农业结构调整；把不适合作为耕地的退还为林地或牧草地是生态退耕还林。河北省自然资源厅印发《河北省临时用地管理办法》，从界定临时用地使用范围、明确选址要求与使用年限、规范审批、落实恢复责任、严格监管等方面，进一步严格规范河北省临时用地管理，切实保护耕地，促进节约集约用地。根据历年河北省耕地面积的变化趋势以及河北省对耕地的重视，预测未来河北省耕地面积小幅下降，因此设置高降低、中降低两种模式，降低速率分别为 0.30%、0.20%，每十年降低 0.10%，最低保持 0.10% 不变。

二、指标及参数设定

指标以及参数在不同情景下设定如表 7-5 所示。

表 7 – 5　　　　　　　　　　　不同情景模式的参数设置

因素	情景模式	变化速率（%）	说明
林业投资	高增长	10.00	根据河北省林业政策以及历年河北省林业投资总额，以及考虑国家 GDP 的增速情况，设置高增长、中增长、低增长三种模式，增长速率分别为 10.00%、9.00%、8.00%，每五年下降 2.00%，最低保持 1.00% 不变
	中增长	9.00	
	低增长	8.00	
造林总面积	高增长	3.00	根据河北省可利用面积以及历年河北省造林总面积，设置高增长、中增长、低增长三种模式，增长速率分别为 3.00%、2.00%、1.50%，每十年降低 2.00%，最低保持 1.00% 不变
	中增长	2.00	
	低增长	1.50	
森林病虫鼠害面积	高降低	2.00	森林病虫鼠灾害发生面积未来呈负增长趋势，根据历年河北省森林病虫鼠灾害发生面积，设置高降低、中降低两种模式，降低速率分别为 2.00%、1.00%，并且每十年降低 1.00%，最低保持 1.00% 不变
	中降低	1.00	
耕地面积	高降低	0.30	根据历年河北省耕地面积变化趋势，设置高降低、中降低两种模式，降低速率分别为 0.30%、0.20%，每十年降低 0.10%，最低保持 0.10% 不变
	中降低	0.20	

三、情景描述说明

　　SVM 模型中的各变量在不同情景中设置不同的阶段性预测值，以政策导向和过往阶段的不同变化作为参考来设置预测值，从客观实际来看，林业投资、造林总面积的总趋势是上升的，而森林病虫鼠害面积和耕地面积的总趋势是下降的。因此，将林业投资、造林总面积分为一组，将森林病虫鼠害面积和耕地面积分为一组。综合几种要素的情景设置，从而将河北省未来的碳吸收情景组合为六种情况，如表 7 – 6 所示，分别为高增长 – 高降低、高增长 – 中降低、中增长 – 高降低、中增长 – 中降低、低增长 – 高降低、低增长 – 中降低。

表 7 – 6　　　　　　　　情景分析法设置的发展模式

发展模式	林业投资	造林总面积	森林病虫鼠害面积	耕地面积
一	高增长	高增长	高降低	高降低
二	高增长	高增长	中降低	中降低

续表

发展模式	林业投资	造林总面积	森林病虫鼠害面积	耕地面积
三	中增长	中增长	高降低	高降低
四	中增长	中增长	中降低	中降低
五	低增长	低增长	高降低	高降低
六	低增长	低增长	中降低	中降低

第三节　碳吸收总量仿真预测结果

根据本书设定的六种情景，将相关情景的数据代入模型中，对未来河北省的碳吸收量做出预测，得到不同情景预测，如表7-7所示。

表7-7　　　　　　河北省未来碳吸收量预测值　　　　　　单位：万吨

年份	情景一	情景二	情景三	情景四	情景五	情景六
2020	47402.59	47402.59	47402.59	47402.59	47402.59	47402.59
2025	60924.82	60619.57	59581.37	59276.12	58078.94	57773.68
2030	77846.70	77280.36	73680.63	73114.27	69403.14	68836.76
2035	96783.38	96244.68	87630.80	87092.07	79175.08	78636.34
2040	112872.60	112360.18	96143.56	95631.10	84562.49	84050.02
2045	121905.89	121418.44	99285.50	98798.02	87115.62	86628.13
2050	126381.29	125917.58	102612.84	102149.11	89824.38	89360.65
2055	131107.89	130666.76	106133.64	105692.49	92695.36	92254.22
2060	136097.05	135677.39	109856.44	109436.77	95735.54	95315.89

结合基于粒子群优化支持向量机（PSOSVM）模型，得到模型的进化代数以及适应度曲线，如图7-2所示，得到模型的训练效果，如图7-3所示，得到河北省不同情景下碳吸收量，如图7-4和图7-5所示。

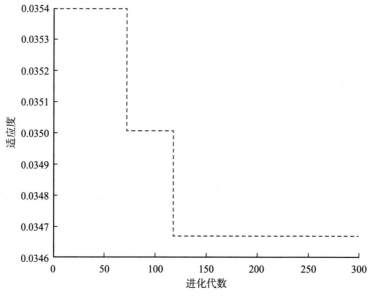

图 7 - 2　适应度曲线

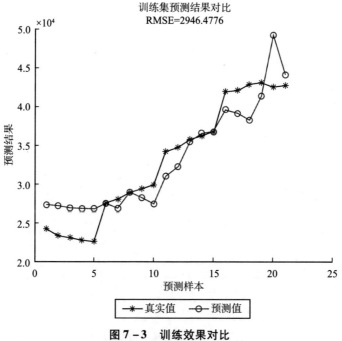

图 7 - 3　训练效果对比

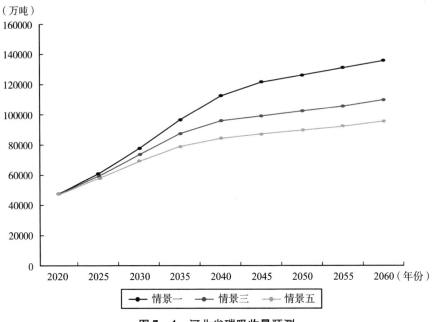

图 7 - 4 河北省碳吸收量预测

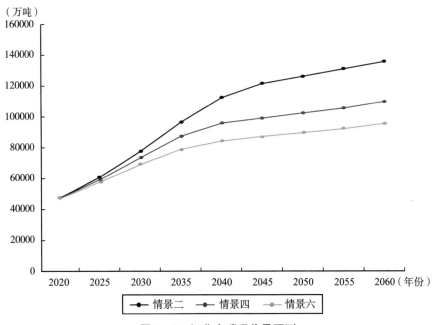

图 7 - 5 河北省碳吸收量预测

对比情景一、情景三、情景五三种发展模式，当林业投资与造林面积处于高增长情景，碳吸收量增速最快。对比情景二、情景四、情景六三种发展模式，当林业投资与造林面积处于高增长情景，碳吸收量增加速度最迅速。由分析得到，当降低变量情景水平不变时，林业投资增加速度越迅速，碳吸收增加速度越迅速，碳吸收量越多。分别对比情景一与情景二、情景三与情景四、情景五与情景六，可知，当林业投资与造林面积不变时，森林病虫害面积越小，碳吸收量增速越快，碳吸收量越多。

为了使河北省的碳吸收量控制效果达到最佳，且保证资源的均衡分布，必须做到林业投资中度增长，保持降低变量高降低水平。由PSOSVM 模型的预测值可知，高降低更有利于碳吸收量增长，因此中增长 – 高降低的发展模式是河北省的最佳碳吸收发展模式。

本章中采用 PSOSVM 模型分析了林业投资、造林总面积、森林病虫鼠害面积和耕地面积 4 种因素对河北省碳吸收量的影响，并设置了不同的水平，组合为 6 种发展模式，对河北省的碳吸收量情况进行预测，得到如下结论：

（1）保持林业投资、造林总面积增速不变，森林病虫鼠害面积和耕地面积降低速度越快，碳吸收量增加越多；森林病虫鼠害面积和耕地面积降低速度不变，林业投资、造林总面积增速越快，碳吸收量的增速越快。加强森林治理、林业投资以及耕地湿地治理力度，在一定程度上能够带来碳吸收量的快速增长。结合河北省的发展态势和预测结果，确定中增长 – 高降低为最佳发展模式。

（2）河北省未来的碳吸收量会持续增多，大力开发河北省生态二氧化碳吸收潜力，注重森林管理，定期对森林进行检查，减少森林病虫鼠害，鼓励绿色发展，减少能源消耗量，可以有效增加二氧化碳吸收量以及减少二氧化碳排放量。

第八章

河北省碳中和目标情景分析

第一节　不同情景下碳中和实现情况分析

2020年9月22日，习近平总书记在第七十五届联合国大会一般性辩论上宣布，"中国将提高国家自主贡献力度，采取更加有力的政策和措施，二氧化碳排放力争2030年前达到峰值，努力争取2060年前实现碳中和"[①]。这是中国首次在国际社会上提出碳中和目标。12月12日，习近平总书记在《巴黎协定》五周年"气候雄心峰会"上进一步细化了2030年碳排放强度、减排幅度、非化石能源占比等目标细则。到2030年，中国单位GDP/CO_2将比2005年下降65%以上，非化石能源占比将在25%左右，风电、太阳能等清洁能源发电总装机将在12亿千瓦以上，森林蓄积量将增加60亿立方米。

根据2015年《巴黎协定》，缔约国应当每五年更新一次国家自主贡献目标，按原定计划，中国应当在2020年11月联合国气候变化大会格拉斯哥会议前提交更新版本的国家自主决定贡献方案（NDC）计划，由于新冠疫情，2020年格拉斯哥会议推迟到2021年

---

① 资料来源：习近平总书记在第七十五届联合国大会一般性辩论上的讲话及新华网报道。

举行。2021 年 4 月 22 日，包括中国、美国在内的多个国家领导人，以视频形式出席了"领导人气候峰会"，共同商讨应对气候变化挑战之策。在讲话中，习近平主席重申了中国力争 2030 年前实现碳达峰、2060 年前实现碳中和，并宣布了准备采取的一系列新举措，包括广泛深入开展碳达峰行动、严控煤电项目、启动全国碳市场上线交易等。

一、碳中和实现的时间表分析

河北省碳中和共计三十六种情景，分别为碳排放总量预测下的六种发展模式（Ⅰ高增长 – 高减排、Ⅱ高增长 – 中减排、Ⅲ中增长 – 高减排、Ⅳ中增长 – 中减排、Ⅴ低增长 – 高减排、Ⅵ低增长 – 中减排）和碳吸收总量预测下的六种发展模式（Ⅰ高增长 – 高降低、Ⅱ高增长 – 中降低、Ⅲ中增长 – 高降低、Ⅳ中增长 – 中降低、Ⅴ低增长 – 高降低、Ⅵ低增长 – 中降低）的组合。如表 8 – 1 所示，在人口数量、人均 GDP、城镇化均高增长的情景下，在 2060 年，净碳排放量最小为 1.43 亿吨，距离碳中和存在较大差距。

表 8 – 1 　　　　　　　　不同情景下 2060 年净碳排放量　　　　单位：百万吨

碳中和情景（净碳排放量）	2060 年	碳中和情景（净碳排放量）	2060 年	碳中和情景（净碳排放量）	2060 年
Ⅰ – Ⅰ	143.21	Ⅱ – Ⅰ	223.95	Ⅲ – Ⅰ	– 231.80
Ⅰ – Ⅱ	147.41	Ⅱ – Ⅱ	227.74	Ⅲ – Ⅱ	– 227.61
Ⅰ – Ⅲ	405.61	Ⅱ – Ⅲ	485.95	Ⅲ – Ⅲ	30.60
Ⅰ – Ⅳ	409.81	Ⅱ – Ⅳ	490.14	Ⅲ – Ⅳ	34.80
Ⅰ – Ⅴ	546.82	Ⅱ – Ⅴ	627.16	Ⅲ – Ⅴ	171.81
Ⅰ – Ⅵ	551.02	Ⅱ – Ⅵ	631.35	Ⅲ – Ⅵ	176.01

续表

碳中和情景 （净碳排放量）	2060 年	碳中和情景 （净碳排放量）	2060 年	碳中和情景 （净碳排放量）	2060 年
Ⅳ - Ⅰ	- 171. 50	Ⅴ - Ⅰ	- 414. 90	Ⅵ - Ⅰ	- 364. 38
Ⅳ - Ⅱ	- 167. 30	Ⅴ - Ⅱ	- 410. 71	Ⅵ - Ⅱ	- 360. 18
Ⅳ - Ⅲ	90. 91	Ⅴ - Ⅲ	- 152. 50	Ⅵ - Ⅲ	- 101. 97
Ⅳ - Ⅳ	95. 10	Ⅴ - Ⅳ	- 148. 30	Ⅵ - Ⅳ	- 97. 77
Ⅳ - Ⅴ	232. 12	Ⅴ - Ⅴ	- 11. 29	Ⅵ - Ⅴ	39. 24
Ⅳ - Ⅵ	236. 31	Ⅴ - Ⅵ	- 7. 09	Ⅵ - Ⅵ	43. 44

在Ⅲ - Ⅰ、Ⅲ - Ⅱ、Ⅳ - Ⅰ、Ⅳ - Ⅱ、Ⅴ - Ⅰ、Ⅴ - Ⅱ、Ⅴ - Ⅲ、Ⅴ - Ⅳ、Ⅴ - Ⅴ、Ⅴ - Ⅵ、Ⅵ - Ⅰ、Ⅵ - Ⅱ、Ⅵ - Ⅲ、Ⅵ - Ⅳ这 14 种情景下均可在 2060 年或更早实现负排放，如表 8 - 2 所示。

表 8 - 2　　　　　不同情景下首次实现二氧化碳负排放时间　　　单位：百万吨

碳中和情景	年份	净碳排放达峰	年份	净碳排放量	年份	净碳排放量
Ⅲ - Ⅰ	2030	637. 31	2048	5. 73	2049	- 12. 60
Ⅲ - Ⅱ	2030	642. 97	2048	10. 46	2049	- 7. 92
Ⅳ - Ⅰ	2030	658. 16	2051	1. 15	2052	- 17. 23
Ⅳ - Ⅱ	2030	663. 82	2051	5. 74	2052	- 12. 69
Ⅴ - Ⅰ	2024	527. 28	2039	15. 78	2040	- 27. 39
Ⅴ - Ⅱ	2025	529. 83	2039	20. 96	2040	- 22. 27
Ⅴ - Ⅲ	2025	540. 22	2049	11. 22	2050	- 2. 52
Ⅴ - Ⅳ	2025	543. 27	2050	2. 12	2051	- 12. 01
Ⅴ - Ⅴ	2025	555. 24	2059	3. 31	2060	- 11. 29
Ⅴ - Ⅵ	2025	558. 29	2059	7. 55	2060	- 7. 09
Ⅵ - Ⅰ	2024	534. 39	2040	3. 55	2041	- 19. 69
Ⅵ - Ⅱ	2025	537. 32	2040	8. 67	2041	- 14. 62
Ⅵ - Ⅲ	2025	547. 71	2052	12. 84	2053	- 0. 90
Ⅵ - Ⅳ	2025	550. 76	2053	3. 60	2054	- 10. 35

在Ⅲ-Ⅰ情境下（人口、人均 GDP、城镇化水平中增长，能源强度高减排，林业投资、造林总面积高增长，森林病虫鼠害面积、耕地面积高降低），净碳排放量从 2020 年以年均 2.26% 的增速由 509.60 百万吨增长到 2030 年的 637.31 百万吨，于 2049 年实现负排放。

在Ⅲ-Ⅱ情景下（人口、人均 GDP、城镇化水平中增长，能源强度高减排，林业投资、造林总面积高增长，森林病虫鼠害面积、耕地面积中降低），净碳排放量以年均 2.35% 的增速从 2020 年的 509.60 百万吨增长到 2030 年的 642.97 百万吨，于 2049 年实现负排放。

在Ⅳ-Ⅰ情境下（人口、人均 GDP、城镇化水平中增长，能源强度中减排，林业投资、造林总面积高增长，森林病虫鼠害面积、耕地面积高降低），净碳排放量以年均 2.59% 的增速从 2020 年的 509.60 百万吨增长到 2030 年的 658.16 百万吨，于 2052 年实现负排放。

在Ⅳ-Ⅱ情境下（人口、人均 GDP、城镇化水平中增长，能源强度中减排，林业投资、造林总面积高增长，森林病虫鼠害面积、耕地面积中降低），净碳排放量以年均 2.68% 的增速从 2020 年的 509.60 百万吨增长到 2030 年的 663.82 百万吨，于 2052 年实现负排放。

在Ⅴ-Ⅰ情境下（人口、人均 GDP、城镇化水平低增长，能源强度高减排，林业投资、造林总面积高增长，森林病虫鼠害面积、耕地面积高降低），净碳排放量以年均 0.86% 的增速从 2020 年的 509.60 百万吨增长到 2024 年的 527.28 百万吨，于 2040 年实现负排放。

在Ⅴ-Ⅱ情境下（人口、人均 GDP、城镇化水平低增长，能源强度高减排，林业投资、造林总面积高增长，森林病虫鼠害面积、耕地面积中降低），净碳排放量以年均 0.78% 的增速从 2020 年的 509.60 百万吨增长到 2025 年的 529.83 百万吨，于 2040 年实现负排放。

在Ⅴ-Ⅲ情境下（人口、人均 GDP、城镇化水平低增长，能源强度高减排，林业投资、造林总面积中增长，森林病虫鼠害面积、耕地面积高降低），净碳排放量以年均 1.17% 的增速从 2020 年的 509.60 百万吨增长到 2025 年的 540.22 百万吨，于 2050 年实现负排放。

在Ⅴ-Ⅳ情境下（人口、人均 GDP、城镇化水平低增长，能源强度高减排，林业投资、造林总面积中增长，森林病虫鼠害面积、耕地面积中降低)，净碳排放量以年均 1.29% 的增速从 2020 年的 509.60 百万吨增长到 2025 年的 543.27 百万吨，于 2051 年实现负排放。

在 V – V 情境下(人口、人均 GDP、城镇化水平低增长，能源强度高减排，林业投资、造林总面积低增长，森林病虫鼠害面积、耕地面积高降低)，净碳排放量以年均 1.73% 的增速从 2020 年的 509.60 百万吨增长到 2025 年的 555.24 百万吨，于 2060 年实现负排放。

在 V – VI 情境下(人口、人均 GDP、城镇化水平低增长，能源强度高减排，林业投资、造林总面积低增长，森林病虫鼠害面积、耕地面积中降低)，净碳排放量以年均 1.84% 的增速从 2020 年的 509.60 百万吨增长到 2025 年的 558.29 百万吨，于 2060 年实现负排放。

在 VI – I 情境下(人口、人均 GDP、城镇化水平低增长，能源强度中减排，林业投资、造林总面积高增长，森林病虫鼠害面积、耕地面积高降低)，净碳排放量以年均 1.19% 的增速从 2020 年的 509.60 百万吨增长到 2024 年的 534.39 百万吨，于 2041 年实现负排放。

在 VI – II 情境下(人口、人均 GDP、城镇化水平低增长，能源强度高减排，林业投资、造林总面积高增长，森林病虫鼠害面积、耕地面积中降低)，净碳排放量以年均 1.06% 的增速从 2020 年的 509.60 百万吨增长到 2025 年的 537.32 百万吨，于 2041 年实现负排放。

在 VI – III 情境下(人口、人均 GDP、城镇化水平低增长，能源强度高减排，林业投资、造林总面积中增长，森林病虫鼠害面积、耕地面积高降低)，净碳排放量以年均 1.45% 的增速从 2020 年的 509.60 百万吨增长到 2025 年的 547.71 百万吨，于 2053 年实现负排放。

在 VI – IV 情境下(人口、人均 GDP、城镇化水平低增长，能源强度高减排，林业投资、造林总面积中增长，森林病虫鼠害面积、耕地面积中降低)，净碳排放量以年均 1.56% 的增速从 2020 年的 509.60 百万吨增长到 2025 年的 550.76 百万吨，于 2054 年实现负排放，如图 8 - 1 所示。

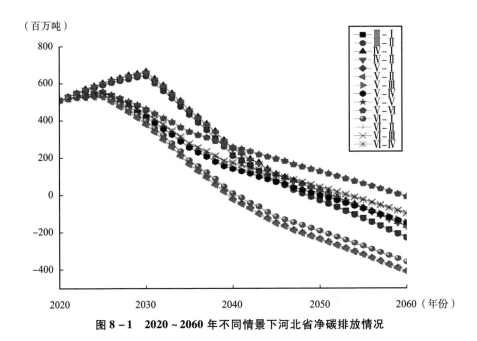

图 8-1　2020~2060 年不同情景下河北省净碳排放情况

二、碳中和实现时对应的碳排放水平分析

（一）Ⅲ-Ⅰ、Ⅲ-Ⅱ情景

在Ⅲ-Ⅰ、Ⅲ-Ⅱ情景下，假定 2020~2025 年人口年均增速为 0.6%，人均 GDP 年均增长率为 6%，城镇化率年均增长 1%，单位 GDP 能源消耗年均降低 2.5%，则碳排放量以年均 4.06% 的速度上升，从 2020 年的 983.63 百万吨上升到 2025 年的 1200.03 百万吨。2025~2030 年，人口年均增速保持不变且 2030 年达到峰值，人均 GDP 增速变缓，城镇化率减排力度不变，碳排放量以年均 3.36% 的速度上升，2030 年碳达峰上升至 1415.78 百万吨。2030~2035 年，碳排放量以年均 0.25% 的速度下降，下降至 1397.87 百万吨。2035~2040 年，碳排放量以年均 0.88% 的速度下降，下降至 1337.64 百万

吨。2040～2049 年，碳排放量以年均 1.84% 的速度下降，下降至 1242.06 百万吨。如表 8-3、表 8-4 所示。

表 8-3　　　　　　　Ⅲ-Ⅰ、Ⅲ-Ⅱ情景下碳排放水平　　　　单位：百万吨

项目	2020 年	2025 年	2030 年	2035 年	2040 年	2049 年
碳排放量	983.63	1200.03	1415.78	1397.87	1337.64	1242.06

表 8-4　　　　　　Ⅲ-Ⅰ、Ⅲ-Ⅱ情景下碳排放增长速度　　　　单位：%

项目	2020～2025 年	2025～2030 年	2030～2035 年	2035～2040 年	2040～2049 年
年均增长速度	4.06	3.36	-0.25	-0.88	-1.84

（二）Ⅳ-Ⅰ、Ⅳ-Ⅱ情景

在 Ⅳ-Ⅰ、Ⅳ-Ⅱ 情景下，假定 2020～2025 年人口年均增速为 0.6%，人均 GDP 年均增长率为 6%，城镇化率年均增长 1%，单位 GDP 能源消耗年均降低 2%，则碳排放量以年均 4.19% 的速度上升，从 2020 年的 983.63 百万吨上升到 2025 年的 1132.63 百万吨。2025～2030 年，人口年均增速保持不变且 2030 年达到峰值，人均 GDP 增速变缓，城镇化率减排力度不变，碳排放量以年均 3.53% 的速度上升，2030 年碳达峰上升至 1305.03 百万吨。2030～2035 年，碳排放量以年均 0.22% 的速度下降，下降至 1478.14 百万吨。2035～2040 年，碳排放量以年均 0.65% 的速度下降，下降至 1397.07 百万吨。2040～2052 年，碳排放量以年均 0.69% 的速度下降，下降至 1145.53 百万吨。如表 8-5、表 8-6 所示。

表 8-5　　　　　　　Ⅳ-Ⅰ、Ⅳ-Ⅱ景下碳排放水平　　　　单位：百万吨

项目	2020 年	2025 年	2030 年	2035 年	2040 年	2045 年	2050 年	2058 年
碳排放量	983.63	1132.63	1305.03	1478.14	1397.07	1328.02	1256.86	1145.53

表 8 – 6		Ⅳ – Ⅰ、Ⅳ – Ⅱ情景下碳排放增长速度		单位：%	
项目	2020 ~ 2025 年	2025 ~ 2030 年	2030 ~ 2035 年	2035 ~ 2040 年	2040 ~ 2052 年
年均增长速度	4. 19	3. 53	– 0. 22	– 0. 65	– 0. 69

（三） Ⅴ – Ⅰ、Ⅴ – Ⅱ、Ⅴ – Ⅲ、Ⅴ – Ⅳ、Ⅴ – Ⅴ、Ⅴ – Ⅵ
情景

在 Ⅴ – Ⅰ、Ⅴ – Ⅱ、Ⅴ – Ⅲ、Ⅴ – Ⅳ、Ⅴ – Ⅴ、Ⅴ – Ⅵ情景下，
假定 2020 ~ 2025 年人口年均增速为 0.4% 且在 2025 年达峰，人均
GDP 年均增长率为 5%，城镇化率年均增长 0.8%，单位 GDP 能源消
耗年均降低 2.5%，则 Ⅴ – Ⅰ、Ⅴ – Ⅱ、Ⅴ – Ⅲ、Ⅴ – Ⅳ、Ⅴ – Ⅴ、
Ⅴ – Ⅵ情景下碳排放量以年均 2.92% 的速度上升，从 2020 年的
983.63 百万吨上升到 2025 年的 1136.03 百万吨。2025 ~ 2030 年，人
均 GDP 增速变缓，城镇化率减排力度不变，碳排放量以年均 0.33%
的速度上升，Ⅴ – Ⅰ、Ⅴ – Ⅱ、Ⅴ – Ⅲ、Ⅴ – Ⅳ、Ⅴ – Ⅴ、Ⅴ – Ⅵ情
景下 2030 年碳达峰上升至 1154.65 百万吨。Ⅴ – Ⅰ、Ⅴ – Ⅱ、Ⅴ –
Ⅲ、Ⅴ – Ⅳ、Ⅴ – Ⅴ、Ⅴ – Ⅵ情景下 2030 ~ 2035 年，碳排放量以年
均 0.42% 的速度下降，下降至 1130.38 百万吨。2035 ~ 2040 年，碳
排放量以年均 0.52% 的速度下降，下降至 1101.33 百万吨，此时 Ⅴ –
Ⅰ、Ⅴ – Ⅱ达到碳中和。2040 ~ 2050 年，碳排放量以年均 0.73% 的
速度下降，Ⅴ – Ⅲ情景下碳排放量下降至 1023.61 百万吨，Ⅴ – Ⅳ情
景下碳排放量下降至 1016.41 百万吨，Ⅴ – Ⅴ 和 Ⅴ – Ⅵ情景下碳排放
量下降至 1023.61 百万吨，此时 Ⅴ – Ⅲ碳中和。2051 年 Ⅴ – Ⅳ情景达
到碳中和，排放量为 1016.41 百万吨。2050 ~ 2060 年，碳排放量以年
均 0.78% 的速度下降，Ⅴ – Ⅴ、Ⅴ – Ⅵ达到碳中和，排放量为
946.07 百万吨，如表 8 – 7 ~ 表 8 – 14 所示。

表 8 – 7		Ⅴ – Ⅰ、Ⅴ – Ⅱ情景下碳排放水平		单位：百万吨	
项目	2020 年	2025 年	2030 年	2035 年	2040 年
碳排放量	983. 63	1136. 03	1154. 65	1130. 38	1101. 33

表8-8　　　　　　Ⅴ-Ⅰ、Ⅴ-Ⅱ情景下碳排放增长速度　　　　　单位：%

项目	2020~2025年	2025~2030年	2030~2035年	2035~2040年
年均增长速度	2.92	0.33	-0.42	-0.52

表8-9　　　　　　　　　Ⅴ-Ⅲ情景下碳排放水平　　　　　　　　单位：百万吨

项目	2020年	2025年	2030年	2035年	2040年	2045年	2050年
碳排放量	983.63	1136.03	1154.65	1130.38	1101.33	1064.11	1023.61

表8-10　　　　　　　　Ⅴ-Ⅲ情景下碳排放增长速度　　　　　　　单位：%

项目	2020~2025年	2025~2030年	2030~2035年	2035~2040年	2040~2050年
年均增长速度	2.92	0.33	-0.42	-0.52	-0.73

表8-11　　　　　　　　　Ⅴ-Ⅳ情景下碳排放水平　　　　　　　　单位：百万吨

项目	2020年	2025年	2030年	2035年	2040年	2045年	2051年
碳排放量	983.63	1136.03	1154.65	1130.38	1101.33	1064.11	1016.41

表8-12　　　　　　　　Ⅴ-Ⅳ情景下碳排放增长速度　　　　　　　单位：%

项目	2020~2025年	2025~2030年	2030~2035年	2035~2040年	2040~2051年
年均增长速度	2.92	0.33	-0.42	-0.52	-0.80

表8-13　　　　　　Ⅴ-Ⅴ、Ⅴ-Ⅵ情景下碳排放水平　　　　　　单位：百万吨

项目	2020年	2025年	2030年	2035年	2040年	2045年	2050年	2060年
碳排放量	983.63	1136.03	1154.65	1130.38	1101.33	1064.11	1023.61	946.07

表8-14　　　　　　Ⅴ-Ⅴ、Ⅴ-Ⅵ情景下碳排放增长速度　　　　　单位：%

项目	2020~2025年	2025~2030年	2030~2035年	2035~2040年	2040~2050年	2050~2060年
年均增长速度	2.92	0.33	-0.42	-0.52	-0.73	-0.78

（四）Ⅵ-Ⅰ、Ⅵ-Ⅱ、Ⅵ-Ⅲ、Ⅵ-Ⅳ情景

在Ⅵ-Ⅰ、Ⅵ-Ⅱ、Ⅵ-Ⅲ、Ⅵ-Ⅳ情景下，假定 2020～2025 年人口年均增速为 0.4% 且在 2025 年达峰，人均 GDP 年均增长率为 5%，城镇化率年均增长 0.8%，单位 GDP 能源消耗年均降低 2%，则 Ⅵ-Ⅰ、Ⅵ-Ⅱ、Ⅵ-Ⅲ、Ⅵ-Ⅳ情景下碳排放量以年均 3.06% 的速度上升，从 2020 年的 983.63 百万吨上升到 2025 年的 1143.53 百万吨。2025～2030 年，人均 GDP 增速变缓，城镇化率减排力度不变，碳排放量以年均 0.49% 的速度上升，在Ⅵ-Ⅰ、Ⅵ-Ⅱ、Ⅵ-Ⅲ、Ⅵ-Ⅳ情景下 2030 年碳达峰上升至 1171.65 百万吨。2030～2035 年，在Ⅵ-Ⅰ、Ⅵ-Ⅱ、Ⅵ-Ⅲ、Ⅵ-Ⅳ情景下，碳排放量以年均 0.39% 的速度下降，下降至 1149.12 百万吨。2035～2040 年，碳排放量以年均 0.52% 的速度下降，下降至 1132.28 百万吨。2041 年，在Ⅵ-Ⅰ、Ⅵ-Ⅱ情景下，实现碳中和。此时碳排放量为 1126.35 百万吨。2040～2050 年，碳排放量以年均 0.60% 的速度下降，在Ⅵ-Ⅲ、Ⅵ-Ⅳ情景下，碳排放量下降至 1065.96 百万吨。2053 年、2054 年 Ⅵ-Ⅲ、Ⅵ-Ⅳ 分别实现碳中和，碳排放量分别为 1046.12 和 1039.33 百万吨，如表 8-15～表 8-20 所示。

表 8-15　　　　　Ⅵ-Ⅰ、Ⅵ-Ⅱ景下碳排放水平　　　　　单位：百万吨

项目	2020 年	2025 年	2030 年	2035 年	2040 年	2041 年
碳排放量	983.63	1143.53	1171.65	1149.12	1132.28	1126.35

表 8-16　　　　Ⅵ-Ⅰ、Ⅵ-Ⅱ情景下碳排放增长速度　　　　单位：%

项目	2020～2025 年	2025～2030 年	2030～2035 年	2035～2040 年
年均增长速度	3.06	0.49	-0.39	-0.52

表8-17 VI-III景下碳排放水平 单位：百万吨

项目	2020年	2025年	2030年	2035年	2040年	2045年	2050年	2053年
碳排放量	983.63	1143.53	1171.65	1149.12	1132.28	1097.59	1065.96	1046.12

表8-18 VI-III情景下碳排放增长速度 单位：%

项目	2020~2025年	2025~2030年	2030~2035年	2035~2040年	2040~2050年	2050~2053年
年均增长速度	3.06	0.49	-0.39	-0.52	-0.60	-0.62

表8-19 VI-IV景下碳排放水平 单位：百万吨

项目	2020年	2025年	2030年	2035年	2040年	2045年	2050年	2053年
碳排放量	983.63	1143.53	1171.65	1149.12	1132.28	1097.59	1065.96	1046.12

表8-20 VI-IV情景下碳排放增长速度 单位：%

项目	2020~2025年	2025~2030年	2030~2035年	2035~2040年	2040~2050年	2050~2054年
年均增长速度	3.06	0.49	-0.39	-0.52	-0.60	-0.84

三、碳中和实现时对应的碳吸收水平分析

(一) III-I、IV-I、V-I、VI-I情景

在III-I、IV-I、V-I、VI-I情景下，假定2020~2025年林业投资增速为10%，造林总面积增长率为3%，森林病虫鼠害面积保持2%的降低速度，耕地面积年均降低0.3%，则碳吸收量以年均5.15%的速度上升，从2020年的474.03百万吨上升到2025年的609.25百万吨。2025~2030年，森林病虫鼠害面积、造林总面积年均增速保持不变，林业投资增速为8%，则碳吸收量以年均5.02%的速度上升，上升至778.47百万吨。2030~2035年，森林病虫鼠害面

积、造林总面积增速为 1%，林业投资增速为 6%，耕地面积降速为 0.2%，碳吸收量以年均 4.45% 的速度上升，上升至 967.83 百万吨。2035 ~ 2040 年，碳吸收量以年均 3.12% 的速度上升，上升至 1128.73 百万吨，此时 V - I 情景下实现碳中和。2041 年，VI - I 情景下实现碳中和，碳吸收量为 1146.03 百万吨。2040 ~ 2049 年碳吸收量以年均 1.18% 的速度上升，III - I 情景下实现碳中和，碳吸收量为 1254.66 百万吨。2040 ~ 2052 年碳吸收量以年均 1.07% 的速度上升，IV - I 情景下实现碳中和，碳吸收量为 1282.41 百万吨，如表 8 - 21 ~ 表 8 - 28 所示。

表 8 - 21　　　　　　　　III - I 情景下碳吸收水平　　　　　单位：百万吨

项目	2020 年	2025 年	2030 年	2035 年	2040 年	2045 年	2049 年
碳吸收量	474.03	609.25	778.47	967.83	1128.73	1219.06	1254.66

表 8 - 22　　　　　　　　III - I 情景下碳吸收增长速度　　　　　单位：%

项目	2020 ~ 2025 年	2025 ~ 2030 年	2030 ~ 2035 年	2035 ~ 2040 年	2040 ~ 2049 年
年均增长速度	5.15	5.02	4.45	3.12	1.18

表 8 - 23　　　　　　　　IV - I 情景下碳吸收水平　　　　　单位：百万吨

项目	2020 年	2025 年	2030 年	2035 年	2040 年	2045 年	2052 年
碳吸收量	474.03	609.25	778.47	967.83	1128.73	1219.06	1282.41

表 8 - 24　　　　　　　　IV - I 情景下碳吸收增长速度　　　　　单位：%

项目	2020 ~ 2025 年	2025 ~ 2030 年	2030 ~ 2035 年	2035 ~ 2040 年	2040 ~ 2052 年
年均增长速度	5.15	5.02	4.45	3.12	1.07

表 8 – 25　　　　　　　　　V – I 情景下碳吸收水平　　　　单位：百万吨

项目	2020 年	2025 年	2030 年	2035 年	2041 年
碳吸收量	474.03	609.25	778.47	967.83	1146.03

表 8 – 26　　　　　　　　V – I 情景下碳吸收增长速度　　　　单位：%

项目	2020~2025 年	2025~2030 年	2030~2035 年	2035~2041 年
年均增长速度	5.15	5.02	4.45	2.86

表 8 – 27　　　　　　　　　VI – I 情景下碳吸收水平　　　　单位：百万吨

项目	2020 年	2025 年	2030 年	2035 年	2040 年
碳吸收量	474.03	609.25	778.47	967.83	1128.73

表 8 – 28　　　　　　　　VI – I 情景下碳吸收增长速度　　　　单位：%

项目	2020~2025 年	2025~2030 年	2030~2035 年	2035~2040 年
年均增长速度	5.15	5.02	4.45	3.12

（二）Ⅲ – Ⅱ、Ⅳ – Ⅱ、Ⅴ – Ⅱ、Ⅵ – Ⅱ情景

在Ⅲ – Ⅱ、Ⅳ – Ⅱ、Ⅴ – Ⅱ、Ⅵ – Ⅱ情景下，假定 2020~2025 年林业投资增速为 10%，造林总面积增长率为 3%，森林病虫鼠害面积保持 1% 的降低速度，耕地面积年均降低 0.2%，则碳吸收量以年均 5.04% 的速度上升，从 2020 年的 474.03 百万吨上升到 2025 年的 606.20 百万吨。2025~2030 年，森林病虫鼠害面积、造林总面积年均增速保持不变，林业投资增速为 8%，则碳吸收量以年均 4.98% 的速度上升，上升至 772.80 百万吨。2030~2035 年，森林病虫鼠害面积、造林总面积增速为 1%，林业投资增速为 6%，耕地面积降速为 0.1%，碳吸收量以年均 4.49% 的速度上升，上升至 962.45 百万吨。2035~2040 年，碳吸收量以年均 3.14% 的速度上升，上升至 1123.60

百万吨,此时 V - II 情景下实现碳中和。2041 年,IV - II 情景下实现碳中和,碳吸收量为1140.96 百万吨。2040~2049 年碳吸收量以年均1.19% 的速度上升,III - II 情景下实现碳中和,碳吸收量为1249.98百万吨。2040~2052 年碳吸收量以年均1.08% 的速度上升,VI - II情景下实现碳中和,碳吸收量为1277.87 百万吨如表8-29~表8-36所示。

表 8-29 　　　　　　　III - II 情景下碳吸收水平　　　　　单位:百万吨

项目	2020 年	2025 年	2030 年	2035 年	2040 年	2045 年	2049 年
碳吸收量	474.03	606.20	772.80	962.45	1123.60	1214.18	1254.66

表 8-30 　　　　　　　III - II 情景下碳吸收增长速度　　　　　单位:%

项目	2020~2025 年	2025~2030 年	2030~2035 年	2035~2040 年	2040~2049 年
年均增长速度	5.04	4.98	4.49	3.14	1.19

表 8-31 　　　　　　　IV - II 情景下碳吸收水平　　　　　单位:百万吨

项目	2020 年	2025 年	2030 年	2035 年	2040 年	2045 年	2052 年
碳吸收量	474.03	606.20	772.80	962.45	1123.60	1214.18	1282.41

表 8-32 　　　　　　　IV - II 情景下碳吸收增长速度　　　　　单位:%

项目	2020~2025 年	2025~2030 年	2030~2035 年	2035~2040 年	2040~2052 年
年均增长速度	5.04	4.98	4.49	3.14	1.08

表 8-33 　　　　　　　V - II 情景下碳吸收水平　　　　　单位:百万吨

项目	2020 年	2025 年	2030 年	2035 年	2041 年
碳吸收量	474.03	606.20	772.80	962.45	1146.03

表 8 - 34 V - Ⅱ情景下碳吸收增长速度 单位：%

项目	2020~2025 年	2025~2030 年	2030~2035 年	2035~2041 年
年均增长速度	5.04	4.98	4.49	2.88

表 8 - 35 Ⅵ - Ⅱ情景下碳吸收水平 单位：百万吨

项目	2020 年	2025 年	2030 年	2035 年	2040 年
碳吸收量	474.03	606.20	772.80	962.45	1123.60

表 8 - 36 Ⅵ - Ⅱ情景下碳吸收增长速度 单位：%

项目	2020~2025 年	2025~2030 年	2030~2035 年	2035~2040 年
年均增长速度	5.04	4.98	4.49	3.14

（三）Ⅴ - Ⅲ、Ⅵ - Ⅲ情景

在 Ⅴ - Ⅲ、Ⅵ - Ⅲ情景下，假定 2020~2025 年林业投资增速为 9%，造林总面积增长率为 2%，森林病虫鼠害面积保持 2% 的降低速度，耕地面积年均降低 0.3%，则碳吸收量以年均 4.68% 的速度上升，从 2020 年的 474.03 百万吨上升到 2025 年的 606.20 百万吨。2025~2030 年，森林病虫鼠害面积、造林总面积年均增速保持不变，林业投资增速为 7%，则碳吸收量以年均 4.34% 的速度上升，上升至 736.81 百万吨。2030~2035 年，森林病虫鼠害面积、造林总面积增速为 1%，林业投资增速为 5%，耕地面积降速为 0.2%，碳吸收量以年均 3.53% 的速度上升，上升至 876.31 百万吨。2035~2040 年，碳吸收量以年均 1.87% 的速度上升，上升至 961.44 百万吨。2040~2050 年，碳吸收量以年均 0.65% 的速度上升，Ⅴ - Ⅲ情景下实现碳中和，碳吸收量为 1026.13 百万吨。2040~2053 年碳吸收量以年均 0.66% 的速度上升，Ⅵ - Ⅲ情景下实现碳中和，碳吸收量为 1047.02 百万吨，如表 8 - 37~表 8 - 40 所示。

表 8-37　　　　　　　　　　V-Ⅲ情景下碳吸收水平　　　　　　　　单位：百万吨

项目	2020 年	2025 年	2030 年	2035 年	2040 年	2045 年	2050 年
碳吸收量	474.03	606.20	736.81	876.31	961.44	992.86	1026.13

表 8-38　　　　　　　　　V-Ⅲ情景下碳吸收增长速度　　　　　　　　单位：%

项目	2020~2025 年	2025~2030 年	2030~2035 年	2035~2040 年	2040~2050 年
年均增长速度	4.68	4.34	3.53	1.87	0.65

表 8-39　　　　　　　　　　VI-Ⅲ情景下碳吸收水平　　　　　　　　单位：百万吨

项目	2020 年	2025 年	2030 年	2035 年	2040 年	2045 年	2050 年	2053 年
碳吸收量	474.03	606.20	736.81	876.31	961.44	992.86	1026.13	1047.02

表 8-40　　　　　　　　　VI-Ⅲ情景下碳吸收增长速度　　　　　　　　单位：%

项目	2020~2025 年	2025~2030 年	2030~2035 年	2035~2040 年	2040~2053 年
年均增长速度	4.68	4.34	3.53	1.87	0.66

（四）V-Ⅳ、VI-Ⅳ情景

在 V-Ⅳ、VI-Ⅳ情景下，假定 2020~2025 年林业投资增速为
9%，造林总面积增长率为 2%，森林病虫鼠害面积保持 1% 的降低速
度，耕地面积年均降低 0.2%，则碳吸收量以年均 4.57% 的速度上
升，从 2020 年的 474.03 百万吨上升到 2025 年的 592.76 百万吨。
2025~2030 年，森林病虫鼠害面积、造林总面积年均增速保持不变，
林业投资增速为 7%，则碳吸收量以年均 4.43% 的速度上升，上升至
731.14 百万吨。2030~2035 年，森林病虫鼠害面积、造林总面积增
速为 1%，林业投资增速为 5%，耕地面积降速为 0.1%，碳吸收量以
年均 3.53% 的速度上升，上升至 870.92 百万吨。2035~2040 年，碳
吸收量以年均 1.87% 的速度上升，上升至 956.31 百万吨。2040~

2051 年，碳吸收量以年均 0.65% 的速度上升，Ⅴ-Ⅳ情景下实现碳中和，碳吸收量为 1028.42 百万吨。2040~2053 年碳吸收量以年均 0.66% 的速度上升，Ⅵ-Ⅳ情景下实现碳中和，碳吸收量为 1049.68 百万吨，如表 8-41~表 8-44 所示。

表 8-41　　　　　　　　Ⅴ-Ⅳ情景下碳吸收水平　　　　　　单位：百万吨

项目	2020 年	2025 年	2030 年	2035 年	2040 年	2045 年	2051 年
碳吸收量	474.03	592.76	731.14	870.92	956.31	987.98	1028.42

表 8-42　　　　　　　　Ⅴ-Ⅳ情景下碳吸收增长速度　　　　　　单位：%

项目	2020~2025 年	2025~2030 年	2030~2035 年	2035~2040 年	2040~2051 年
年均增长速度	4.68	4.34	3.53	1.87	0.65

表 8-43　　　　　　　　Ⅵ-Ⅳ情景下碳吸收水平　　　　　　单位：百万吨

项目	2020 年	2025 年	2030 年	2035 年	2040 年	2045 年	2050 年	2054 年
碳吸收量	474.03	592.76	731.14	870.92	956.31	987.98	1021.49	1049.68

表 8-44　　　　　　　　Ⅵ-Ⅳ情景下碳吸收增长速度　　　　　　单位：%

项目	2020~2025 年	2025~2030 年	2030~2035 年	2035~2040 年	2040~2054 年
年均增长速度	4.68	4.34	3.53	1.87	0.66

（五）Ⅴ-Ⅴ情景

在Ⅴ-Ⅴ情景下，假定 2020~2025 年林业投资增速为 8%，造林总面积增长率为 1.5%，森林病虫鼠害面积保持 2% 的降低速度，耕地面积年均降低 0.3%，则碳吸收量以年均 4.68% 的速度上升，从 2020 年的 474.03 百万吨上升到 2025 年的 580.79 百万吨。2025~

2030 年，森林病虫鼠害面积、造林总面积年均增速保持不变，林业投资增速为 6%，则碳吸收量以年均 4.34% 的速度上升，上升至 694.03 百万吨。2030 ~ 2035 年，森林病虫鼠害面积、造林总面积增速为 1%，林业投资增速为 4%，耕地面积降速为 0.2%，碳吸收量以年均 3.53% 的速度上升，上升至 791.75 百万吨。2035 ~ 2040 年，碳吸收量以年均 1.87% 的速度上升，上升至 945.62 百万吨。2040 ~ 2050 年碳吸收量以年均 0.65% 的速度上升，碳吸收量为 898.24 百万吨。2050 ~ 2060 年碳吸收量以年均 0.64% 的速度上升，Ⅴ－Ⅴ情景下实现碳中和，碳吸收量为 957.36 百万吨，如表 8－45、表 8－46 所示。

表 8－45　　　　　　　Ⅴ－Ⅴ情景下碳吸收水平　　　　单位：百万吨

项目	2020 年	2025 年	2030 年	2035 年	2040 年	2045 年	2050 年	2060 年
碳吸收量	474.03	580.79	694.03	791.75	945.62	871.16	898.24	957.36

表 8－46　　　　　　　Ⅴ－Ⅴ情景下碳吸收增长速度　　　　单位：%

项目	2020 ~ 2025 年	2025 ~ 2030 年	2030 ~ 2035 年	2035 ~ 2040 年	2040 ~ 2050 年	2050 ~ 2060 年
年均增长速度	4.68	4.34	3.53	1.87	0.65	0.64

（六）Ⅴ－Ⅵ情景

在Ⅴ－Ⅵ情景下，假定 2020 ~ 2025 年林业投资增速为 8%，造林总面积增长率为 1.5%，森林病虫鼠害面积保持 1% 的降低速度，耕地面积年均降低 0.2%，则碳吸收量以年均 4.04% 的速度上升，从 2020 年的 474.03 百万吨上升到 2025 年的 577.74 百万吨。2025 ~ 2030 年，森林病虫鼠害面积、造林总面积年均增速保持不变，林业投资增速为 6%，则碳吸收量以年均 3.57% 的速度上升，上升至 688.37 百万吨。2030 ~ 2035 年，森林病虫鼠害面积、造林总面积增速为 1%，林业投资增速为 4%，耕地面积降速为 0.1%，碳吸收量以年均

2.70% 的速度上升，上升至 786.36 百万吨。2035～2040 年，碳吸收量以年均 1.34% 的速度上升，上升至 840.50 百万吨。2040～2050 年，碳吸收量以年均 0.61% 的速度上升，碳吸收量为 893.61 百万吨。2050～2060 年碳吸收量以年均 0.65% 的速度上升，Ⅴ－Ⅵ情景下实现碳中和，碳吸收量为 953.16 百万吨，如表 8－47、表 8－48 所示。

表 8－47　　　　　　　　　Ⅴ－Ⅵ情景下碳吸收水平　　　　　　单位：百万吨

项目	2020 年	2025 年	2030 年	2035 年	2040 年	2045 年	2050 年	2060 年
碳吸收量	474.03	577.74	688.37	786.36	840.50	866.28	893.61	953.16

表 8－48　　　　　　　　Ⅴ－Ⅵ情景下碳吸收增长速度　　　　　　单位：%

项目	2020～2025 年	2025～2030 年	2030～2035 年	2035～2040 年	2040～2050 年	2050～2060 年
年均增长速度	4.04	3.57	2.70	1.34	0.61	0.65

第二节　不同情景下碳中和状态对应的各项碳排放驱动因素指标分析

由于自然禀赋和历史原因，以钢铁、化工、煤炭等为代表的高能耗行业成为河北省的支柱产业。进入 21 世纪以来，河北省人口持续增长，由 2001 年的 6699 万人上升到 2019 年的 7447 万人。经济社会快速发展，人均 GDP 由 7572 元上升至 46182 元，城镇化率由 27.96% 上升至 58.74%，碳排放量出现了大幅度的增长，由 2001 年的 251 百万吨二氧化碳上升至 2019 年的 914 百万吨二氧化碳，如图 8－2 所示，但随着持续推进结构节能、重点领域节能等措施，单位 GDP 能耗由 1.92 下降到 0.95。

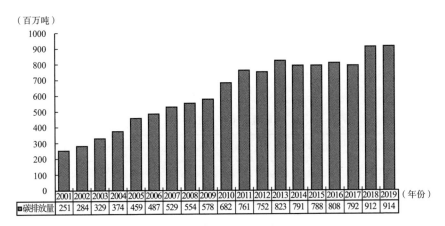

图 8 - 2　2001 ~ 2019 年河北省碳排放量

一、Ⅲ - Ⅰ、Ⅲ - Ⅱ情景

在Ⅲ - Ⅰ、Ⅲ - Ⅱ情景下，人口年均增长速度为 0.6% 且在 2030 年达峰；人均 GDP 年均增长 6%，每五年降低 2%，最低保持 1% 不变；城镇化率年均增长 1%，2035 年达到 70%；能源强度年均降低 2.5%，如表 8 - 49 所示。

表 8 - 49　　Ⅲ - Ⅰ、Ⅲ - Ⅱ情景下碳排放驱动因素指标设定

项目	2020 年	2025 年	2030 年	2035 年	2040 年	2045 年	2049 年
人口状况（百万人）	74.64	76.90	79.24	78.05	76.89	75.74	74.84
人均 GDP（万元）	4.85	6.49	7.90	8.73	9.17	9.64	10.13
城镇化率（%）	60.07	63.13	66.35	69.74	72.22	74.78	76.89
能源强度	0.9	0.79	0.70	0.62	0.54	0.48	0.43

二、Ⅳ - Ⅰ、Ⅳ - Ⅱ情景

在Ⅳ - Ⅰ、Ⅳ - Ⅱ情景下，人口年均增长速度为 0.6% 且在 2030

年达峰；人均 GDP 年均增长 6%，每五年降低 2%，最低保持 1% 不变；城镇化率年均增长 1%，2035 年达到 70%；能源强度年均降低 2%，如表 8 - 50 所示。

表 8 - 50　　　Ⅳ - Ⅰ、Ⅳ - Ⅱ情景下碳排放驱动因素指标设定

项目	2020 年	2025 年	2030 年	2035 年	2040 年	2045 年	2050 年	2052 年
人口状况（百万人）	74.64	76.90	79.24	78.05	76.89	75.74	74.61	74.16
人均 GDP（万元）	4.85	6.49	7.90	8.72	9.17	9.64	10.13	10.33
城镇化率（%）	60.07	63.13	66.35	69.74	72.22	74.78	77.97	78.52
能源强度	0.9	0.81	0.74	0.66	0.60	0.54	0.49	0.47

三、Ⅴ - Ⅰ、Ⅴ - Ⅱ、Ⅴ - Ⅲ、Ⅴ - Ⅳ、Ⅴ - Ⅴ、Ⅴ - Ⅵ情景

在 Ⅴ - Ⅰ、Ⅴ - Ⅱ、Ⅴ - Ⅲ、Ⅴ - Ⅳ、Ⅴ - Ⅴ、Ⅴ - Ⅵ情景下，人口年均增长速度为 0.4% 且在 2025 年达峰；人均 GDP 年均增长 5%，每五年降低 2%，最低保持 1% 不变；城镇化率年均增长 0.8%，2040 年达到 70%；能源强度年均降低 2.5%，如表 8 - 51 ~ 表 8 - 54 所示。

表 8 - 51　　　Ⅴ - Ⅰ、Ⅴ - Ⅱ情景下碳排放驱动因素指标设定

项目	2020 年	2025 年	2030 年	2035 年	2040 年
人口状况（百万人）	74.64	76.14	75.38	74.63	73.88
人均 GDP（万元）	4.85	6.19	7.18	7.55	7.93
城镇化率（%）	60.07	62.51	65.05	67.7	70.45
能源强度	0.9	0.79	0.70	0.62	0.54

表8-52 V-Ⅲ情景下碳排放驱动因素指标设定

项目	2020年	2025年	2030年	2035年	2040年	2045年	2050年
人口状况（百万人）	74.64	76.14	75.38	74.63	73.88	73.15	72.42
人均GDP（万元）	4.85	6.19	7.18	7.55	7.93	8.34	8.76
城镇化率（%）	60.07	62.51	65.05	67.7	70.45	71.51	72.59
能源强度	0.9	0.79	0.70	0.62	0.54	0.48	0.42

表8-53 V-Ⅳ情景下碳排放驱动因素指标设定

项目	2020年	2025年	2030年	2035年	2040年	2045年	2050年	2051年
人口状况（百万人）	74.64	76.14	75.38	74.63	73.88	73.15	72.42	72.28
人均GDP（万元）	4.85	6.19	7.18	7.55	7.93	8.34	8.76	8.85
城镇化率（%）	60.07	62.51	65.05	67.7	70.45	71.51	72.59	72.80
能源强度	0.90	0.79	0.70	0.62	0.54	0.48	0.42	0.41

表8-54 V-V、V-Ⅵ情景下碳排放驱动因素指标设定

项目	2020年	2025年	2030年	2035年	2040年	2045年	2050年	2060年
人口状况（百万人）	74.64	76.14	75.38	74.63	73.88	73.15	72.42	70.98
人均GDP（万元）	4.85	6.19	7.18	7.55	7.93	8.34	8.76	9.68
城镇化率（%）	60.07	62.51	65.05	67.7	70.45	71.51	72.59	74.80
能源强度	0.90	0.79	0.70	0.62	0.54	0.48	0.42	0.32

四、Ⅵ-Ⅰ、Ⅵ-Ⅱ、Ⅵ-Ⅲ、Ⅵ-Ⅳ情景

在V-Ⅰ、V-Ⅱ、V-Ⅲ、V-Ⅳ、V-V、V-Ⅵ情景下，人口年均增长速度为0.4%且在2025年达峰；人均GDP年均增长5%，每五年降低2%，最低保持1%不变；城镇化率年均增长0.8%，2040年达到70%；能源强度年均降低2%，如表8-55~表8-57所示。

表 8-55 Ⅵ-Ⅰ、Ⅵ-Ⅱ情景下碳排放驱动因素指标设定

项目	2020 年	2025 年	2030 年	2035 年	2040 年	2041 年
人口状况（百万人）	74.64	76.14	75.38	74.63	73.88	73.73
人均 GDP（万元）	4.85	6.19	7.18	7.55	7.93	8.01
城镇化率（%）	60.07	62.51	65.05	67.7	70.45	70.66
能源强度	0.90	0.81	0.74	0.66	0.60	0.59

表 8-56 Ⅵ-Ⅲ情景下碳排放驱动因素指标设定

项目	2020 年	2025 年	2030 年	2035 年	2040 年	2045 年	2050 年	2053 年
人口状况（百万人）	74.64	76.14	75.38	74.63	73.88	73.15	72.42	71.99
人均 GDP（万元）	4.85	6.19	7.18	7.55	7.93	8.34	8.76	9.03
城镇化率（%）	60.07	62.51	65.05	67.7	70.45	71.51	72.59	73.25
能源强度	0.90	0.81	0.74	0.66	0.60	0.54	0.49	0.46

表 8-57 Ⅵ-Ⅳ情景下碳排放驱动因素指标设定

项目	2020 年	2025 年	2030 年	2035 年	2040 年	2045 年	2050 年	2054 年
人口状况（百万人）	74.64	76.14	75.38	74.63	73.88	73.15	72.42	71.84
人均 GDP（万元）	4.85	6.19	7.18	7.55	7.93	8.34	8.76	9.12
城镇化率（%）	60.07	62.51	65.05	67.7	70.45	71.51	72.59	73.47
能源强度	0.9	0.81	0.74	0.66	0.60	0.54	0.49	0.45

第三节 不同情景下碳中和状态对应的各项碳吸收驱动因素指标分析

河北省地处东经 113°27′~119°50′、北纬 36°05′~42°40′之间。面积为 $18.88×10^4$ 平方公里，由三个主要地形组成：平原区位于华北大陆中部，面积约占 43.4%；燕山、太行山两大山地约占全省

48.1%；坝上平原，平均海拔为 1200～1500 米，其面积占 8.5%。河北省是一个四季如春的温带、半湿半干旱的大陆性季风地区。全省年辐射总量为 4854～5981 兆焦耳/平方米，年日照时间为 2319～3077 小时；南北方温度相差很大，年均温度在 1.8～14.2℃之间，其中高温在 43.3℃，低温在 42.9℃。年降雨量在 215～745 毫米，分布不均匀①。

进入 21 世纪以来，河北省加大对林业的投资，投资额由 2001 年的 11.93 亿元上升为 2019 年的 143.12 亿元，造林面积由 305000 公顷增加到 520644 公顷，森林虫害面积由 42.51 万公顷变为 48.22 万公顷，耕地面积由 685.404 万公顷下降到 603.42 万公顷②。

一、Ⅲ-Ⅰ、Ⅳ-Ⅰ、Ⅴ-Ⅰ、Ⅵ-Ⅰ情景

在Ⅲ-Ⅰ、Ⅳ-Ⅰ、Ⅴ-Ⅰ、Ⅵ-Ⅰ情景下，林业投资增速为10%，每五年下降 2%，最低保持 1% 不变；造林总面积增长率为3%，每十年降低 2%，最低保持 1% 不变；森林病虫鼠害面积降低速度为 2% 且每十年降低 1%，最低保持 1% 不变；耕地面积降低 0.3%，每十年降低 0.1%，最低保持 0.1% 不变，如表 8-58～表 8-61 所示。

表 8-58　　　　Ⅲ-Ⅰ情景下碳吸收驱动因素指标设定

项目	2020 年	2025 年	2030 年	2035 年	2040 年	2045 年	2049 年
林业投资（亿元）	150.87	242.98	357.02	477.78	581.29	641.79	667.85
森林病虫鼠害面积（万公顷）	48.28	43.61	39.45	37.51	35.68	33.93	32.59
造林总面积（万公顷）	44.67	51.79	60.04	63.10	66.32	69.70	72.53
耕地面积（万公顷）	601.61	592.64	583.80	580.89	577.99	575.10	572.81

①② 资料来源：《河北省统计年鉴》。

表 8 - 59 Ⅳ - Ⅰ情景下碳吸收驱动因素指标设定

项目	2020 年	2025 年	2030 年	2035 年	2040 年	2045 年	2050 年	2052 年
林业投资（亿元）	150.87	242.98	357.02	477.78	581.29	641.79	674.53	688.09
森林病虫鼠害面积（万公顷）	48.28	43.64	39.45	37.51	35.68	33.93	32.27	31.62
造林总面积（万公顷）	44.67	51.79	60.04	63.10	66.32	69.70	73.26	74.73
耕地面积（万公顷）	601.61	592.64	583.80	580.89	577.99	575.10	572.23	571.09

表 8 - 60 Ⅴ - Ⅰ情景下碳吸收驱动因素指标设定

项目	2020 年	2025 年	2030 年	2035 年	2040 年	2041 年
林业投资（亿元）	150.87	242.98	357.02	477.78	581.29	529.91
森林病虫鼠害面积（万公顷）	48.28	43.64	39.45	37.51	35.68	35.32
造林总面积（万公顷）	44.67	51.79	60.04	63.10	66.3241	66.98
耕地面积（万公顷）	601.61	592.64	583.80	580.89	577.99	577.41

表 8 - 61 Ⅵ - Ⅰ情景下碳吸收驱动因素指标设定

项目	2020 年	2025 年	2030 年	2035 年	2040 年
林业投资（亿元）	150.87	242.98	357.02	477.78	581.29
森林病虫鼠害面积（万公顷）	48.28	43.64	39.45	37.51	35.68
造林总面积（万公顷）	44.67	51.79	60.04	63.10	66.32
耕地面积（万公顷）	601.61	592.64	583.80	580.89	577.99

二、Ⅲ - Ⅱ、Ⅳ - Ⅱ、Ⅴ - Ⅱ、Ⅵ - Ⅱ情景

在Ⅲ - Ⅱ、Ⅳ - Ⅱ、Ⅴ - Ⅱ、Ⅵ - Ⅱ情景下，林业投资增速为10%，每五年下降2%，最低保持1%不变；造林总面积增长率为3%，每十年降低2%，最低保持1%不变；森林病虫鼠害面积降低速

度为 1%；耕地面积降低 0.2%，每十年降低 0.1%，最低保持 0.1% 不变，如表 8 - 62 ~ 表 8 - 65 所示。

表 8 - 62　　　　　Ⅲ - Ⅱ情景下碳吸收驱动因素指标设定

项目	2020 年	2025 年	2030 年	2035 年	2040 年	2045 年	2049 年
林业投资（亿元）	150.87	242.98	357.02	477.78	581.29	641.79	667.85
森林病虫鼠害面积（万公顷）	48.28	45.91	43.66	41.52	39.49	37.55	36.07
造林总面积（万公顷）	44.67	51.79	60.04	63.10	66.32	69.70	72.53
耕地面积（万公顷）	601.61	595.61	589.68	586.74	583.81	580.90	578.58

表 8 - 63　　　　　Ⅳ - Ⅱ情景下碳吸收驱动因素指标设定

项目	2020 年	2025 年	2030 年	2035 年	2040 年	2045 年	2050 年	2052 年
林业投资（亿元）	150.87	242.98	357.02	477.78	581.29	641.79	674.53	688.09
森林病虫鼠害面积（万公顷）	48.28	45.91	43.66	41.52	39.49	37.55	35.71	35.00
造林总面积（万公顷）	44.67	51.79	60.04	63.10	66.32	69.70	73.26	74.73
耕地面积（万公顷）	601.61	595.61	589.68	586.74	583.81	580.90	578.00	576.84

表 8 - 64　　　　　Ⅴ - Ⅱ情景下碳吸收驱动因素指标设定

项目	2020 年	2025 年	2030 年	2035 年	2040 年	2041 年
林业投资（亿元）	150.87	242.98	357.02	477.78	581.29	592.91
森林病虫鼠害面积（万公顷）	48.28	45.91	43.66	41.52	39.49	39.09
造林总面积（万公顷）	44.67	51.79	60.04	63.10	66.32	66.98
耕地面积（万公顷）	601.61	595.61	589.68	586.74	583.81	583.22

表 8 – 65 　　　　VI – II 情景下碳吸收驱动因素指标设定

项目	2020 年	2025 年	2030 年	2035 年	2040 年
林业投资（亿元）	150.87	242.98	357.02	477.78	581.29
森林病虫鼠害面积（万公顷）	48.28	45.91	43.66	41.52	39.49
造林总面积（万公顷）	44.67	51.79	60.04	63.10	66.32
耕地面积（万公顷）	601.61	595.61	589.68	586.74	583.81

三、V – III、VI – III情景

在 V – III、VI – III 情景下，林业投资增速为 9%，每五年下降 2%，最低保持 1% 不变；造林总面积增长率为 2%，每十年降低 2%，最低保持 1% 不变；森林病虫鼠害面积降低速度为 2% 且每十年降低 1%，最低保持 1% 不变；耕地面积降低 0.3%，每十年降低 0.1%，最低保持 0.1% 不变，如表 8 – 66、表 8 – 67 所示。

表 8 – 66 　　　　V – III 情景下碳吸收驱动因素指标设定

项目	2020 年	2025 年	2030 年	2035 年	2040 年	2045 年	2050 年
林业投资（亿元）	150.87	232.14	325.59	415.54	472.37	496.47	521.79
森林病虫鼠害面积（万公顷）	48.28	43.64	39.45	37.51	35.68	33.93	32.27
造林总面积（万公顷）	44.67	49.32	54.46	57.23	60.15	63.22	66.45
耕地面积（万公顷）	601.61	592.64	583.80	580.89	577.99	575.10	572.23

表 8 – 67 　　　　VI – III 情景下碳吸收驱动因素指标设定

项目	2020 年	2025 年	2030 年	2035 年	2040 年	2045 年	2050 年	2053 年
林业投资（亿元）	150.87	232.14	325.59	415.54	472.37	496.47	521.79	537.60
森林病虫鼠害面积（万公顷）	48.28	43.64	39.45	37.51	35.68	33.93	32.27	31.31

项目	2020 年	2025 年	2030 年	2035 年	2040 年	2045 年	2050 年	2053 年
造林总面积（万公顷）	44.67	49.32	54.46	57.23	60.15	63.22	66.45	68.46
耕地面积（万公顷）	601.61	592.64	583.80	580.89	577.99	575.10	572.23	570.52

四、Ⅴ-Ⅳ、Ⅵ-Ⅳ情景

在Ⅴ-Ⅳ、Ⅵ-Ⅳ情景下，林业投资增速为9%，每五年下降2%，最低保持1%不变；造林总面积增长率为2%，每十年降低2%，最低保持1%不变；森林病虫鼠害面积降低速度保持1%不变；耕地面积降低0.2%，每十年降低0.1%，最低保持0.1%不变，如表8-68、表8-69所示。

表8-68　　　　　　Ⅴ-Ⅳ情景下碳吸收驱动因素指标设定

项目	2020 年	2025 年	2030 年	2035 年	2040 年	2050 年	2051 年
林业投资（亿元）	150.87	232.14	325.59	415.54	472.37	521.79	537.60
森林病虫鼠害面积（万公顷）	48.28	45.91	43.66	41.52	39.49	35.71	35.36
造林总面积（万公顷）	44.67	49.32	54.46	57.23	60.15	66.45	68.46
耕地面积（万公顷）	601.61	595.61	589.68	586.74	583.81	578.00	577.42

表8-69　　　　　　Ⅵ-Ⅳ情景下碳吸收驱动因素指标设定

项目	2020 年	2025 年	2030 年	2035 年	2040 年	2050 年	2054 年
林业投资（亿元）	150.87	232.14	325.59	415.54	472.37	521.79	542.98
森林病虫鼠害面积（万公顷）	48.28	45.91	43.66	41.52	39.49	35.71	34.31
造林总面积（万公顷）	44.67	49.32	54.46	57.23	60.15	66.45	69.15
耕地面积（万公顷）	601.61	595.61	589.68	586.74	583.81	578.00	575.69

五、V-V情景

在V-V情景下，林业投资增速为8%，每五年下降2%，最低保持1%不变；造林总面积增长率为1.5%，每十年降低2%，最低保持1%不变；森林病虫鼠害面积降低速度为2%且每十年降低1%，最低保持1%不变；耕地面积降低0.3%，每十年降低0.1%，最低保持0.1%不变，如表8-70所示。

表8-70　　　　　　　　V-V情景下碳吸收驱动因素指标设定

项目	2020年	2025年	2030年	2035年	2040年	2045年	2050年	2060年
林业投资（亿元）	150.87	221.68	296.66	360.93	398.50	418.83	440.19	486.25
森林病虫鼠害面积（万公顷）	48.28	43.64	39.45	37.51	35.68	33.93	32.27	31.31
造林总面积（万公顷）	44.67	48.13	51.84	54.49	57.27	60.19	63.26	69.88
耕地面积（万公顷）	601.61	592.64	583.80	580.89	577.99	575.10	572.23	570.52

六、V-VI情景

在V-VI情景下，林业投资增速为9%，每五年下降2%，最低保持1%不变；造林总面积增长率为2%，每十年降低2%，最低保持1%不变；森林病虫鼠害面积降低速度保持1%不变；耕地面积降低0.2%，每十年降低0.1%，最低保持0.1%不变，如表8-71所示。

表8-71　　　　　　　　V-VI情景下碳吸收驱动因素指标设定

项目	2020年	2025年	2030年	2035年	2040年	2045年	2050年	2060年
林业投资（亿元）	150.87	221.68	296.66	360.93	398.50	418.83	440.19	486.25

续表

项目	2020 年	2025 年	2030 年	2035 年	2040 年	2045 年	2050 年	2060 年
森林病虫鼠害面积（万公顷）	48.28	45.91	43.66	41.52	39.49	37.55	35.71	32.30
造林总面积（万公顷）	44.67	48.13	51.84	54.49	57.27	60.19	63.26	69.88
耕地面积（万公顷）	601.61	595.61	589.68	586.74	583.81	580.90	578.00	572.25

第三篇

多目标优化视角下的河北省
分区域碳排放额度分解分析

本篇共包括三章内容，分别为：基于不同情景的 11 个地级市碳排放不平等性测算、以地级市为尺度的多目标优化分配模型构建、11 个地级市碳排放额度分配仿真结果分析与讨论。本篇内容以河北省 11 个地级市为切入点，运用多目标优化的方式分析了不同情景下 11 个地级市的碳排放额度分配及分摊方式，为城市碳达峰与碳中和目标的分摊机制研究提供设计思路。

第九章

基于不同情景的 11 个地级市
碳排放不平等性测算

第一节　Theil 指数模型构建

一、模型基本原理

泰尔指数（Theil index）或者泰尔熵标准（Theil's entropy measure）是由泰尔（Theil，1967）利用信息理论中的熵概念来计算收入不平等而得名。

熵在信息论中被称为平均信息量。在信息理论中，假定某事件 E 将以某概率 p 发生，而后收到一条确定消息证实该事件 E 的发生，则此消息所包含的信息量用公式可以表示为：

$$h(p) = \ln\left(\frac{1}{p}\right) \qquad (9-1)$$

设某完备事件组由各自发生概率依次为（p_1，p_2，$\cdots$，p_n）的 n 个事件（E_1，E_2，$\cdots$，E_n）构成，则有：

$$\sum_{i=1}^{n} p_i = 1 \qquad (9-2)$$

熵或者期望信息量等于各事件的信息量与其相应概率乘积的总和：

$$H(x) = \sum_{i=1}^{n} p_i h(p_i) = \sum_{i=1}^{n} p_i \log\left(\frac{1}{p_i}\right) = -\sum_{i=1}^{n} p_i \log(p_i) \quad (9-3)$$

显然，n 种事件的概率 p_i 越趋近于（$1/n$），熵也就越大。在物理学中，熵是衡量无序的标准。如果 p_i 被解释为属于第 i 单位的收入份额，$H(x)$ 就是一种反映收入分配差距不平等的尺度。收入越平均，$H(x)$ 就越大。如果绝对平均，也就是当每个 p_i 都等于（$1/n$）时，$H(x)$ 就达到其最大值 $\log n$。泰尔将 $H(x) - \log n$ 定义为不平等指数——也就是泰尔熵标准。将信息与物理理论中的熵指数概念用于收入差距的测度时，可将收入差距的测度解释为将人口份额转化为收入份额［类似于洛伦茨（Lorenz）曲线中将人口累计百分比信息转化为收入累计百分比］的消息所包含的信息量。而泰尔指数只是熵指数中的一个应用最广泛的特例。泰尔指数的表达式为：

$$T = \frac{1}{n} \sum_{i=1}^{n} \frac{y_i}{\bar{y}} \log\left(\frac{y_i}{\bar{y}}\right) \quad (9-4)$$

其中，T 为收入差距程度的测度泰尔指数，y_i 与 $\bar{y}$ 分别代表第 i 个体的收入和所有个体的平均收入。

泰尔指数的最大特点是可以进行分解，将区域之间总差异分解成两部分。泰尔指数包括两种泰尔指标，即泰尔指数 T 和泰尔指数 L。两者的区别为：T 指数以收入数据计算加权权重，而 L 指标以人口计算加权权重。泰尔指数作为收入不平等程度的测度指标具备良好的可分解性质，即将样本分为多个群组时，泰尔指数可以分别衡量组内差距与组间差距对总差距的贡献。假设包含 n 个个体的样本被分为 K 个群组，每组分别为 $g_k (k = 1, 2, \cdots, K)$，第 k 组 g_k 中的个体数目为 y_i，则有 $\sum_{k=1}^{K} n_k = n$，y_i 与 y_k 分别表示某个体 i 的收入份额与某群组 k 的收入总份额，记 T_b 与 T_w 分别为群组间差距和群组内差距，则可将泰尔指数分解如下：

$$T = T_b + T_w = \sum_{k=1}^{K} y_k \log\frac{y_k}{n_k/n} + \sum_{k=1}^{K} y_k \left(\sum_{i \in gk} \frac{y_i}{y_k} \log\frac{y_i/y_k}{1/n_k}\right) \quad (9-5)$$

在式（9-5）中群组间差距 T_b 与群组内差距 T_w 分别有如下表达式：

$$T_b = \sum_{k=1}^{K} y_k \log \frac{y_k}{n_k/n} \qquad (9-6)$$

$$T_w = \sum_{k=1}^{K} y_k \left(\sum_{i \in gk} \frac{y_i}{y_k} \log \frac{y_i/y_k}{1/n_k} \right) \qquad (9-7)$$

另外，值得注意的是，群组内差距项分别由各群组的组内差距之和构成，各群组的组内差距的计算公式与样本总体的计算公式并无二致，只是将样本容量控制在第 k 组的个体数目 n_k。

用泰尔熵指数来衡量不平等的一个最大优点是，它可以衡量组内差距和组间差距对总差距的贡献。泰尔熵标准只是普通熵标准（generalized entropy measures）的一种特殊情况。当普通熵标准的指数 $C = 0$ 时，测量结果即为泰尔熵指数。取 $C = 0$ 的优势在于分析组内、组间差距对总差距的解释力时更加清楚。

泰尔熵指数和基尼系数之间具有一定的互补性。基尼系数对中等收入水平的变化特别敏感。泰尔熵 T 指数对上层收入水平的变化很敏感，而泰尔熵 L 指数和 V 指数对底层收入水平的变化敏感。

二、参数描述性说明

在碳配额公平性方面，本书以各省市单位 GDP 碳排放量，即碳排放强度作为分配公平性的衡量指标，将其引入基尼系数测算配额分配的公平程度。

碳排放强度（carbon intensity）是指单位 GDP 的二氧化碳排放量。该指标主要用来衡量一地区经济同碳排放量之间的关系，如果某一地区在经济增长的同时，每单位 GDP 所带来的二氧化碳排放量在下降，那么说明该地区就实现了一个低碳的发展模式。碳强度高低不表明效率高低。一般情况下，碳强度指标是随着技术进步和经济增长而下降的。碳排放强度取决于化石能源的碳排放系数、化石能源的结构、化石能源在能源消费总量中的比例和能源强度等几个因素。

强度还取决于技术进步、经济增长、产业结构变化、农业工业化和城市化进程与规模。强度低并不表明效率高。贫穷的农业国家碳强度均较低，但效率并不高；强度高也不说明效率低。例如，产品的能源效率高，但并没有全部卖出去，没有得到货币实现，则单位 GDP 的强度同样高。一般情况下，无论发达国家还是发展中国家，强度指标是随着时间（技术进步和经济增长）而下降的。按这一自然下降趋势作出的承诺是没有任何实际意义的；如果要承诺低于这一趋势，则很可能表现出制约影响。因为资金、技术等均属于稀缺资源；对于发展中国家，如果有资金、技术的保障，则强度承诺在近期是可取的；但经济规模的扩大需要同一技术的重复利用，因而强度并不能随经济增长而线性递减。因而从长远看，对发展中国家可能不利。一方面，对于发达国家，由于资金、技术和完善市场制度的保障，在短期水平，采用强度承诺是可行的；在长期水平，由于规模扩张较为有限（人口稳定、发展饱和），强度承诺也不会有不利影响。但在另一方面，由于发达国家的强度水平低，进一步大幅降低的难度较大。

碳强度指标受经济波动（增长、汇率、通货膨胀等）影响较大，具有较大的不确定性，缺乏较为严格的科学客观性。使用碳排放强度作为河北省碳排放不平等性的衡量指标，可以在一定程度上削减地区经济发展差异对结果的影响，最能决定各地市在特定时期内碳排放的不平等性。

三、数据来源与数据基础

本节对河北省 11 个地市碳排放不平等性进行测算研究。将碳排放强度引入基尼系数测算各地市碳排放不平等性。各地市经济生产总值数据来源于《河北统计年鉴》《河北经济年鉴》和各地市统计局发布的官方信息及各地市统计年鉴；排放强度指标数据根据各省份能源活动数据及排放量数据计算得出。

对于碳排放数据，本书根据联合国政府间气候变化专门委员会

（IPCC，2006）中的方法对各地市近年二氧化碳排放量进行计算。计算过程中各地市所消费的各种能源数据均来自于《能源统计年鉴》及各地市统计局发布的官方信息。本书在能源平衡表中选取原煤、焦炭、原油、燃料油、汽油、柴油、煤油、天然气共 8 种能源，将以上8 种能源的投入量数据结合 IPCC 收录的燃料二氧化碳排放系数，测算得到各地市的碳排放量数据。

采用基于 IPCC《国家温室气体排放清单指南》2006 版方法计算，计算式为：

$$E_{CO2} = \sum_{i=1}^{n} E_{CO2,i} = \sum_{i=1}^{n} E_{unit,i} \times E_{CON,i} \times E_{NCV,i} \times E_{TR,i} \times E_{COF,i}$$

$$(9-8)$$

其中，E_{CO2} 为碳排放量，单位为万吨；$E_{CON,i}$ 为第 i 种能源消耗量，单位为万吨（天然气为亿立方米）；$E_{NCV,i}$ 为第 i 种能源的净发热值，单位为千焦耳/千克（天然气为千焦耳/立方米）；$E_{TR,i}$ 为第 i 种能源的碳氧化率；$E_{COF,i}$ 为 IPCC2006 提供的碳排放系数，单位为千克/太焦。原煤的碳排放系数按照 IPCC2006 中无烟煤与褐煤的平均值计算。$E_{unit,i}$ 为单位转换系数。主要参数的数值如表 9-1 所示。

表 9-1　　　　　　　　　碳排放主要参数计算值

燃料类型	E_{NCV}	E_{TR}	E_{COF}（千克/太焦）
原煤	20934（千焦耳/千克）	0.94	99650
焦炭	28470（千焦耳/千克）	0.93	107000
原油	41868（千焦耳/千克）	0.98	73300
燃料油	41868（千焦耳/千克）	0.98	77400
汽油	43124（千焦耳/千克）	0.98	74100
柴油	42705（千焦耳/千克）	0.98	74100
煤油	43124（千焦耳/千克）	0.98	71900
天然气	35608.5（千焦耳/立方米）	0.98	56100

第二节　河北省11个地级市碳排放
不平等性测算结果

　　"十三五"期间，河北省大力调整产业结构、优化能源结构、加强节能降耗、增加林业碳汇，实现了碳排放强度持续下降和能源结构持续优化，扭转了二氧化碳排放快速增长的局面。2020年，河北省碳排放强度较2015年降低约25%以上，超额完成国家下达的"十三五"期间下降20.5%的约束性目标任务。在应对气候变化过程中，河北省协同减少了大气污染物的排放，包括二氧化硫、氮氧化物、细颗粒物（PM2.5）等，有力促进了大气环境的改善。

　　但作为能源消费和碳排放大省，河北省偏重的产业结构、偏煤的能源结构和偏低的非化石能源占比使碳达峰面临着一系列困难和挑战。此外，河北省11个地市中经济欠发达的地区与发达地区相比，碳排放不平等情况较经济不平等情况严重，或与低收入人群主要消耗煤炭、高收入人群主要消耗电力有关。制定及安排减排政策，需兼顾不同地区与人群的减排责任与减排能力，保证碳排放权利的公平性。

　　如图9-1所示，2015~2020年石家庄的CO_2排放量总体呈逐渐降低趋势；张家口、沧州和邢台变化趋势非常相似，均平稳后出现小幅增长，最大增幅超过26%；石家庄的CO_2排放量从2015年的12107万吨减少到2019年的8975万吨，但2019年排放量略有增加，增量在5.3%左右。2015~2020年衡水和保定的CO_2排放量呈先降后增趋势；衡水的CO_2排放量为1272万~1813万吨，2016年降幅明显，2020年排放量增幅明显，比2019年又增加了15.8%；保定的CO_2排放量为3672万~4201万吨，而且2015~2018年排放量逐年减少，但2019年排放量陡增，比上一年度增加了14.4%。唐山、邯郸和承德的CO_2排放量呈波动变化趋势，排放量最大的年份均为2018年。秦皇岛、邢台、沧州和廊坊的CO_2排放量呈不断增长趋势。

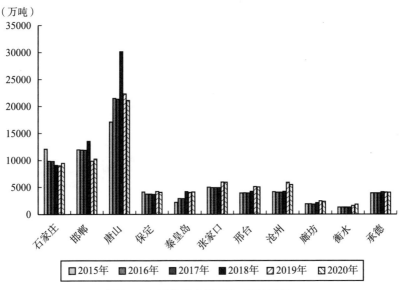

图 9 - 1　河北城市群 CO_2 排放特征

2015～2020 年，河北省 11 个地市碳排放强度测算结果如表 9 - 2 所示。考虑到价格变化的因素，以当年变价地区生产总值计算的单位碳排放量不能直接对比，故应采用不变价地区生产总值。不变价地区生产总值扣除了价格变动影响因素，比较客观地反映了核算期内实际产出数量的变化情况，便于不同年份实际产出的比较。根据《河北经济年鉴》中的地区生产总值价格指数来测算报告期不变价地区生产总值。从表 9 - 2 中可以看出 11 个地市碳排放强度存在一定差异。衡水的碳排放强度最低，2015～2020 年碳排放强度为 0.78～1.02 吨/万元 GDP。廊坊、邢台和秦皇岛的 CO_2 排放强度居中游水平，2015～2020 年碳排放强度为 0.94～1.54 吨/万元 GDP。唐山、保定、邯郸、沧州和张家口的 CO_2 排放较高，碳排放强度为 2.21～4.12 吨/万元 GDP，特别是 2018 年的唐山，CO_2 排放强度最高，达到 4.12 吨/万元 GDP。

表 9 - 2　　　　　　　河北 11 个地市碳排放强度测算结果　　　单位：吨/万元

地级市	2015 年	2016 年	2017 年	2018 年	2019 年	2020 年
石家庄	2.21	1.64	1.59	1.31	1.30	1.28
邯郸	3.97	3.61	3.46	3.74	2.41	2.53
唐山	2.75	3.24	3.11	4.12	2.72	2.83
保定	3.58	2.77	2.59	2.21	2.86	2.73
秦皇岛	1.10	1.25	1.17	1.54	1.22	1.24
张家口	3.13	2.46	2.35	2.24	2.76	2.65
邢台	0.99	1.03	0.94	1.19	1.36	1.31
沧州	3.51	3.07	2.86	2.99	3.62	3.54
廊坊	1.37	1.26	1.18	1.29	1.50	1.43
衡水	1.02	0.85	0.79	0.78	0.96	0.93
承德	3.97	3.58	3.35	3.64	2.46	2.43

建议邯郸、唐山、秦皇岛三个低碳转型形势较好的城市，除要求碳排放强度控制外，还应实施 CO_2 总量控制；而保定、张家口、邢台、沧州、廊坊、衡水 6 个城市 CO_2 排放量还在增长，仍仅控制碳排放强度。同时，建议碳排放未达峰城市进一步优化产业结构，合理调整能源结构，提高非化石能源在一次能源消费中的比重，加快推动工业碳排放尽早达峰。此外，建议碳排放未达峰城市进一步强化温室气体与常规大气污染物的协调控制，包括政策制定、产业准入、排放标准、控制技术、执法监管等，建立深度互联、相互促进、统筹优化的管理机制，以显著提高管理效能，降低实施成本，增加社会效益。

将碳排放强度结果代入上述泰尔指数模型可得 2015 ～ 2020 年 11 个地市的总体碳排放不平等性，如图 9 - 2 所示。

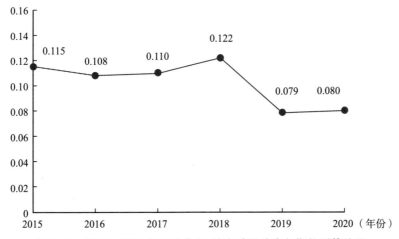

图 9 – 2　2015～2020 年河北省 11 地市碳排放泰尔指数测算结果

　　泰尔指数用来表示区域碳排放差异状况，数值越大则差异程度越大，即排放公平性越小。从图 9 – 2 中可知，2015～2020 年河北省 11 个地市碳排放泰尔指数处在 0.079～0.122 范围内，整体不公平程度处于中高水平，存在一定改善空间。2015～2020 年内各地市碳排放分布的不公平性存在一定差异，最低的 2019 年的泰尔指数不超过 0.08，而 2018 年、2015 年的泰尔指数值接近甚至超过了 0.12。说明特定时间内有效的排放计划值得参考借鉴。

　　如图 9 – 2 所示，除了 2018 年的河北省碳排放不公平程度出现反弹之外，总体来说河北省碳排放的不公平性自 2015 年来有稳定且逐渐改善的趋势，碳排放地市间泰尔指数从 2015 年的 0.115 逐渐下降至 2020 年的 0.08。虽然碳排放分布的地区间公平性不断改善，但总的泰尔指数却没有出现明显下降。这主要是由于地区内部的泰尔指数有上升的趋势，这种分布不均加剧抵消了各地区之间公平性的改善。

第十章

以地级市为尺度的多目标
优化分配模型构建

第一节　多目标优化分配模型基本原理

一、多目标优化问题数学模型

求解多目标优化（MOP）的主要目的是：在给定的决策空间内，尽可能找到一系列满足问题约束条件的最优解集，为解决 MOP 的决策者提供相关数据。以最小化的 MOP 为例，其数学模型为：

$$\min F(x) = [f_1(x), f_2(x), \cdots, f_m(x)]^T \qquad (10-1)$$

$$\text{s. t. } x \in \Omega \subseteq \mathfrak{R}^n \qquad (10-2)$$

其中，$x = (x_1, x_2, \cdots, x_n)^T$ 是 n 维决策空间的一个向量，m 是目标函数的规模，Ω 是决策空间，$f_i(x)$ 是多目标优化问题的目标函数。$F(x)$：$\Omega \rightarrow \Theta \subseteq R^m (m \geqslant 2)$ 是将决策空间 Ω 映射到 m 维目标空间 Θ 中的映射函数。

简单来说一个目标函数 $F(x)$ 包含多个目标子函数 $f_i(x)$，实际求解目标函数是由求各子目标函数体现的，这正是与单目标优化问题的区别之处。

二、相关概念

（1）支配（dominate）也译为占优。

（2）非支配解/帕累托（Pareto）最优解/非劣解：无法进行简单相互比较的解，不存在比它更优越解的解，也就是说该解体现了若干 $f_i(x)$ 的最优 [不是所有 $f_i(x)$ 的最优]。

在单目标优化问题中，通常最优解只有一个，而且能用比较简单和常用的数学方法求出其最优解。然而在多目标优化问题中，各个目标之间相互制约，可能使得一个目标性能的改善往往是以损失其他目标性能为代价，不可能存在一个使所有目标性能都达到最优的解。

（3）帕累托集：在一个多目标优化问题中，对于一组给定的最优解集，如果这个集合中的解是相互非支配的，即两两不是支配关系，那么则称这个解集为帕累托集（Pareto Set）。即各帕累托最优解的集合。

（4）帕累托排序：对当前种族非支配个体分配次序，然后移除再对非支配个体分配次序，对剩下的点重复以上定级过程，直到所有点都定级完成，也就是对整个种族进行等级排序。

三、求解思想

在存在多个帕累托最优解的情况下，如果没有关于问题的更多的信息，那么很难选择哪个解更可取，因此所有的帕累托最优解都可以被认为是同等重要的。由此可知，对于多目标优化问题，最重要的任务是找到尽可能多的关于该优化问题的帕累托最优解。因而，在多目标优化中主要完成以下两个任务。

（1）找到一组尽可能接近帕累托最优域的解；

（2）找到一组尽可能不同的解。

第一个要求算法要保证可靠的收敛性，第二个要求算法保证充足的分布性（包括多样性和均匀性）。即要求求得尽可能均匀分布的帕累托最优解集，然后根据不同的设计要求和意愿，从中选择最满意的设计结果。多目标优化问题最终获得的解实际是所有有效解中的一个解或确定全部非支配解。

四、常用解法

多目标优化的理论和求解方法是一个长期的研究课题，目前存在着理论不完善、算法不成熟等问题。在理论方面，对最优解质量或满意度的客观度量还没有一个非常成熟的理论与实用性好的方法；在多目标优化算法中，其收敛性的数学证明还存在不足；在计算精度方面，数值计算本身的误差也常导致结果的误差，产生伪有效解；进化算法中进化算子的误差也会导致过早收敛于单个解，即产生漂移现象。另外，算法计算速度的提高、高维多目标优化等，也是值得研究的问题，这些都可作为进一步研究的方向。对于多目标优化问题，常见的解法有：

（1）多目标进化算法（multi-objective evolutionary algorithm，EA）；

（2）模糊优化算法；

（3）神经网络算法；

（4）多目标粒子群算法。

第二节　碳排放额度分配的平稳性、效率性及公平性指标选取

在碳配额交易机制的探索中最具有争议的问题就是初始碳配额分配方式的设定，它在一定程度上决定了整个体系的效率及参与者的获益与损失。将初始配额在不同主体间进行高效合理的分配十分重要。

本书建立多维度指标体系，设定一种兼顾平稳、效率、公平三方面的分配体系，构建数学中多目标函数，力图找到一种最优手段使得各分配单位满意度高、能有效考虑多重因素的动态碳排放初始配额分配方案。

在将碳配额分摊给不同碳排放主体的分配过程中，公平与效率是两个较为重要的原则。其中公平原则是指人人都享有产生碳排放的权利，公平原则多从各主体的人口规模、经济水平、历史责任等因素进行考量。效率原则的目标是减排成本的最小化以及相同排放约束下的产出与经济收益最大化，可以通过能源强度、全要素碳排放效率或构建综合指标的指标法来侧重碳配额分配的效率性。分配中讲求效率与公平，效率与公平是一对矛盾体，两者看似不可调和，却又互相依存。因此要正确处理效率和公平的关系。没有无效率的公平，也不可能存在无公平的效率。平稳原则强调各主体的配额分配量在一定时间内有序变化，从而减少配额分配不当对传统行业的冲击。下面介绍碳排放额度分配的平稳性、效率性及公平性指标。

一、效率目标指标

在配额分配效率方面，近年来很多研究使用零和博弈数据包络分析（ZSG－DEA）进行碳配额分配优化，但其以碳配额作为投入、经济产物作为产出的效率核算方式有悖于生产实际，在实际生产中，经济体的投入是劳动、资本、能源等资源，产出为以 GDP 衡量的经济产物，碳排放是作为非期望产出存在的。

本书以实际生产情况为背景，运用基于非合意产出的弱处置性方向性距离函数模型，求解效率最高时的碳配额分配方案。即以方向距离值为目标函数，将资源投入量作为所求量，转变其效率计算功能为资源求解。

模型以各地市 GDP、劳动力投入、资本投入以及能源投入量为已知量，最优条件下的碳排放配额为所求的未知量。当非合意产出的处置需要成本时，其具有弱处置性，合意产出与非合意产出的扩张比例是不同的，基于非合意产出的弱处置性数据包络分析（DEA）方法效率的计算理论如下：

$b \subseteq \{1, 2, K, M\} \setminus a$ 表示产出集，$a \subseteq \{1, 2, K, M\}$，$b \subseteq \{1, 2, K, M\} \setminus a$，则产出向量为 $\mu = (\mu_a, \mu_b)$，那么包含非合意产出的产出集为：

$$P(x \mid c, s^a) = \{\mu: \mu_a \leq zY^a, \ \mu_b \leq \eta Y^b, \ 0 \leq \eta \leq 1,$$
$$zX \leq x, \ z \in R_+^J\}, \ x \in R_+^N \qquad (10-3)$$

（C, S^a）条件下基于产出的效率为：

$$Fo(x^i, u^i \mid C, S^a) = \max\{\theta, \theta u^i \in P(x^i \mid C, S^a)\}, \ i = 1, 2, K, J \qquad (10-4)$$

由此可得 DEA 规划模型为：

$$Fo(x^i, u^i \mid V, S^a) = \max \sum \theta$$
$$\text{s. t. } \theta u_a^i \leq zY^a$$
$$\theta u_b^i \leq uzY^b$$
$$zX \leq x^i$$
$$z \in R_+^J$$
$$0 \leq \eta \leq 1 \qquad (10-5)$$

可得 $E = \sum_{i=1}^{m} \frac{1}{\theta}$ 为效率指数，目标值 E 越大，分配效率越高。u_b 为所求配额分配方案。

二、公平目标指标

在碳配额公平性方面，本书以各省市单位 GDP 碳排放量，即碳排放强度作为分配公平性的衡量指标，将其引入基尼系数测算配额分配的公平程度。

1905 年，统计学家洛伦茨（Lorenz）提出了洛伦茨曲线，如

图 10-1 所示。他将社会总人口按收入由低到高的顺序平均分为
10 个等级组，每个等级组均占 10% 的人口，再计算每个组的收入占
总收入的比重。然后以人口累计百分比为横轴，以收入累计百分比为
纵轴，绘出一条反映居民收入分配差距状况的曲线，即为洛伦茨
曲线。

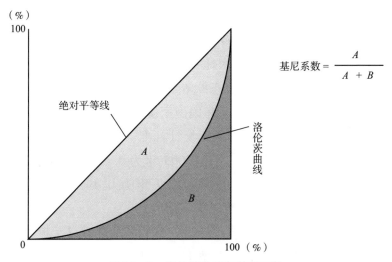

$$基尼系数 = \frac{A}{A + B}$$

图 10-1　洛伦茨曲线与基尼系数

资料来源：作者绘制。

　　1912 年，意大利经济学家基尼（Gini）根据洛伦茨曲线计算出一
个反映收入分配平等程度的指标，称为基尼系数（G）。它的经济含
义是：在全部居民收入中用于不平均分配的百分比。

　　传统的基尼系数是由居民年收入定义的，财富基尼系数可以用来
衡量居民财富分配的公平性，这是由居民财富定义的。大部分国家的
财富基尼系数都集中在 0.60~0.80 之间，财富基尼系数在 0.70 左右
的国家最多。北京大学社会科学院的报告显示，2012 年，中国家庭净
财产基尼系数达到 0.73，前 1.00% 的家庭占全国财产的 1/3 以上。
丹麦、瑞士等国家已经超过了 0.80，美国的数字更是高达 0.84。美
国加州大学伯克利分校的一项调查显示，美国前 10.00% 的富人占社

会总财富的 80.00% 左右，而前 1.00% 的富人占财富的 40.00%，前 0.10% 的富人占财富的 20.00%，前 0.01% 的富人占财富的 10.00%。欧洲主要发达国家的基尼指数在 0.24 到 0.36 之间，美国更高，2007 年为 0.45，2013 年为 0.49。在收入差距方面，根据美国人口普查局提供的数据，1973 年，收入最高的 20.00% 家庭的收入占美国总收入的 44.00%；2002 年为 50.00%；到 2012 年，这一比例上升到 51.00%。对于收入最低的 20.00% 的家庭来说，他们的收入占美国总收入的比例从 1973 年的 4.20% 下降到 2002 年的 3.50% 再到 2012 年的 3.20%。目前，非洲的纳米比亚是世界上基尼系数最高的国家。2018 年，日本、韩国、西欧、东欧等经济体收入基尼系数低于 0.40。2013 年 1 月 18 日，中华人民共和国国家统计局发布了 2003 年以来 10 年的全国基尼系数。按照新的国际统计标准，中国居民收入基尼系数 2003 年为 0.48，2004 年为 0.47，2005 年为 0.49，2006 年为 0.49，2007 年为 0.48，2008 年为 0.49，2009 年为 0.49。数据显示，自 2008 年以来，中国的基尼系数逐年下降。

基尼系数也有一定的缺点。其第一个不足是没有显示哪里存在分配不公。例如，在同样的基尼系数下，如果年轻人的平均收入远低于中老年人，那么社会就会出现很大的问题——即使年轻人的父母可以给他们经济援助，当年轻人接受父母的经济资助时，他们会认为自己将来帮不了孩子，所以很容易拒绝生孩子。第二个不足是没有建立基尼系数的国际标准，一些问题（如是否应该排除税收、是否应该排除公共援助受益者、是否应该排除非本地居民、是否应该增加政府福利）不一致，导致没有比较标准。第三个不足是基尼系数一般是按照年收入来计算的，所以对年收入波动大的地区（如商业投资主导地区）的估计会明显高于年收入波动小的地区（如以公务员为主的地区）。如果年收入波动大，基尼系数会高，但多年积累的收入差距并没有基尼系数显示得那么大。这也反映出基尼系数高的另一个原因可能是收入波动大、社会阶层流动性快。

基尼系数最小等于 0，表示收入分配绝对平均；最大等于 1，表示收入分配绝对不平均。在图 10 – 1 中，基尼系数定义为：

$$G = \frac{S_A}{S_A + S_B} \qquad (10-6)$$

在基尼系数的实际计算过程中不具备可操作性，需要借助其他方法对评价对象的不平等程度进行近似表征或对洛伦兹曲线进行拟合计算。本书使用分组计算法，运用几何定义计算积分的思想以直代曲计算面积。

首先按省市数量将横轴分为 m 组，每组的排放参数为 e_i，则每个部分 P 的面积为：

$$S_p = \frac{1}{2n} \frac{\sum\limits^{i-1} e_i + \sum\limits^{i} e_i}{\sum\limits^{m} e_i} \qquad (10-7)$$

进而加总得到：

$$G = \frac{S_A}{S_A + S_B} = 1 - 2S_B$$

$$= 1 - 2 \sum_{1}^{M} \frac{1}{2n} \frac{\sum\limits^{i-1} e_i + \sum\limits^{i} e_i}{\sum\limits^{m} e_i}$$

$$= 1 - \frac{1}{n} \sum_{1}^{m} \frac{\sum\limits^{i-1} e_i + \sum\limits^{i} e_i}{\sum\limits^{m} e_i} \qquad (10-8)$$

其中，G 为基尼系数，代表配额分配的公平性，目标值 G 越小，表示分配越公平。

三、平稳性指标

为保证配额市场稳定，减少配额分配对传统行业的冲击，本书向优化目标中引入平稳性指标——碳配额分配的平稳性指标。在平稳性原则下如果只考虑碳排放额度的绝对落差，那么可以给出距离

$\sqrt{\sum\limits_{i=1}^{m}(u_b^i - x^i)^2}$，标准化后即可得到距离目标。即引入平稳性目标：

$$\min D = \frac{\sqrt{\sum\limits_{i=1}^{m}(u_b^i - x^i)^2}}{2\sum\limits_{i=1}^{m}x^i} \qquad (10-9)$$

其中，D 为平稳性指数，目标值 D 越小，表示分配越平稳。

第三节 多目标优化分配模型构建

本书对碳配额分配方案进行优化以在公平分配、效率分配与平稳分配间寻求平衡，将以排放强度来衡量的基尼系数作为公平性指标，并将考虑非合意产出的弱处置性 DEA 方向距离引入目标函数，在构建多目标规划模型的基础上对河北各地市的碳配额进行有效可行的分配。以非合意产出作为求解变量，通过遗传算法生成配额分配方案代入目标函数中，逐渐迭代优化出最优配额方案。

在基准年分配结果基础上对配额进行效率性、公平性与平稳性优化，本书首先在模型中设定所得优化结果在基准年配额结果一定范围内变动，即设置各地市配额变量约束条件：

$$(1-\gamma)q^i \leqslant \mu_b^i \leqslant (1+\gamma)q^i \qquad (10-10)$$

其中，q^i 为基准年分配结果，γ 为偏离控制系数，本书取 $\gamma = 0.70$。

此外，本书在各年总体配额目标下进行分配，河北省要完成碳排放目标，每年分配到地市的配额需要有一个省份总控制系数保证分配配额总量满足减排目标，还需引入配额总量约束：

$$\delta\sum\limits_{i=1}^{m}q^i = \sum\limits_{i=1}^{m}\mu_b^i \qquad (10-11)$$

其中，δ 为排放控制系数，本书取 $\delta = 0.90$。

综上，本书建立碳配额分配的效率、公平与平稳原则多目标优化模型。多目标优化的理论和求解方法是一个长期的研究课题。在理论方面，对最优解质量或满意度的客观度量还没有一个非常成熟的理论与实用性好的方法。现如今，多目标优化问题的常用建模模型有线性加权法、基于相互关系的求解方法、ε - 约束法、帕累托法以及给予回报值的方法等。其中线性加权是多目标优化广泛使用的一种模型。简单加权法（simple additive weighting, SAW）是其中经典的一类线性加权求和方法。它忽略不同目标函数有不同的单位和范围，通过给不同的目标函数制定相应的权重，将所有的目标函数进行线性加权，用一个综合的效用函数来代表总体优化的目标，最优的效用函数对应的解即被认为是问题的最优解，从而将多目标优化问题转化成单目标优化问题。对于第 i 个目标函数 $f(x)$，用 w 表示它的权重，那么多目标优化模型可以转化成下式：

$$minimize \sum_{i=1}^{k} w_i f_i \qquad (10-12)$$

$$subject\ to\ x \in S \qquad (10-13)$$

SAW 模型主要包括两个步骤，第一步是缩放，第二步是制定权重。缩放过程统一将各个目标函数从它们的原始值缩放，或和目标函数的最大值、最小值比较，或和目标函数的平均值比较。如针对目标函数 $f(x)$，已知它的最大值是 f^{max}，最小值是 f^{min}，采用的缩放方式如下式：

$$f'_i = \frac{f_i^{max} - f_i(x)}{f_i^{max} - f_i^{min}} \qquad (10-14)$$

线性加权模型，其优点在于实现简单，仅用缩放后的值来代表原目标，求解也相对比较容易。其缺陷在于刻画目标和解不够精细，例如响应时间和开销，这两个目标的单位分别是时间和金钱，用先缩放再加权的方法把它们直接相加，对原始目标的信息有一定的丢失和遗漏。另外，缩放过程需要提前知道目标的信息，如最大值、最小值或者平均值，而这些信息往往很难确定。而且，制定权重过程需要依据的用户、供应商对不同目标的偏好程度也很难提前获知。即使在已了解偏好程度的情况下，如何准确地制定权重仍然是棘手的问题。例如，将响应时间的权重设定差距较小，对于用户来说可能没有大的区别，但是对最优解有不可忽略的影响。

综上，在建立优化模型过程中，首先将各目标进行归一化的缩放处理，以避免因目标之间取值范围相差太大而使结果被某些目标所支配的影响，再将多个目标进行线性求和，转化为单目标优化问题。

据此建立的优化目标函数如下：

$$\max \Phi = \frac{E_{\max} - E}{E_{\max} - E_{\min}} + \frac{G_{\max} - G}{G_{\max} - G_{\min}} + \frac{D_{\max} - D}{D_{\max} - D_{\min}}$$

$$\text{s. t.} \begin{cases} \theta u_a^i \leqslant zY^a \\ \theta u_a^i \leqslant uzY^a \\ zX \leqslant x^i \\ z \in R_+^J \\ 0 \leqslant \eta \leqslant 1 \\ (1 - \gamma)q^i \leqslant \mu_b^i \leqslant (1 + \gamma)q^i \\ \delta \sum_{i=1}^{m} q^i = \sum_{i=1}^{m} \mu_b^i \end{cases} \quad (10-15)$$

本书通过遗传算法生成 μ_b 种群初始值代入目标函数中，不断迭代至目标 Φ 最大时所得 μ_b 为最优配额分配方案。

第十一章

11 个地级市碳排放额度分配仿真结果分析与讨论

第一节　各地级市碳排放额度动态趋势分析

一、模型选取

数据包络分析（DEA）模型是查尔纳（Charner）等在 1978 年提出的，这个模型现在被广泛用于确定一组具有相同目标的运营单位的相对效率。传统的 DEA 模型存在一个假设前提，即任意一个决策单元（DMU）的投入（或产出）都不会影响其他决策单元的投入（或产出）。但是在竞争机制下，由于受到总量为一个确定的常数的条件限制，某个决策单元的某类投入（或产出）变量的变动必定影响其他决策单元的该类投入（或产出），即会出现零和博弈的情况。

在 2003 年马科斯（Marcos）等首次运用零和博弈 DEA 模型对每个奥运会的参赛国的相对效率进行评价，该模型可以在总量确定的限制下实现分配，也被其称为零和博弈数据包络分析（ZSG – DEA）模型。该模型可以对投入（或产出）变量进行重新分配，通过削减一定数量的投入（或者减少一定数量产出）的方式，多次迭代，使得低效的 DMU 变为 DEA 有效，即效率值为 1.00，从而构成一个新的有效前沿面。

ZSG - DEA 有两种模型，分别是投入导向和产出导向，由于本书研究对象为各地级市的碳排放配额，考虑到各地级市实际投入产出和技术效率均存在明显差异，不能满足规模不变的前提假设，所以选择以投入导向型规模报酬可变的 BBC - DEA（规模报酬可变的数据包络）模型，即：

$$\min \rho,$$

$$\text{s. t.} \begin{cases} \sum_{n=1}^{N} \delta_n y_{mn} \geqslant y_{mi}, \ m = 1, 2, \cdots, M \\ \sum_{n=1}^{N} \delta_n x_{jn} \left[1 + \dfrac{x_{ji}(1 - \rho)}{\sum_{n \neq i} x_{jn}} \right] \leqslant \rho \times x_{ji} \\ \delta_1 + \delta_2 + \cdots + \delta_N = 1 \\ \delta_i \geqslant 0, \ i = 1, 2, \cdots, N \end{cases} \qquad (11 - 1)$$

其中，ρ 是各个 DMU 即决策单元与有效前沿之间的距离，同时也是效率值的倒数，在此指河北省各地级市的碳排放效率；y_{mn} 表示第 n 个决策单元的第 m 项产出，在此指河北省不同地级市的不同产出；x_{jn} 表示第 n 个决策单元的第 j 项投入，在此指河北省不同地级市的不同投入；δ 表示各个决策单元在整个系统中的权重。

如果第 i 个决策单元没有实现 DEA 有效，即没有充分使用投入资源使其有所剩余，而又想让它实现 DEA 有效，则必须减少投入 x_j，$x_{ji}(1 - \rho)$ 为减少的投入量，其他的决策单元都要按照原先的比例增加对 x_j 的投入，如第 n 个决策单元 DMU_n 对于 x_j 的增加量为 $x_{jn} \times x_{ji}(1 - \rho) / \sum_{n \neq i} x_{jn}$。

通过这种方式，可以在保证总量不变的条件下，使各个决策单元的效率值改进，然后经过多次迭代，最终令所有决策单元的效率值都达到 1.00。

二、指标选取及数据来源

对于经济－环境系统而言，碳排放量属于非期望产出。基于 DEA 的环境效率评价模型对于污染物等非期望产出的处理有多种方法，其中"非期望产出视同投入法"是主要处理思路之一，这种安排符合 DEA 模型对于投入指标的要求，即投入物最小和期望产出越大意味着技术越有效。本书也采取这种方法，将碳排放量作为模型唯一的投入变量。参考多篇文献的做法，本书使用人口、能源耗费和 GDP 作为产出变量。各项指标数据来源及处理过程如下。

碳排放量：河北省 11 个地级市 2013～2017 年的碳排放量数据由中国碳核算数据库（CEADs）检索得出。CEADs 研究采用粒子群优化－反向传播（PSO－BP）算法统一国防气象卫星业务性线性传感器（DMSP/OLS）和国家极地轨道伙伴计划－可见红外成像辐射仪（NPP/VIIRS）卫星图像的规模，估算了 1997～2017 年中国 2735 个县的 CO_2 排放量，发布了《1997～2017 年中国县级尺度碳排放》。河北省 11 个地级市 2013～2017 年的碳排放数据由各地级市下辖县 2013～2017 年的碳排放数据加总得到。

GDP：河北省 11 个地级市 2013～2017 年的 GDP 数据均来自于河北省统计局发布的《河北经济年鉴》。

人口：河北省 11 个地级市 2013～2017 年的人口数据均来自于河北省统计局发布的《河北经济年鉴》。

能源消耗量：河北省 11 个地级市 2013～2017 年的能源消耗量数据，均通过河北省统计局发布的《河北经济年鉴》中的各市单位产值能耗及对应年度的 GDP 计算得出。

三、计算结果及分析

根据河北省 11 个地级市 2013～2017 年的碳排放量、GDP、人口及能源消耗量的数据，利用 ZSG – DEA 模型计算的分配结果如表 11 – 1 所示。

表 11 – 1 2013 ~ 2017 年各地级市实际碳排放与最优碳排放 单位：万吨

地级市	碳排放类型	2013 年	2014 年	2015 年	2016 年	2017 年
石家庄市	实际碳排放	9893.50	9984.14	9488.75	9524.81	9495.18
	最优碳排放	11088.74	11198.84	10559.08	10578.83	10624.60
承德市	实际碳排放	2506.95	2480.38	2349.08	2326.32	2268.60
	最优碳排放	2809.83	2782.15	2614.06	2583.75	2538.44
张家口市	实际碳排放	3967.78	3899.33	3664.58	3643.64	3572.89
	最优碳排放	2892.00	2795.49	2624.01	2633.67	2590.15
秦皇岛市	实际碳排放	3207.95	3176.83	3051.72	3098.08	3153.01
	最优碳排放	2881.16	2850.77	2677.48	2583.76	2551.07
唐山市	实际碳排放	10338.13	10599.20	10225.58	10422.40	10206.04
	最优碳排放	11587.09	11888.72	11379.03	11575.75	11420.02
廊坊市	实际碳排放	6063.17	6275.41	6142.65	6403.23	6407.71
	最优碳排放	4172.73	4417.02	4678.40	4868.16	4850.54
保定市	实际碳排放	8176.73	8399.23	8063.76	8442.90	8580.95
	最优碳排放	9164.57	9421.10	8973.36	9377.19	9601.63
沧州市	实际碳排放	7708.19	7800.61	7567.67	7846.75	7975.41
	最优碳排放	6885.17	6841.77	6510.23	6561.48	6567.11
衡水市	实际碳排放	3331.82	3375.98	3216.41	3345.83	3372.61
	最优碳排放	3434.75	3434.60	3240.34	3255.88	3247.55
邢台市	实际碳排放	5474.75	5486.00	5197.53	5379.60	5482.41
	最优碳排放	5540.87	5519.94	5292.20	5553.71	5604.29
邯郸市	实际碳排放	8163.07	8228.61	7781.65	7783.94	7729.73
	最优碳排放	8375.14	8555.33	8201.18	8645.31	8649.15

其中，各地级市实际碳排放量即为根据中国碳核算数据库检索得到的各年数据，各地级市最优碳排放量为以 2013 ~ 2017 年的实际碳

排放量作为初始碳排放配额，通过 ZSG – DEA 模型多次迭代实现各决策单元即各地级市 DEA 效率值等于 1.00 时的碳排放额度。除此之外，通过 ZSG – DEA 模型，还可以得到在 2013～2017 年各年度中，各地级市碳排放配额的初始效率值及多次迭代的效率值，最终都实现了效率值等于 1.00。各地级市碳排放配额效率值优化过程及碳减排空间变化如表 11 –2 所示。

表 11 –2　　　　　　　ZSG – DEA 模型下各地级市碳排放
配额效率值及碳减排空间

地级市	2013 年			2014 年		
	初始效率值	第一次迭代	最终效率值	初始效率值	第一次迭代	最终效率值
石家庄市	1.00	1.00	1.00	1.00	1.00	1.00
承德市	1.00	1.00	1.00	1.00	1.00	1.00
张家口市	0.66	0.96	1.00	0.65	0.96	1.00
秦皇岛市	0.79	1.00	1.00	0.79	1.00	1.00
唐山市	1.00	1.00	1.00	1.00	1.00	1.00
廊坊市	0.64	0.96	1.00	0.65	0.97	1.00
保定市	1.00	1.00	1.00	1.00	1.00	1.00
沧州市	0.82	0.98	1.00	0.80	0.98	1.00
衡水市	0.92	0.99	1.00	1.00	0.91	1.00
邢台市	0.91	0.99	1.00	0.90	0.99	1.00
邯郸市	0.93	0.99	1.00	0.94	0.99	1.00
平均值	0.88	0.99	1.00	0.89	0.98	1.00

地级市	2015 年			2016 年			
	初始效率值	第一次迭代	最终效率值	初始效率值	第一次迭代	第二次迭代	最终效率值
石家庄市	1.00	1.00	1.00	1.00	1.00	1.00	1.00
承德市	1.00	1.00	1.00	1.00	1.00	1.00	1.00
张家口市	0.66	0.96	1.00	0.66	0.97	1.00	1.00
秦皇岛市	0.78	1.00	1.00	0.76	1.00	0.98	1.00

地级市	2015 年			2016 年			
	初始效率值	第一次迭代	最终效率值	初始效率值	第一次迭代	第二次迭代	最终效率值
唐山市	1.00	1.00	1.00	1.00	1.00	1.00	1.00
廊坊市	0.71	0.97	1.00	0.71	0.98	1.00	1.00
保定市	1.00	1.00	1.00	1.00	1.00	1.00	1.00
沧州市	0.79	0.98	1.00	0.78	0.98	1.00	1.00
衡水市	1.00	0.91	1.00	1.00	0.88	1.00	1.00
邢台市	0.92	0.99	1.00	0.94	0.99	1.00	1.00
邯郸市	0.95	0.99	1.00	1.00	1.00	1.00	1.00
平均值	0.89	0.98	1.00	0.89	0.98	0.99	1.00

地级市	2017 年			碳减排空间（万吨）				
	初始效率值	第一次迭代	最终效率值	2013 年	2014 年	2015 年	2016 年	2017 年
石家庄市	1.00	1.00	1.00	-1195.24	-1214.70	-1070.33	-1054.02	-1129.42
承德市	1.00	1.00	1.00	-302.88	-301.77	-264.98	-257.43	-269.84
张家口市	0.65	0.96	1.00	1075.78	1103.84	1040.57	1009.97	982.74
秦皇岛市	0.75	1.00	1.00	326.79	326.06	374.24	514.32	601.94
唐山市	1.00	1.00	1.00	-1248.96	-1289.52	-1153.45	-1153.35	-1213.98
廊坊市	0.71	0.97	1.00	1890.44	1858.39	1464.25	1535.07	1557.17
保定市	1.00	1.00	1.00	-987.84	-1021.87	-909.6	-934.29	-1020.68
沧州市	0.76	0.98	1.00	823.02	958.84	1057.44	1285.27	1408.3
衡水市	1.00	0.86	1.00	-102.93	-58.62	-23.93	89.95	125.06
邢台市	0.93	0.99	1.00	-66.12	-33.94	-94.67	-174.11	-121.88
邯郸市	1.00	1.00	1.00	-212.07	-326.72	-419.53	-861.37	-919.42
平均值	0.89	0.98	1.00	—	—	—	—	—

　　为了更清楚地分析河北省各地级市碳排放额度的变化趋势，本书

根据河北省 2013～2017 年各地级市的实际碳排放量、最优碳排放量与碳减排空间分别做了折线图，如图 11－1 所示。

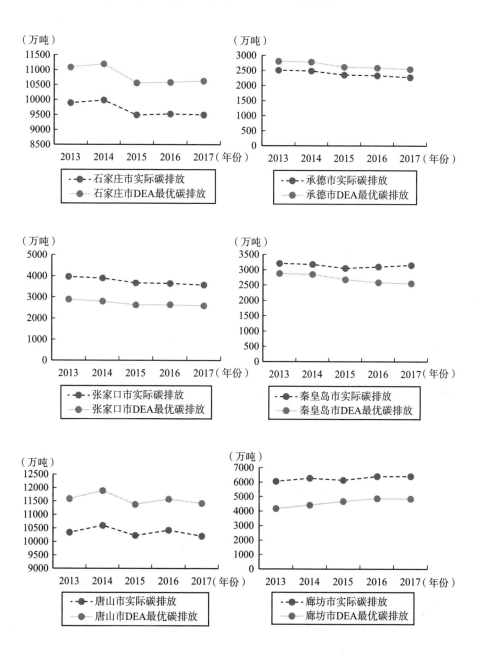

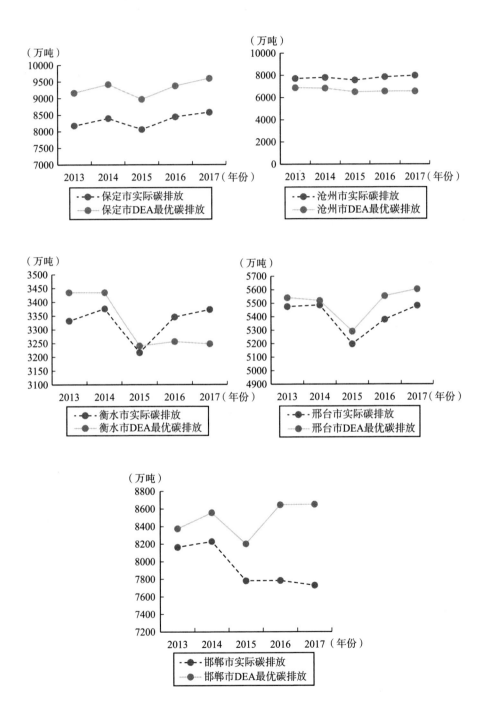

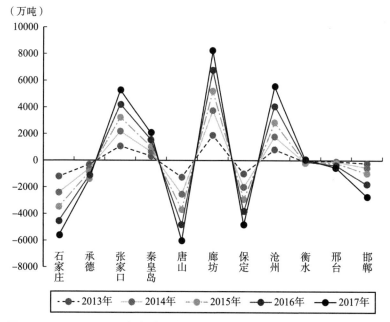

图 11 – 1 2013 ~ 2017 年各地级市实际碳排放、最优碳排放与碳减排空间

结合表 11 – 2 与图 11 – 1，可以明显得出以下对河北省各地级市碳排放趋势的分析。

（一）各地级市碳排放自我变动趋势分析

如表 11 – 2 所示，石家庄市的初始效率值与迭代效率值始终为1.00，说明石家庄市 2013 ~ 2017 年均具有很高的碳排放分配效率。如图 11 – 1 所示，石家庄市 2013 ~ 2017 年的碳排放额度呈现出"先上升，后下降，然后平缓"的趋势，并且石家庄市 2013 ~ 2017 年的实际碳排放量始终低于由 ZSG – DEA 模型测算出的最优碳排放分配，相差额度较大，说明石家庄市有很好的减排空间，未来的减排压力较小。

如表 11 – 2 所示，承德市的初始效率值与迭代效率值始终为1.00，说明承德市 2013 ~ 2017 年均具有很高的碳排放分配效率。如图 11 – 1 所示，承德市 2013 ~ 2017 年的碳排放额度呈现出"平缓下降"的趋势，并且承德市 2013～2017 年的实际碳排放量始终低于由 ZSG - DEA 模型测算出的最优碳排放分配，相差额度不大，说明承德市有较好的减排空间，未来的减排压力相对较小。

如表 11 - 2 所示，张家口市的初始效率值始终是 11 个地级市中最低的，说明其碳排放分配效率很低，需要减少很高的碳排放量才能实现 DEA 有效。如图 11 - 1 所示，张家口市 2013～2017 年的碳排放额度呈现出"一直下降"的趋势，但是张家口市 2013～2017 年的实际碳排放量始终高于由 ZSG - DEA 模型测算出的最优碳排放分配，且相差额度较大，说明张家口市虽然正在努力减少碳排放，但效果不太明显，未来将会承担较高的碳减排责任，需要更多地出台相关举措减少碳排放。

如表 11 - 2 所示，秦皇岛市的初始效率值始终低于 11 个地级市的平均效率值，说明其碳排放分配效率较低，需要减少较高的碳排放量才能实现 DEA 有效。如图 11 - 1 所示，秦皇岛市 2013～2017 年的实际碳排放呈现出"先下降，后上升"的趋势，而最优碳排放额度呈现出"一直下降"的趋势，并且秦皇岛市 2013～2017 年的实际碳排放量始终高于由 ZSG - DEA 模型测算出的最优碳排放分配，相差额度较大且在一直加大，说明秦皇岛市迫切需要减少碳排放，未来将会承担较高的碳减排责任，需要更加注重出台实施相关的碳减排举措。

如表 11 - 2 所示，唐山市的初始效率值与迭代效率值始终为1.00，说明唐山市 2013～2017 年均具有很高的碳排放分配效率。如图 11 - 1 所示，唐山市 2013～2017 年的碳排放额度呈现出"波动式下降"的趋势，并且唐山市 2013～2017 年的实际碳排放量始终低于由 ZSG - DEA 模型测算出的最优碳排放分配，相差额度较大，说明唐山市有很好的减排空间，未来的减排压力较小。

如表 11 - 2 所示，廊坊市的初始效率值始终低于 11 个地级市的平均效率值，说明其碳排放分配效率较低，需要减少一定的碳排放量才能实现 DEA 有效。如图 11 - 1 所示，廊坊市 2013～2017 年的实际碳排放呈现出"平缓上升"的趋势，而最优碳排放额度呈现出"一直上升"的趋势,且上升速度高于实际碳排放的上升速度,然而廊坊市 2013 ~ 2017 年的实际碳排放量始终高于由 ZSG - DEA 模型测算出的最优碳排放分配,且相差额度较大,虽然相差额度在逐渐缩小,但廊坊市应该继续加强控制碳排放的工作,逐渐减轻未来的减排压力。

如表 11 - 2 所示,保定市的初始效率值与迭代效率值始终为 1.00,说明保定市 2013 ~ 2017 年均具有很高的碳排放分配效率。如图 11 - 1 所示,保定市 2013 ~ 2017 年的碳排放额度呈现出"先上升,后下降,再上升"的趋势,保定市 2013 ~ 2017 年的实际碳排放量始终低于由 ZSG - DEA 模型测算出的最优碳排放分配,相差额度较大,说明保定市有很好的减排空间,未来的减排压力较小。

如表 11 - 2 所示,沧州市的初始效率值始终低于 11 个地级市的平均效率值,说明其碳排放分配效率较低,需要减少较高的碳排放量才能实现 DEA 有效。如图 11 - 1 所示,沧州市 2013 ~ 2017 年的实际碳排放呈现出"趋于平缓"的趋势,而最优碳排放额度呈现出"缓慢下降"的趋势,并且沧州市 2013 ~ 2017 年的实际碳排放量始终高于由 ZSG - DEA 模型测算出的最优碳排放分配,相差额度在一直加大,说明沧州市迫切需要减少碳排放,未来将会承担较高的碳减排责任,需要更加注重出台实施相关的碳减排举措。

如表 11 - 2 所示,衡水市的初始效率值始终高于 11 个地级市的平均效率值,说明衡水市 2013 ~ 2017 年均具有较高的碳排放分配效率。如图 11 - 1 所示,衡水市 2013 ~ 2017 年的实际碳排放呈现出"先上升,后下降,再上升"的趋势,而最优碳排放额度呈现出总体下降的趋势,且衡水市 2013 ~ 2015 年的实际碳排放量低于由 ZSG - DEA 模型测算出的最优碳排放分配,而 2016 ~ 2017 年的实际碳排放量却开始高于由 ZSG - DEA 模型测算出的最优碳排放分配,虽然相差额度不大但呈现加大的趋势,说明衡水市需要注意控制碳减排,遏制这种不良趋势,减小未来的减排压力。

如表 11 - 2 所示,邢台市的初始效率值始终高于 11 个地级市的平均效率值,说明邢台市 2013 ~ 2017 年均具有较高的碳排放分配效率。如图 11 - 1 所示，邢台市 2013 ~ 2017 年的实际碳排放最优碳排放配额均呈现出"先下降，后上升"的趋势。邢台市 2013 ~ 2017 年的实际碳排放量一直低于由 ZSG - DEA 模型测算出的最优碳排放分配，一直具有一定的相差额度，说明邢台市具有较好的减排空间，未来减排压力较小。

如表 11 - 2 所示，邯郸市的初始效率值始终高于 11 个地级市的平均效率值，说明邯郸市 2013 ~ 2017 年均具有较高的碳排放分配效率。如图 11 - 1 所示，邯郸市 2013 ~ 2017 年的实际碳排放呈现出"一直下降"的趋势，最优碳排放配额呈现出"先下降，后上升"的趋势。并且邯郸市 2013 ~ 2017 年的实际碳排放量一直低于由 ZSG - DEA 模型测算出的最优碳排放分配，具有较大的相差额度且在逐渐加大，说明邯郸市碳减排工作到位，具有很好的减排空间，未来的减排压力比较小。

（二）各地级市碳排放对比分析

如表 11 - 2 与图 11 - 1 所示，2013 ~ 2017 年石家庄市、承德市、唐山市、保定市、邢台市、邯郸市的碳减排空间始终为负数，说明其实际碳排放低于由 ZSG - DEA 模型测算出的最优碳排放分配，具有良好的减排空间，按照图 11 - 1 最后的各地级市碳减排空间堆积折线图的数值可以对其减排潜力进行排序，减排潜力由大到小分别是唐山市、石家庄市、保定市、邯郸市、承德市、邢台市。

如表 11 - 2 与图 11 - 1 所示，2013 ~ 2017 年衡水市的碳减排空间由负值变为正值，说明衡水市碳减排工作力度不够，需要及时出台措施，遏制这种不良趋势，减小未来的减排压力。2013 ~ 2017 年张家口市、秦皇岛市、廊坊市、沧州市的碳减排空间始终为正数，说明其实际碳排放高于由 ZSG - DEA 模型测算出的最优碳排放分配，具有较大的减排责任和减排压力，按照图 11 - 1 最后的各地级市碳减排空间堆积折线图的数值可以对其减排压力进行排序，减排压力由大到小分别是廊坊市、沧州市、张家口市、秦皇岛市、衡水市。由此可以对河北省 11 个地级市进行分类，如表 11 - 3 所示。

表 11 - 3   河北省各地级市碳减排空间分类

碳减排潜力城市	碳减排责任城市
唐山市	廊坊市
石家庄市	沧州市
保定市	张家口市
邯郸市	秦皇岛市
承德市	衡水市
邢台市	—

如表 11 - 3 所示，在河北省未来的减排工作中，碳减排潜力高的这六个地级市其自身碳减排空间较大，可以高效高质地完成减排任务，在省级减排工作中可以对这六个地级市按其减排能力适当增加减排任务，保证总体减排工作按时按量完成；而其他五个地级市减排难度大，减排责任重，应作为减排工作的重点进行扶持帮助，在不影响或少影响其地方经济社会发展的前提下实现减排目标，或适当减少其减排任务，由其他地级市适当分担。

第二节　基于分配方案的各地级市碳达峰结果分析

一、指标预测

针对前文对碳达峰碳中和的不同情景分析，根据《河北统计年鉴 2021》得到的 2020 年河北省各地级市的 GDP、人口及能源消耗量，按照各地级市发展实际在不同情景下设定的不同指标增速，以此预测在不同情景下，2021 年到碳达峰节点以及碳达峰节点到碳中和节点各年的 GDP 总量、人口总量以及能源消耗总量，并且由于省级预测指标增速与市级指标增速有差别，因此将预测得到的省级 GDP、人口与能源消耗量按各地级市预测的比例进行分配，保证总体数据的一致性。

将前文中预测的 2021 年到碳达峰节点以及碳达峰节点到碳中和节点各年的碳排放量按 2013～2017 年各地级市碳排放量的占比对各地级市进行初始分配，再通过 ZSG – DEA 模型进行再分配，多次迭代，直至各地级市的碳排放分配效率等于 1.00。预测指标增速设计如下。

GDP：根据河北省 11 个地级市各自的《经济和社会发展第十四个五年规划和二〇三五年远景目标纲要》，石家庄市"十四五"时期预期地区生产总值年均增长 6.00%，承德市"十四五"时期预期地区生产总值年均增长 6.00%，张家口市"十四五"时期预期地区生产总值年均增长 6.00%，秦皇岛市"十四五"时期预期地区生产总值年均增长 6.50%，唐山市"十四五"时期预期地区生产总值年均增长 7.00%，廊坊市"十四五"时期预期地区生产总值年均增长 6.50%，保定市"十四五"时期预期地区生产总值年均增长 8.00%，沧州市"十四五"时期预期地区生产总值年均增长 7.00%，衡水市"十四五"时期预期地区生产总值年均增长 6.00%，邢台市"十四五"时期预期地区生产总值年均增长 7.00%，邯郸市"十四五"时期预期地区生产总值年均增长 6.50%，因此设置高增长、中增长、低增长三种模式，中增长模式指标设定参照各地级市"十四五"预期 GDP 增速，高增长模式与低增长模式的指标增速以中增长模式为基础各增加与减少 1.00%。考虑到在低碳背景下，经济发展水平有所让步，各模式下 GDP 增速每五年降低 2.00%，最低保持 1.00% 不变。

人口：查询河北省各地级市人口相关政策文件，仅有石家庄市发布了"十四五"人口规划，计算可得预期年均增速为 1.00%。为设置其他各地级市的人口增速指标，计算得出除石家庄市外河北省各地级市 2016～2020 年的人口平均变化率，据此设为人口中增长下的增速。其中，承德市 2016～2020 年的人口平均变化率为 −1.25%，张家口市 2016～2020 年的人口平均变化率为 −1.73%，秦皇岛市 2016～2020 年的人口平均变化率为 0.36%，唐山市 2016～2020 年的人口平均变化率为 −0.39%，廊坊市 2016～2020 年的人口平均变化率为 4.49%，保定市 2016～2020 年的人口平均变化率为 −0.18%，沧州市 2016～2020 年的人口平均变化率为 −0.67%，衡水市 2016～2020 年的人口平均变化率为 −1.35%，邢台市 2016～2020 年的人口平均变化率为 −0.71%，邯郸市 2016～2020 年的人口平均变化率为 −0.20%。高增长模式与低增长模式的指标增速以中增长模式为基础各增加与减少 0.15%。根据前文所设省级人口预测指标可知，河北省将于 2030 年左右达峰，又考虑到各地级市近五年有部分是人口负增长，因此根据人口增长正负设不同增速。现为人口正增长的地级市人口增速五年下降一半，人口顶峰为 2030 年，2030 年后按增速一半减少；现为人口负增长的地级市按所设降速一直减少至 2030 年，在 2030 年后降速减半。

能源消耗总量：能源消耗总量根据不同情景下预测的能源强度与不同情景下预测的 GDP 计算得到不同情景下的能源消耗量。河北省各地级市 2020 年的能源强度及单位产值能耗根据《河北经济年鉴》计算得出。

查询河北省各地级市相关政策文件，仅有石家庄市在"十四五"规划中提出单位 GDP 能耗累计下降 15.00% 的目标，计算可得预期年均下降 3.00%。为设置其他各地级市的能源强度减排指标，计算得出除石家庄市外河北省各地级市 2016～2020 年的单位 GDP 能耗的平均变化率，据此设为中减排情景下河北省各地级市能源强度的降速。其中，承德市 2016～2020 年的单位 GDP 能耗平均变化率为 3.98%，张家口市 2016～2020 年的单位 GDP 能耗平均变化率为 5.15%，秦皇岛市 2016～2020 年的单位 GDP 能耗平均变化率为 5.65%，唐山市 2016～2020 年的单位 GDP 能耗平均变化率为 3.43%，廊坊市 2016～2020

年的单位 GDP 能耗平均变化率为 6.74%，保定市 2016～2020 年的单位 GDP 能耗平均变化率为 4.70%，沧州市 2016～2020 年的单位 GDP 能耗平均变化率为 3.55%，衡水市 2016～2020 年的单位 GDP 能耗平均变化率为 4.17%，邢台市 2016～2020 年的单位 GDP 能耗平均变化率为 5.26%，邯郸市 2016～2020 年的单位 GDP 能耗平均变化率为 6.77%。高减排模式指标降速以中减排模式为基础各增加 0.50%。结合前文所设省级能源强度预测指标，调整各地级市能源强度降速每五年减少 1.00%，最多保持 2.00% 不变。

具体指标设计如表 11 - 4 所示。

表 11 - 4　　　　　　　河北省各地级市不同指标情景设计　　　　单位：%

地级市	GDP			人口			单位 GDP 能耗	
	高增长	中增长	低增长	高增长	中增长	低增长	高减排	中减排
石家庄市	7.00	6.00	5.00	1.15	1.00	0.85	3.50	3.00
承德市	7.00	6.00	5.00	-1.10	-1.25	-1.40	4.48	3.98
张家口市	7.00	6.00	5.00	-1.58	-1.73	-1.88	5.65	5.15
秦皇岛市	7.50	6.50	5.50	0.51	0.36	0.21	6.15	5.65
唐山市	8.00	7.00	6.00	-0.24	-0.39	-0.54	3.93	3.43
廊坊市	7.50	6.50	5.50	4.64	4.49	4.34	7.24	6.74
保定市	9.00	8.00	7.00	-0.03	-0.18	-0.33	5.20	4.70
沧州市	8.00	7.00	6.00	-0.52	-0.67	-0.82	4.05	3.55
衡水市	7.00	6.00	5.00	-1.2	-1.35	-1.50	4.67	4.17
邢台市	8.00	7.00	6.00	-0.56	-0.71	-0.86	5.76	5.26
邯郸市	7.50	6.50	5.50	-0.05	-0.20	-0.35	7.27	6.77

二、计算结果及分析

根据前文所设立的不同情景及预测结果，总共有五种可以实现 2030 年碳达峰与 2060 年前碳中和的情景，分别是 Ⅲ - Ⅱ 情景（人口、人均 GDP、城镇化水平中增长，能源强度高减排，林业投资、造林总面积高增长，森林病虫鼠害面积、耕地面积中降低）、Ⅳ－Ⅱ情景（人口、人均 GDP、城镇化水平中增长，能源强度中减排，林业投资、造林总面积高增长，森林病虫鼠害面积、耕地面积中降低）、Ⅴ－Ⅳ情景（人口、人均 GDP、城镇化水平低增长，能源强度高减排，林业投资、造林总面积中增长，森林病虫鼠害面积、耕地面积中降低）、Ⅴ－Ⅵ情景（人口、人均 GDP、城镇化水平低增长，能源强度高减排，林业投资、造林总面积低增长，森林病虫鼠害面积、耕地面积中降低）、Ⅵ－Ⅵ情景（人口、人均 GDP、城镇化水平低增长，能源强度中减排，林业投资、造林总面积低增长，森林病虫鼠害面积、耕地面积中降低）。

为方便计算和说明，本章选取了 Ⅴ－Ⅵ 情景这一种情景进行分析，在这种情景下，河北省将在 2030 年实现碳达峰，在 2060 年实现碳中和，与国家碳减排目标一致，比较具有代表性。

将前文中预测的 Ⅴ－Ⅵ 情景下河北省 2021 年到碳达峰节点各年的碳排放量按 2013～2017 年各地级市碳排放量的占比对各地级市进行初始分配，按照各地级市在 Ⅴ－Ⅵ 情景下设定的指标增速计算得到 2021 年到碳达峰节点各年的 GDP 总量、人口总量以及能源消耗总量，并且将 Ⅴ－Ⅵ 情景下预测得到的 2021 年到碳达峰节点各年的省级 GDP、人口与能源消耗量按各地级市预测值的比例进行分配，再通过 ZSG－DEA 模型对各地级市碳排放额度进行再分配，多次迭代，直至各地级市的碳排放分配效率等于 1.00，得到结果如下。

（一）各地级市碳排放自我变动趋势分析

如图 11－2 所示，石家庄市 2021～2030 年的预测碳排放量与最优碳排放量大体呈现出"平缓上升"的趋势，且增速越来越低，逐渐达到峰值，符合河北省 2030 年碳达峰的总体趋势。如图 11－2 所示，石家庄市 2021～2030 年的最优碳排放始终高于石家庄市的预测碳排放，如图 11－3、图 11－4 与图 11－5 所示，石家庄市 2021～2030 年的碳减排空间与碳减排比例一直为负值（图 11-5 中石家庄市、承德市、唐山市、保定市碳减排比例相同，折线重合），且其绝对值都在一直加大，说明石家庄市碳减排空间充足，碳减排形势良好。

如图 11-2 所示，承德市 2021~2030 年的预测碳排放量与最优碳排放量大体呈现出"平缓上升"的趋势，且增速越来越低，逐渐达到峰值，符合河北省 2030 年碳达峰的总体趋势。如图 11-2 所示，承德市 2021~2030 年的最优碳排放始终高于承德市的预测碳排放，如图 11-3、图 11-4 与图 11-5 所示，承德市 2021~2030 年的碳减排空间与碳减排比例一直为负值，且其绝对值都在一直加大，说明承德市碳减排空间充足，碳减排形势良好。

如图 11-2 所示，张家口市 2021~2030 年的预测碳排放量与最优碳排放量大体呈现出"平缓上升"的趋势，且增速越来越低，逐渐达到峰值，符合河北省 2030 年碳达峰的总体趋势。如图 11-2 所示，张家口市 2021~2030 年的最优碳排放始终低于张家口市的预测碳排放，如图 11-3、图 11-4 与图 11-5 所示，张家口市 2021~2030 年的碳减排空间与碳减排比例一直为正值，且其绝对值一直在加大，说明张家口市碳减排空间严重不足，碳减排压力愈来愈大，需要及早采取措施进行整治，尽量使其碳排放量减少到所测的最优碳排放量，实现碳排放效率最优。

如图 11-2 所示，秦皇岛市 2021~2030 年的预测碳排放量与最优碳排放量大体呈现出"平缓上升"的趋势，且增速越来越低，逐渐达到峰值，符合河北省 2030 年碳达峰的总体趋势。如图 11-2 所示，秦皇岛市 2021~2030 年的最优碳排放始终低于秦皇岛市的预测碳排放，如图 11-3、图 11-4 与图 11-5 所示，秦皇岛市 2021~2030 年的碳减排空间与碳减排比例一直为正值，其绝对值在平缓下降，说明秦皇岛市碳减排空间不足，碳减排压力较大，但其趋势开始得到逐渐遏制，减轻了整治工作的压力，但也应该及早整治，尽量使其碳排放量减少到所测的最优碳排放量，实现碳排放效率最优。

如图 11-2 所示，唐山市 2021~2030 年的预测碳排放量与最优碳排放量大体呈现出"平缓上升"的趋势，且增速越来越低，逐渐达到峰值，符合河北省 2030 年碳达峰的总体趋势。如图 11 - 2 所示，唐山市 2021～2030 年的最优碳排放始终高于唐山市的预测碳排放，如图 11 - 3、图 11 - 4 与图 11 - 5 所示，唐山市 2021～2030 年的碳减排空间与碳减排比例一直为负值，且其绝对值都在一直加大，说明唐山市碳减排空间充足，碳减排形势良好。

如图 11 - 2 所示，廊坊市 2021～2030 年的预测碳排放量与最优碳排放量大体呈现出"平缓上升"的趋势，且增速越来越低，逐渐达到峰值，符合河北省 2030 年碳达峰的总体趋势。如图 11 - 2 所示，廊坊市 2021～2029 年的最优碳排放始终低于廊坊市的预测碳排放，而在 2030 年廊坊市的最优碳排放高于预测碳排放，如图 11 - 3、图 11 - 4 与图 11 - 5 所示，廊坊市 2021～2029 年的碳减排空间与碳减排比例一直为正值，且其绝对值都在一直减小，2030 年廊坊市的碳减排空间与碳减排比例变为负值，说明廊坊市在未来的发展中，其碳排放逐渐得到了良好的控制，碳减排形势逐渐变好。

如图 11 - 2 所示，保定市 2021～2030 年的预测碳排放量与最优碳排放量大体呈现出"平缓上升"的趋势，且增速越来越低，逐渐达到峰值，符合河北省 2030 年碳达峰的总体趋势。如图 11 - 2 所示，保定市 2021～2030 年的最优碳排放始终高于保定市的预测碳排放，如图 11 - 3、图 11 - 4 与图 11 - 5 所示，保定市 2021～2030 年的碳减排空间与碳减排比例一直为负值，且其绝对值都在一直加大，说明保定市碳减排空间充足，碳减排形势良好。

如图 11 - 2 所示，沧州市 2021～2030 年的预测碳排放量与最优碳排放量大体呈现出"平缓上升"的趋势，且增速越来越低，逐渐达到峰值，符合河北省 2030 年碳达峰的总体趋势。如图 11 - 2 所示，沧州市 2021～2030 年的最优碳排放始终低于沧州市的预测碳排放，如图 11 - 3、图 11 - 4 与图 11 - 5 所示，沧州市 2021～2030 年的碳减排空间和碳减排比例一直为正值，其绝对值呈略微下降的趋势，说明沧州市碳减排空间不足，碳减排压力较大，但逐渐开始有下降趋势，说明逐渐开始注意控制碳排放，但还是需要及早采取措施进行整治，尽量使其碳排放量减少到所测的最优碳排放量，实现碳排放效率最优。

如图 11 - 2 所示，衡水市 2021～2030 年的预测碳排放量与最优碳排放量大体呈现出"平缓上升"的趋势，且增速越来越低，逐渐达到峰值，符合河北省 2030 年碳达峰的总体趋势。如图 11 - 2 所示，衡水市 2021～2030 年的最优碳排放始终低于衡水市的预测碳排放，如图 11 - 3、图 11 - 4 与图 11 - 5 所示，衡水市 2021～2030 年的碳减排空间与碳减排比例一直为正值，且其绝对值一直在加大，说明衡水市碳减排空间不足，碳减排压力逐渐加大，需要在这十年碳减排差距不大的时候及早遏制这种不良趋势，采取措施进行整治，尽量使其碳排放量减少到所测的最优碳排放量，实现碳排放效率最优。

如图 11 - 2 所示，邢台市 2021～2030 年的预测碳排放量与最优碳排放量大体呈现出"平缓上升"的趋势，且增速越来越低，逐渐达到峰值，符合河北省 2030 年碳达峰的总体趋势。如图 11 - 2 所示，邢台市 2021～2029 年的最优碳排放始终高于邢台市的预测碳排放，但在 2030 年邢台市的最优碳排放低于预测碳排放，如图 11 - 3、图 11 - 4 与图 11 - 5 所示，邢台市 2021～2029 年的碳减排空间与碳减排比例一直为负值，且其绝对值都在一直减小，在 2030 年碳减排空间与碳减排比例变为正值，说明邢台市这十年总体碳减排空间较充足，但其碳减排形势在逐渐恶化，减排压力逐渐增加，需要采取措施及时进行整治，使其继续实现碳排放效率最优。

如图 11 - 2 所示，邯郸市 2021～2030 年的预测碳排放量与最优碳排放量大体呈现出"平缓上升"的趋势，且增速越来越低，逐渐达到峰值，符合河北省 2030 年碳达峰的总体趋势。如图 11 - 2 所示，邯郸市 2021～2026 年的最优碳排放始终高于邯郸市的预测碳排放，2027～2030 年邯郸市的最优碳排放低于预测碳排放，如图 11 - 3、图 11 - 4 与图 11 - 5 所示，邯郸市 2021～2026 年的碳减排空间与碳减排比例一直为负值，且其绝对值都在一直减小，2027～2030 年的碳减排空间与碳减排比例变为正值，且其绝对值都在一直增大，说明邯郸市碳减排形势在逐渐恶化，逐渐由碳减排充足变为碳减排不充足，需要采取措施及时进行整治，使其继续实现碳排放效率最优。

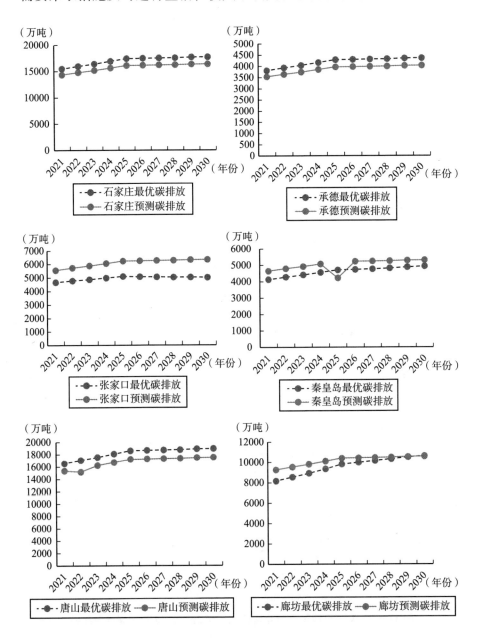

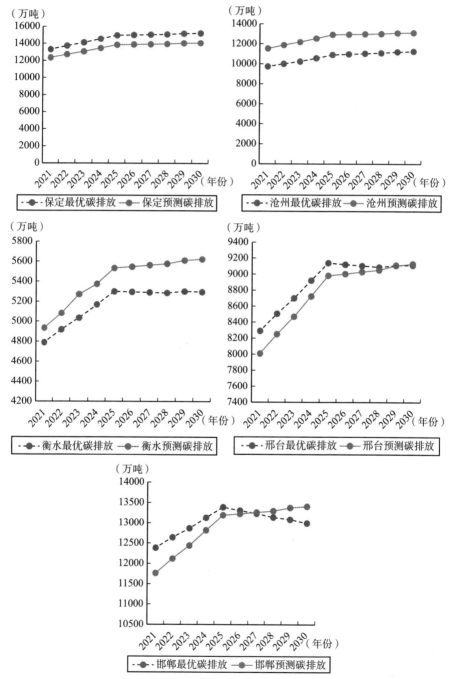

图 11 - 2　Ⅴ - Ⅵ情景下河北省各地级市 2021~2030 年碳排放配额

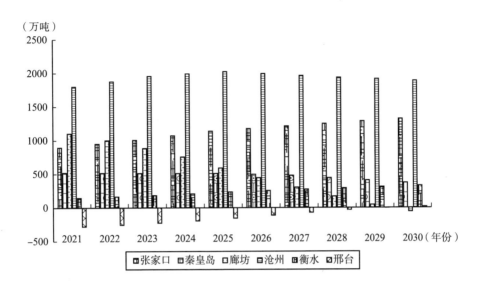

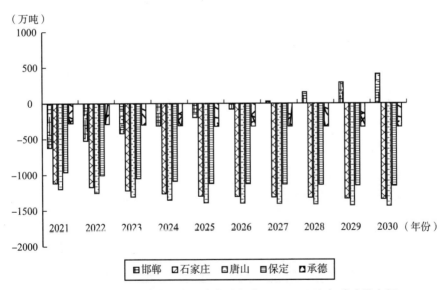

图 11-3 Ⅴ-Ⅵ情景下河北省各地级市 2021~2030 年碳减排空间

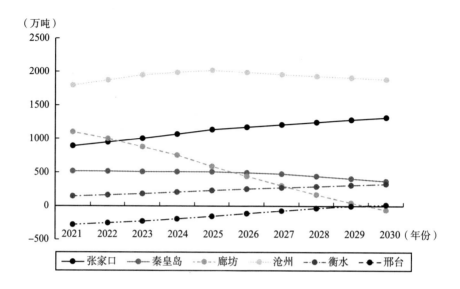

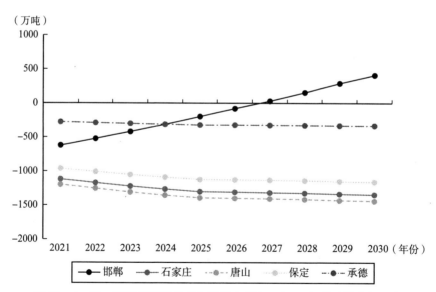

图 11 - 4　V - VI情景下河北省各地级市 2021~2030 年碳减排空间组合

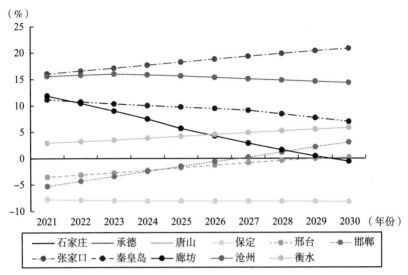

图 11 – 5 V – Ⅵ情景下河北省各地级市 2021～2030 年碳减排比例

注：图中石家庄、承德、唐山、保定折线重合。

（二）各地级市碳排放对比分析

如表 11 –5 所示，各地级市 2021～2030 年碳达峰的累计碳减排空间，其中，石家庄市、承德市、唐山市、保定市、邢台市、邯郸市的累计碳减排空间为负，具有相对充足的减排空间，张家口市、秦皇岛市、廊坊市、沧州市、衡水市的累计碳减排空间为正，具有较重的减排压力。但是单从累计碳减排空间不能看出各地级市自身碳减排能力的变化，不能全面评价各市的碳减排压力，因此要结合碳排放比例进行分析。

表 11 –5   V – Ⅵ情景下河北省各地级市 2021～2030 年

累计碳减排空间   单位：万吨

地级市	累计碳减排空间
石家庄市	– 12695. 46
承德市	– 3130. 51
张家口市	11294. 31

续表

地级市	累计碳减排空间
秦皇岛市	4747.90
唐山市	-13588.85
廊坊市	5223.22
保定市	-10931.56
沧州市	19313.94
衡水市	2376.16
邢台市	-1336.02
邯郸市	-1273.12

　　碳减排比例为碳减排空间与自身预测碳排放的比值，其值越大，说明其自身碳减排压力和碳减排责任越重。如图11-5所示，2021~2030年，张家口市的碳减排比例始终是这11个地级市中最高的，且在逐渐加大，说明其碳减排压力将越来越大；沧州市和秦皇岛市的碳减排比例也很高，但已经有开始下降的趋势；廊坊市碳减排比例下降最快，并成功将比例降到负值，碳减排空间逐渐充足；衡水市碳减排比例始终为正并逐年上升，碳减排压力不断加大；邢台市与邯郸市的碳减排比例都从负值变为正值，且呈现不断上升趋势，碳减排形势开始恶化；石家庄市、唐山市、承德市、保定市这四个地级市的碳排放比例始终为负且一直下降，表明碳减排空间充足。综上，河北省各地级市按碳达峰减排压力由大到小依次排序为张家口市、沧州市、秦皇岛市、衡水市、邯郸市、邢台市、廊坊市、石家庄市、保定市、唐山市、承德市（最后四个地级市排序相同，不分先后）。

第三节　基于分配方案的各地级市
碳中和结果分析

　　根据前文所设立的不同情景，将对应不同情景下计算得到的初始碳分配额度、GDP、人口数量及能源消耗量代入 ZSG – DEA 模型，分别得到如下结果，如表 11 – 6 所示。

表 11 – 6　　　　　V – Ⅵ情景下河北省各地级市 2021～2060 年
累计碳减排空间　　　　　　　　　单位：万吨

地级市	2021～2030 年	2031～2060 年	2021～2060 年
石家庄市	– 12695. 46	– 43149. 81	– 55845. 27
承德市	– 3130. 51	– 10640. 08	– 13770. 59
张家口市	11294. 31	40056. 42	51350. 73
秦皇岛市	4747. 90	2597. 73	7345. 63
唐山市	– 13588. 85	– 46186. 29	– 59775. 14
廊坊市	5223. 22	14503. 10	19726. 32
保定市	– 10931. 56	– 37154. 60	– 48086. 16
沧州市	19313. 94	50041. 53	69355. 47
衡水市	2376. 16	10540. 97	12917. 13
邢台市	– 1336. 02	1726. 98	390. 96
邯郸市	– 1273. 12	17664. 05	16390. 93

（一）各地级市碳排放自我变动趋势分析

如图 11 – 8 所示，石家庄市 2031～2060 年的预测碳排放量与最优碳排放量大体呈现出"平缓下降"的趋势，符合河北省 2030 年碳达峰 2060 年碳中和的总体趋势。如图 11 – 8 所示，石家庄市 2031～2060 年的最优碳排放始终高于石家庄市的预测碳排放，如图 11 – 6 与图 11 – 7 所示，石家庄市 2031～2060 年的碳减排空间与碳减排比例一直为负值（图 11 – 7 中石家庄市、承德市、唐山市、保定市碳减排比例相同，折线重合），呈现一个"平缓下降"的趋势，说明石家庄市碳减排空间持续稳定充足，碳减排形势良好。

如图 11 – 8 所示，承德市 2031～2060 年的预测碳排放量与最优碳排放量大体呈现出"平缓下降"的趋势，符合河北省 2030 年碳达峰 2060 年碳中和的总体趋势。如图 11 - 8 所示，承德市 2031 ~ 2060 年的最优碳排放始终高于承德市的预测碳排放，如图 11 - 6 与图 11 - 7 所示，承德市 2031 ~ 2060 年的碳减排空间与碳减排比例一直为负值，呈现一个"平缓下降"的趋势，说明承德市碳减排空间持续稳定充足，碳减排形势良好。

如图 11 - 8 所示，张家口市 2031 ~ 2060 年的预测碳排放量与最优碳排放量大体呈现出"平缓下降"的趋势，符合河北省 2030 年碳达峰 2060 年碳中和的总体趋势。如图 11 - 8 所示，张家口市 2031 ~ 2060 年的最优碳排放始终低于张家口市的预测碳排放，如图 11 - 6 与图 11 - 7 所示，张家口市 2031 ~ 2060 年的碳减排空间与碳减排比例一直为正值，呈现一个"平缓上升"的趋势，说明张家口市碳减排空间持续严重不足，碳减排压力巨大。

如图 11 - 8 所示，秦皇岛市 2031 ~ 2060 年的预测碳排放量与最优碳排放量大体呈现出"平缓下降"的趋势，符合河北省 2030 年碳达峰 2060 年碳中和的总体趋势。如图 11 - 8 所示，秦皇岛市 2031 ~ 2051 年的最优碳排放始终低于秦皇岛市的预测碳排放，2052 ~ 2060 年最优碳排放高于预测碳排放，如图 11 - 6 与图 11 - 7 所示，秦皇岛市 2031 ~ 2051 年的碳减排空间与碳减排比例一直为正值，2052 ~ 2060 年的碳减排空间与碳减排比例一直为负值，呈现一个"不断下降"的趋势，说明秦皇岛市碳减排形势逐渐变好，碳减排压力逐渐减轻。

如图 11 - 8 所示，唐山市 2031 ~ 2060 年的预测碳排放量与最优碳排放量大体呈现出"平缓下降"的趋势，符合河北省 2030 年碳达峰 2060 年碳中和的总体趋势。如图 11 - 8 所示，唐山市 2031 ~ 2060 年的最优碳排放始终高于唐山市的预测碳排放，如图 11 - 6 与图 11 - 7 所示，唐山市 2031 ~ 2060 年的碳减排空间与碳减排比例一直为负值，呈现一个"平缓下降"的趋势，说明唐山市碳减排空间持续稳定充足，碳减排形势良好。

如图 11 - 8 所示，廊坊市 2031 ~ 2060 年的预测碳排放量与最优碳排放量大体呈现出"平缓下降"的趋势，符合河北省 2030 年碳达峰 2060 年碳中和的总体趋势。如图 11-8 所示，廊坊市 2031~2060 年的最优碳排放始终低于廊坊市的预测碳排放，如图 11-6 与图 11-7 所示，廊坊市 2031~2060 年的碳减排空间与碳减排比例一直为正值，呈现一个"不断上升"的趋势，说明廊坊市碳减排空间持续严重不足，碳减排压力巨大。

如图 11-8 所示，保定市 2031~2060 年的预测碳排放量与最优碳排放量大体呈现出"平缓下降"的趋势，符合河北省 2030 年碳达峰 2060 年碳中和的总体趋势。如图 11-8 所示，保定市 2031~2060 年的最优碳排放始终高于保定市的预测碳排放，如图 11-6 与图 11-7 所示，保定市 2031~2060 年的碳减排空间与碳减排比例一直为负值，呈现一个"平缓下降"的趋势，说明保定市碳减排空间持续稳定充足，碳减排形势良好。

如图 11-8 所示，沧州市 2031~2060 年的预测碳排放量与最优碳排放量大体呈现出"平缓下降"的趋势，符合河北省 2030 年碳达峰 2060 年碳中和的总体趋势。如图 11-6 与图 11-7 所示，沧州市 2031~2060 年的碳减排空间与碳减排比例一直为正值，说明沧州市碳减排空间持续严重不足，碳减排压力巨大。

如图 11-8 所示，衡水市 2031~2060 年的预测碳排放量与最优碳排放量大体呈现出"平缓下降"的趋势，符合河北省 2030 年碳达峰 2060 年碳中和的总体趋势。如图 11-8 所示，衡水市 2031~2060 年的最优碳排放始终低于衡水市的预测碳排放，如图 11-6 与图 11-7 所示，衡水市 2031~2060 年的碳减排空间与碳减排比例一直为正值，说明衡水市碳减排空间持续严重不足，碳减排压力巨大。

如图 11-8 所示，邢台市 2031~2060 年的预测碳排放量与最优碳排放量大体呈现出"平缓下降"的趋势，符合河北省 2030 年碳达峰 2060 年碳中和的总体趋势。如图 11-8 所示，邢台市 2031~2060 年的最优碳排放与预测碳排放始终相差不大，如图 11-6 与图 11-7 所示，邢台市 2031~2060 年的碳减排空间与碳减排比例总体为正值但趋于 0，说明邢台市未来碳减排控制较好，碳减排压力较小。

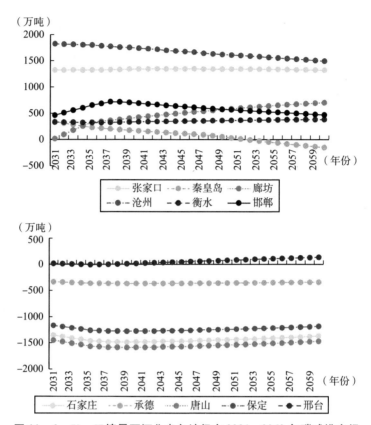

图 11 - 6　Ⅴ - Ⅵ情景下河北省各地级市 2031 ~ 2060 年碳减排空间

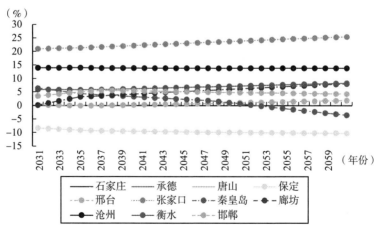

图 11 - 7　Ⅴ - Ⅵ情景下河北省各地级市 2031 ~ 2060 年碳减排比例

注：图中石家庄、承德、唐山、保定折线重合。

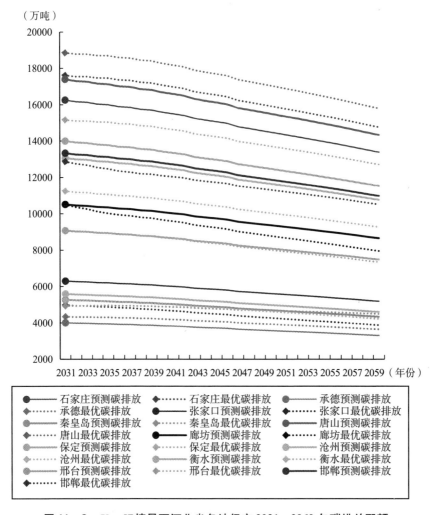

（万吨）

图 11 - 8　V - VI情景下河北省各地级市 2031 ~ 2060 年碳排放配额

如图 11 - 8 所示，邯郸市 2031 ~ 2060 年的预测碳排放量与最优碳排放量大体呈现出"平缓下降"的趋势，符合河北省 2030 年碳达峰 2060 年碳中和的总体趋势。如图 11 - 8 所示，邯郸市 2031 ~ 2060 年的最优碳排放始终低于邯郸市的预测碳排放，如图 11 - 6 与图 11 - 7 所示，邯郸市 2031 ~ 2060 年的碳减排空间与碳减排比例一直为正值，说明邯郸市碳减排空间持续严重不足，碳减排压力巨大。

（二）各地级市碳排放对比分析

如表 11 - 6 所示，在 Ⅴ - Ⅵ 情景下 2021～2060 年河北省各地级市在碳排放效率最优下的碳减排空间，其中，石家庄市、承德市、唐山市、保定市的碳排放空间始终充足，具有良好的减排能力，分别可以吸收 55845.27 万吨、13770.59 万吨、59775.14 万吨以及 48086.16 万吨的碳排放量。沧州市、张家口市、廊坊市、邯郸市、衡水市、秦皇岛市、邢台市的碳排放压力较大，分别需要减少 69355.47 万吨、51350.73 万吨、19726.32 万吨、16390.93 万吨、12917.13 万吨、7345.63 万吨、390.96 万吨的碳排放量。

第四篇

效率和公平视角下的河北省
分行业碳排放额度分解分析

本篇共包括三章内容，分别为：效率和公平视角下的河北省分行业碳减排潜力指数测算、基于信息熵的多因子混合加权分配模型构建、河北省分行业碳排放额度分配结果分析与讨论。本篇内容从行业视角分析河北省各个行业应承担的碳排放额度，将效率性、公平性、平稳性指标嵌入评估模型中，使得分析结果更具科学性与准确性。

第十二章

效率和公平视角下的河北省
分行业碳减排潜力指数测算

第一节　行业碳减排潜力指数设计

本书基于效率与公平角度对河北省分行业构建碳减排潜力指数，因此分别构建行业碳减排效率指数与行业碳减排公平指数。

行业碳减排效率指数主要选取行业碳排放强度和行业碳排放影子价格两个指标进行构建。行业碳排放强度的定义是一个行业增加一单位生产总值而对应增加的碳排放量，这个指数数值越高表明行业碳排放效率越低；行业碳排放影子价格的定义是一个行业下降一单位碳排放而需要增加的减排成本，由于发展环境与资源条件不同，河北省各个行业的碳减排成本也会有所不同。

行业碳减排公平指数主要选取行业人均碳排放量与行业人均生产总值两个指标进行构建。一个行业减排政策的制定不能仅仅以行业碳排放总量作为依据，行业就业人数也要被考虑到，因此将行业人均碳排放量作为构建公平指数的指标之一。一个行业的平均经济发展状况可以通过行业人均生产总值这个指标进行体现，这个指标也能反映出行业减排的人均支付能力，因此将行业人均生产总值作为另一个指标来构建公平指数。

式（12-1）、式（12-2）、式（12-3）分别表示了行业碳减排潜力指数 I_{cerp}、行业碳排放效率指数 I_{ef}、行业碳排放公平指数 I_{eq} 的计算过程。其中，I_e 代表的是行业碳排放强度，P 代表的是行业碳排放影子价格，E 代表的是行业人均碳排放量，G 代表的是行业人均生产总值。

$$I_{cerp} = \theta \times I_{ef} + (1-\theta) \times I_{eq} \qquad (12-1)$$

$$I_{ef} = \alpha \times I_e + (1-\alpha) \times P \qquad (12-2)$$

$$I_{eq} = \beta \times E + (1-\beta) \times G \qquad (12-3)$$

其中，θ、α、β 均为大于 0 小于 1 的权数。

由于行业碳排放强度、行业碳排放影子价格、行业人均碳排放量和行业人均生产总值这 4 个指标的单位不同，为了便于比较分析，首先需要对这 4 个指标数值进行标准化处理，即

$$x_i^* = \frac{x_i - \min x}{\max x - \min x} \qquad (12-4)$$

其中，i 代表不同行业。

各个指标数值通过标准化处理后，都会成为 [0，1] 范围内的数值。当 α 取值为 0.50 时，行业碳排放强度和行业碳排放影子价格会得到相同的权重，由此可以计算得到行业碳排放效率指数 I_{ef}。当 β 取值为 0.50 时，行业人均碳排放量和行业人均生产总值会得到相同的权重，由此可以计算得到行业碳排放公平指数 I_{eq}。

而对于行业碳减排潜力指数 I_{cerp} 来说，θ 的不同取值可以体现行业碳减排潜力指数对于效率与公平的不同侧重。当 θ 取值为 0.50 时，行业碳排放潜力指数 I_{cerp} 中的效率和公平具有相同的权重，此时测算出的行业碳减排潜力指数在效率和公平两方面同等重要。当时，就会得到侧重于效率的行业碳减排潜力指数 I_{cerp}。当 θ 取值为大于 0 小于 0.50 的值时，就会得到侧重于公平的行业碳减排潜力指数 I_{cerp}。

第二节　指标及数据选取

一、行业划分

根据《中国统计年鉴》及中国碳核算数据库（CEADs）发布的用 IPCC 分部门排放核算方法得出的省级碳排放清单，将与碳排放相关的行业主要分为如表 12 - 1 所示几类。

表 12 - 1　　　　　　　　　　河北省行业分类

序号	行业
1	农、林、牧、渔业
2	工业
3	建筑业
4	交通运输、仓储和邮政业
5	批发、零售业和住宿、餐饮业

二、数据选取

行业碳排放影子价格：采用超越对数生产函数模型估计得到河北省各行业各年的二氧化碳影子价格。超越对数生产函数的构建形式如下所示：

$$\ln Y_{it} = \alpha_0 + \alpha_1 \ln K_{it} + \alpha_2 \ln L_{it} + \alpha_3 \ln C_{it} + \alpha_4 (\ln K_{it})^2 + \alpha_5 (\ln L_{it})^2$$
$$+ \alpha_6 (\ln C_{it})^2 + \alpha_7 \ln K_{it} \ln L_{it} + \alpha_8 \ln K_{it} \ln C_{it} + \alpha_9 \ln L_{it} \ln C_{it}$$

$$(12 - 5)$$

其中，Y_{it} 为产出量，即行业 GDP；K 为资本存量，采用张军的永续盘存法，以 2003 年为基期计算得到；L 为劳动力存量，即行业就业人数；C 为二氧化碳排放量；t 为年份；i 为行业；α 为待估参数。

将各个变量代入模型，计算出各个参数 α 的值，从而得到河北省各行业各年的二氧化碳影子价格 P_{it} 为：

$$P_{it} = (\alpha_3 + 2\alpha_6 \ln C_{it} + \alpha_8 \ln K_{it} + \alpha_9 \ln L_{it}) \qquad (12-6)$$

行业碳排放强度：该数值为河北省各行业各年的二氧化碳排放总量除以各行业各年的行业生产总值。河北省各行业的行业生产总值数据来源于国家统计局相关资料。

行业人均碳排放量：该数值为河北省各行业各年二氧化碳排放总量除以河北省各行业当年社会就业人员数量。其中，河北省各行业各年二氧化碳排放总量数据来源于中国碳核算数据库（CAEDs）发布的用 IPCC 分部门排放核算方法得出的各年省级碳排放清单；河北省各行业各年社会就业人员总量数据来源于《河北经济年鉴》的分行业社会就业人员。

行业人均生产总值：该数值为河北省各行业各年的行业生产总值除以各行业各年的社会就业人员数量。

由于《河北经济年鉴2020》没有公布分行业全社会就业人员数据，所以选取河北省 2003～2018 年各行业的相关数据进行计算，得出碳排放强度、碳排放影子价格、行业人均碳排放量以及行业人均生产总值四个指标各年的数值，将数据经过标准化处理后，计算得到河北省各行业各年的碳减排效率指数、碳减排公平指数以及碳减排潜力指数，并依此对河北省各行业碳减排潜力进行分析。

第三节　行业碳减排潜力指数测算结果分析

一、行业碳排放影子价格

（一）河北省各行业超越对数生产函数

根据河北省各行业 2003～2018 年的 GDP、资本存量、就业人数及碳排放量，分别代入超越对数生产函数模型，借助 SPSS 软件，采用岭回归的方法得到以下各行业超越对数生产函数的线性表达式。

将 $\ln K$、$\ln L$、$\ln C$、$(\ln K)^2$、$(\ln L)^2$、$(\ln C)^2$、$\ln K\ln L$、$\ln K\ln C$、$\ln L\ln C$ 作为自变量，而将 $\ln Y$ 作为因变量进行岭回归（Ridge 回归）分析后得到岭迹图，如图 12-1 所示，从图中可以看到，当 K 值为 0.01 时，自变量的标准化回归系数趋于稳定，因而设置最佳 K 值取为 0.01。

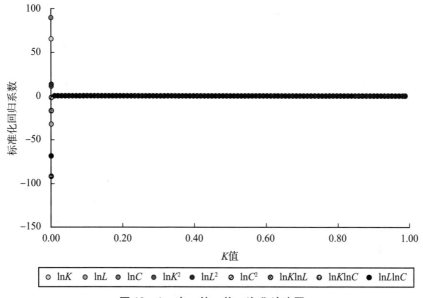

图 12-1　农、林、牧、渔业岭迹图

K 值取为 0.01，将 $\ln K$、$\ln L$、$\ln C$、$(\ln K)^2$、$(\ln L)^2$、$(\ln C)^2$、$\ln K\ln L$、$\ln K\ln C$、$\ln L\ln C$ 作为自变量，而将 $\ln Y$ 作为因变量进行岭回归（Ridge 回归）分析得出结果，如表 12-2 所示。从表 12-2 可以看出模型 R^2 为 0.974，意味着 $\ln K$、$\ln L$、$\ln C$、$(\ln K)^2$、$(\ln L)^2$、$(\ln C)^2$、$\ln K\ln L$、$\ln K\ln C$、$\ln L\ln C$ 可以解释 $\ln Y$ 97.39% 的变化原因。对模型进行 F 检验时发现模型通过 F 检验（$F = 24.84$，$p = 0.00 < 0.05$），也即说明 $\ln K$、$\ln L$、$\ln C$、$(\ln K)^2$、$(\ln L)^2$、$(\ln C)^2$、$\ln K\ln L$、$\ln K\ln C$、

$\ln L \ln C$ 中至少一项会对 $\ln Y$ 产生影响关系，以及模型公式为：

$$\ln Y = 34.276 + 0.033 \times \ln K - 2.487 \times \ln L + 0.105 \times \ln C$$
$$- 0.171 \times (\ln L)^2 - 0.006 \times (\ln C)^2 - 0.008 \times \ln K \ln L$$
$$+ 0.000 \times \ln K \ln C + 0.016 \times \ln L \ln C \qquad (12-7)$$

表 12-2　　　　　　　　农、林、牧、渔业岭回归结果

变量	非标准化系数		标准化系数	t	p	R^2
	B	标准误	$Beta$			
常数	34.276	5.640	—	6.077	0.001 **	
$\ln K$	0.033	0.026	0.044	1.296	0.242	
$\ln L$	-2.487	0.404	-0.384	-6.155	0.001 **	
$\ln C$	0.105	0.040	0.187	2.644	0.038 *	
$(\ln K)^2$	-0.000	0.001	-0.001	-0.025	0.981	0.974
$(\ln L)^2$	-0.171	0.028	-0.385	-6.110	0.001 **	
$(\ln C)^2$	-0.006	0.007	-0.124	-0.817	0.445	
$\ln K \ln L$	-0.008	0.008	-0.061	-1.053	0.333	
$\ln K \ln C$	0.000	0.001	0.017	0.331	0.752	
$\ln L \ln C$	0.016	0.007	0.197	2.189	0.071	

因此得到河北省农、林、牧、渔业的超越对数生产函数为：

$$\ln Y_t = 34.276 + 0.033\ln K_t - 2.487\ln L_t + 0.105\ln C_t - 0.171(\ln L_t)^2$$
$$- 0.006(\ln C_t)^2 - 0.008\ln K_t\ln L_t + 0.016\ln L_t\ln C_t \qquad (12-8)$$

依据式（12-8），求得河北省农、林、牧、渔业的碳排放影子价格公式为：

$$P_t = (0.105 - 0.012\ln C_t - 0.008\ln K_t + 0.016\ln L_t) \times Y_t/C_t$$
$$(12-9)$$

将 $\ln K$、$\ln L$、$\ln C$、$(\ln K)^2$、$(\ln L)^2$、$(\ln C)^2$、$\ln K \ln L$、$\ln K \ln C$、$\ln L \ln C$ 作为自变量，而将 $\ln Y$ 作为因变量进行岭回归（Ridge 回归）分析后得到岭迹图，如图 12-2 所示。从图中可以看到，当 K 值为

0.09 时，自变量的标准化回归系数趋于稳定，因而设置最佳 K 值取为 0.09。

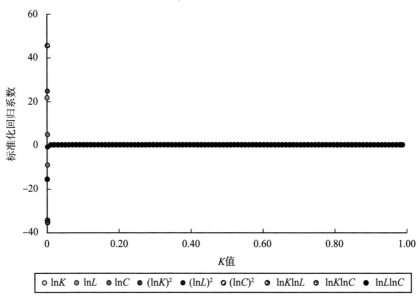

图 12 -2　工业岭迹图

K 值取为 0.090，将 $\ln K$、$\ln L$、$\ln C$、$(\ln K)^2$、$(\ln L)^2$、$(\ln C)^2$、$\ln K\ln L$、$\ln K\ln C$、$\ln L\ln C$ 作为自变量，而将 $\ln Y$ 作为因变量进行岭回归（Ridge 回归）分析得出结果，如表 12 -3 所示。从表中可以看出，模型 R^2 为 0.989，意味着 $\ln K$、$\ln L$、$\ln C$、$(\ln K)^2$、$(\ln L)^2$、$(\ln C)^2$、$\ln K\ln L$、$\ln K\ln C$、$\ln L\ln C$ 可以解释 $\ln Y98.95\%$ 的变化原因。对模型进行 F 检验时发现模型通过 F 检验（$F = 62.70$，$p = 0.00 < 0.05$），也即说明 $\ln K$、$\ln L$、$\ln C$、$(\ln K)^2$、$(\ln L)^2$、$(\ln C)^2$、$\ln K\ln L$、$\ln K\ln C$、$\ln L\ln C$ 中至少一项会对 $\ln Y$ 产生影响关系，模型公式为：

$$
\begin{aligned}
\ln Y = &-4.958 + 0.024 \times \ln K + 0.645 \times \ln L + 0.228 \times \ln C \\
&+ 0.047 \times (\ln L)^2 + 0.010 \times (\ln C)^2 + 0.006 \times \ln K\ln L \\
&+ 0.003 \times \ln K\ln C + 0.021 \times \ln L\ln C
\end{aligned}
\quad (12-10)
$$

表 12 - 3　　　　　　　　　　　　　工业岭回归结果

变量	非标准化系数		标准化系数	t	p	R^2
	B	标准误	$Beta$			
常数	-4.958	0.787	—	-6.303	0.001 **	
$\ln K$	0.024	0.024	0.032	0.993	0.359	
$\ln L$	0.645	0.138	0.175	4.677	0.003 **	
$\ln C$	0.228	0.056	0.143	4.101	0.006 **	
$(\ln K)^2$	0.000	0.001	0.025	0.735	0.490	0.989
$(\ln L)^2$	0.047	0.010	0.171	4.547	0.004 **	
$(\ln C)^2$	0.010	0.003	0.137	3.896	0.008 **	
$\ln K\ln L$	0.006	0.001	0.080	4.047	0.007 **	
$\ln K\ln C$	0.003	0.001	0.077	4.155	0.006 **	
$\ln L\ln C$	0.021	0.003	0.152	8.093	0.000 **	

因此得到河北省工业的超越对数生产函数为：

$$\ln Y_t = -4.958 + 0.024\ln K_t + 0.645\ln L_t + 0.228\ln C_t$$
$$+ 0.047(\ln L_t)^2 + 0.010(\ln C_t)^2 + 0.006\ln K_t\ln L_t$$
$$+ 0.003\ln K_t\ln C_t + 0.021\ln L_t\ln C_t \qquad (12-11)$$

依据式（12 - 11），求得河北省工业的碳排放影子价格公式为：

$$P_t = (0.228 + 0.020\ln C_t + 0.003\ln K_t + 0.021\ln L_t) \times Y_t/C_t$$
$$(12-12)$$

将 $\ln K$、$\ln L$、$\ln C$、$(\ln K)^2$、$(\ln L)^2$、$(\ln C)^2$、$\ln K\ln L$、$\ln K\ln C$、$\ln L\ln C$ 作为自变量，而将 $\ln Y$ 作为因变量进行岭回归（Ridge 回归）分析后得到岭迹图，如图 12 - 3 所示。从图中可以看到，当 K 值为 0.01 时，自变量的标准化回归系数趋于稳定，因而设置最佳 K 值为 0.01。

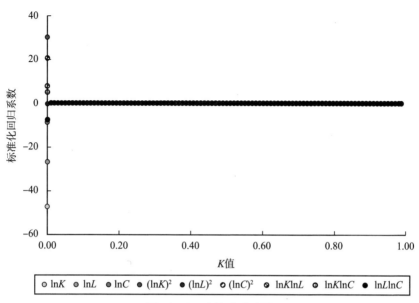

图 12 - 3　建筑业岭迹图

K 值取为 0.010，将 $\ln K$、$\ln L$、$\ln C$、$(\ln K)^2$、$(\ln L)^2$、$(\ln C)^2$、$\ln K\ln L$、$\ln K\ln C$、$\ln L\ln C$ 作为自变量，而将 $\ln Y$ 作为因变量进行岭回归（Ridge 回归）分析，得出结果如表 12 - 4 所示。从上表可以看出，模型 R^2 值为 0.979，意味着 $\ln K$、$\ln L$、$\ln C$、$(\ln K)^2$、$(\ln L)^2$、$(\ln C)^2$、$\ln K\ln L$、$\ln K\ln C$、$\ln L\ln C$ 可以解释 $\ln Y$ 97.91% 的变化原因。对模型进行 F 检验时发现模型通过 F 检验（$F = 31.19$，$p = 0.00 < 0.05$），也即说明 $\ln K$、$\ln L$、$\ln C$、$(\ln K)^2$、$(\ln L)^2$、$(\ln C)^2$、$\ln K\ln L$、$\ln K\ln C$、$\ln L\ln C$ 中至少一项会对 $\ln Y$ 产生影响关系，模型公式为：

$$\ln Y = 14.592 - 0.801\ln K + 0.631\ln L + 0.167\ln C$$
$$- 0.027(\ln K)^2 + 0.021(\ln L)^2 - 0.039(\ln C)^2$$
$$+ 0.056\ln K\ln L + 0.020\ln K\ln C - 0.007\ln L\ln C$$

$$(12 - 13)$$

表 12-4 建筑业岭回归结果

变量	非标准化系数		标准化系数	t	p	R^2
	B	标准误	$Beta$			
常数	14.592	3.417	—	4.270	0.005**	
$\ln K$	-0.801	0.114	-0.320	-7.030	0.000**	
$\ln L$	0.631	0.085	0.200	7.455	0.000**	
$\ln C$	0.167	0.090	0.092	1.857	0.113	
$(\ln K)^2$	-0.027	0.004	-0.328	-6.367	0.001**	0.979
$(\ln L)^2$	0.021	0.016	0.080	1.367	0.221	
$(\ln C)^2$	-0.039	0.023	-0.217	-1.734	0.134	
$\ln K \ln L$	0.056	0.019	0.184	2.954	0.025*	
$\ln K \ln C$	0.020	0.016	0.145	1.304	0.240	
$\ln L \ln C$	-0.007	0.013	-0.031	-0.505	0.631	

因此得到河北省建筑业的超越对数生产函数为：

$$\ln Y_t = 14.592 - 0.801\ln K_t + 0.631\ln L_t + 0.167\ln C_t - 0.027(\ln K_t)^2$$
$$+ 0.021(\ln L_t)^2 - 0.039(\ln C_t)^2 + 0.056\ln K_t\ln L_t$$
$$+ 0.020\ln K_t\ln C_t - 0.007\ln L_t\ln C_t \qquad (12-14)$$

依据式（12-14），求得河北省建筑业的碳排放影子价格公式为：

$$P_t = (0.167 - 0.078\ln C_t + 0.020\ln K_t - 0.007\ln L_t) \times Y_t/C_t$$

$$(12-15)$$

将 $\ln K$、$\ln L$、$\ln C$、$(\ln K)^2$、$(\ln L)^2$、$(\ln C)^2$、$\ln K\ln L$、$\ln K\ln C$、$\ln L\ln C$ 作为自变量，而将 $\ln Y$ 作为因变量进行岭回归（Ridge 回归）分析后得到岭迹图，如图 12-4 所示。从图中可以看到，当 K 值为 0.01 时，自变量的标准化回归系数趋于稳定，因而设置最佳 K 值取为 0.01。

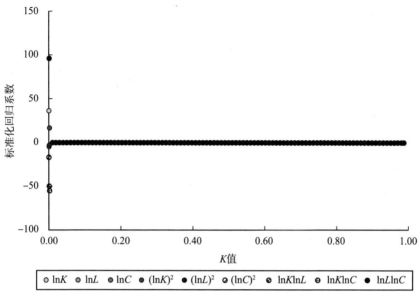

图 12-4　交通运输、仓储和邮政业岭迹图

　　K 值取为 0.01，并将 $\ln K$、$\ln L$、$\ln C$、$(\ln K)^2$、$(\ln L)^2$、$(\ln C)^2$、$\ln K \ln L$、$\ln K \ln C$、$\ln L \ln C$ 作为自变量，而将 $\ln Y$ 作为因变量进行岭回归（Ridge 回归）分析，得出结果如表 12-5 所示。从表 12-5 可以看出，模型 R^2 值为 0.969，意味着 $\ln K$、$\ln L$、$\ln C$、$(\ln K)^2$、$(\ln L)^2$、$(\ln C)^2$、$\ln K \ln L$、$\ln K \ln C$、$\ln L \ln C$ 可以解释 $\ln Y$ 96.87% 的变化原因。对模型进行 F 检验时发现模型通过 F 检验（$F = 20.62$，$p = 0.00 < 0.05$），也即说明 $\ln K$、$\ln L$、$\ln C$、$(\ln K)^2$、$(\ln L)^2$、$(\ln C)^2$、$\ln K \ln L$、$\ln K \ln C$、$\ln L \ln C$ 中至少一项会对 $\ln Y$ 产生影响关系，模型公式为：

$$\begin{aligned} \ln Y = & -4.664 + 0.202 \ln K + 0.730 \ln L - 0.016 \ln C \\ & + 0.003 (\ln K)^2 + 0.047 (\ln L)^2 + 0.014 (\ln C)^2 \\ & + 0.012 \ln K \ln L + 0.003 \ln K \ln C + 0.010 \ln L \ln C \end{aligned}$$

$$(12-16)$$

表 12 – 5　　　　　　　　交通运输、仓储和邮政业岭回归结果

变量	非标准化系数		标准化系数	t	p	R^2
	B	标准误	$Beta$			
常数	– 4.664	1.993	—	– 2.340	0.058	
$\ln K$	0.202	0.074	0.231	2.734	0.034 *	
$\ln L$	0.730	0.520	0.173	1.404	0.210	
$\ln C$	– 0.016	0.108	– 0.014	– 0.151	0.885	
$(\ln K)^2$	0.003	0.002	0.120	1.418	0.206	0.969
$(\ln L)^2$	0.047	0.051	0.114	0.917	0.394	
$(\ln C)^2$	0.014	0.009	0.160	1.585	0.164	
$\ln K \ln L$	0.012	0.003	0.121	3.658	0.011 *	
$\ln K \ln C$	0.003	0.003	0.058	0.942	0.383	
$\ln L \ln C$	0.010	0.005	0.060	1.966	0.097	

因此得到河北省交通运输、仓储和邮政业的超越对数生产函数为：

$$\ln Y_t = -4.664 + 0.202\ln K_t + 0.730\ln L_t - 0.016\ln C_t$$
$$+ 0.003(\ln K_t)^2 + 0.047(\ln L_t)^2 + 0.014(\ln C_t)^2$$
$$+ 0.012\ln K_t\ln L_t + 0.003\ln K_t\ln C_t + 0.010\ln L_t\ln C_t$$

$$(12-17)$$

依据式（12 – 17），求得河北省交通运输、仓储和邮政业的碳排放影子价格公式为：

$$P_t = (-0.016 + 0.028\ln C_t + 0.003\ln K_t + 0.010\ln L_t) \times Y_t/C_t$$

$$(12-18)$$

将 $\ln K$、$\ln L$、$\ln C$、$(\ln K)^2$、$(\ln L)^2$、$(\ln C)^2$、$\ln K\ln L$、$\ln K\ln C$、$\ln L\ln C$ 作为自变量，而将 $\ln Y$ 作为因变量进行岭回归（Ridge 回归）分析后得到岭迹图，如图 12 – 5 所示，图中可看到，当 K 值为 0.05 时，自变量的标准化回归系数趋于稳定，因而设置最佳 K 值取为 0.05。

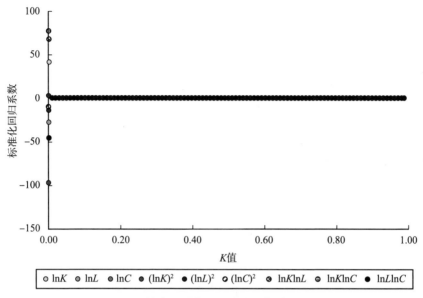

图 12 - 5　批发、零售业和住宿、餐饮业岭迹图

K 值取为 0. 05，将 $\ln K$、$\ln L$、$\ln C$、$(\ln K)^2$、$(\ln L)^2$、$(\ln C)^2$、$\ln K \ln L$、$\ln K \ln C$、$\ln L \ln C$ 作为自变量，而将 $\ln Y$ 作为因变量进行岭回归（Ridge 回归）分析，得出结果如表 12 - 6 所示。从表 12 - 6 可以看出，模型 R^2 值为 0. 979，意味着 $\ln K$、$\ln L$、$\ln C$、$(\ln K)^2$、$(\ln L)^2$、$(\ln C)^2$、$\ln K \ln L$、$\ln K \ln C$、$\ln L \ln C$ 可以解释 $\ln Y$97. 93％的变化原因。对模型进行 F 检验时发现模型通过 F 检验（$F = 31. 50$，$p = 0. 00 < 0. 05$），也即说明 $\ln K$、$\ln L$、$\ln C$、$(\ln K)^2$、$(\ln L)^2$、$(\ln C)^2$、$\ln K \ln L$、$\ln K \ln C$、$\ln L \ln C$ 中至少一项会对 $\ln Y$ 产生影响关系，模型公式为：

$$\ln Y = -3. 390 + 0. 072\ln K + 0. 718\ln L + 0. 103\ln C$$
$$+ 0. 001(\ln K)^2 + 0. 053(\ln L)^2 + 0. 002(\ln C)^2$$
$$+ 0. 012\ln K \ln L + 0. 003\ln K \ln C + 0. 013\ln L \ln C$$

$$(12 - 19)$$

表 12 - 6 批发、零售业和住宿、餐饮业岭回归结果

变量	非标准化系数		标准化系数	t	p	R^2
	B	标准误	$Beta$			
常数	-3.390	1.385	—	-2.449	0.050*	
$\ln K$	0.072	0.069	0.069	1.057	0.331	
$\ln L$	0.718	0.217	0.240	3.316	0.016*	
$\ln C$	0.103	0.055	0.101	1.868	0.111	
$(\ln K)^2$	0.001	0.002	0.048	0.690	0.516	
$(\ln L)^2$	0.053	0.016	0.217	3.258	0.017*	0.979
$(\ln C)^2$	0.002	0.005	0.024	0.456	0.665	
$\ln K \ln L$	0.012	0.003	0.132	4.105	0.006**	
$\ln K \ln C$	0.003	0.002	0.061	1.825	0.118	
$\ln L \ln C$	0.013	0.004	0.100	3.067	0.022*	

因此得到河北省建筑业的超越对数生产函数为：

$$\ln Y_t = -3.390 + 0.072\ln K_t + 0.718\ln L_t + 0.103\ln C_t$$
$$+ 0.001(\ln K_t)^2 + 0.053(\ln L_t)^2 + 0.002(\ln C_t)^2$$
$$+ 0.012\ln K_t \ln L_t + 0.003\ln K_t \ln C_t + 0.013\ln L_t \ln C_t$$

$$(12-20)$$

依据式（12-20），求得河北省建筑业的碳排放影子价格公式为：

$$P_t = (0.103 + 0.004\ln C_t + 0.003\ln K_t + 0.013\ln L_t) \times Y_t / C_t$$

$$(12-21)$$

（二）河北省各行业碳排放影子价格

将河北省各行业各年的 GDP、就业人数、资本存量以及碳排放量代入对应的碳排放影子价格计算公式，得到各行业各年碳排放影子价格，如表 12-7 所示。

表 12 - 7　　　　　　　　　河北省各行业碳排放影子价格　　　　单位：亿元/万吨

年份	农林牧渔业	工业	建筑业	交通运输、仓储和邮政业	批发、零售业和住宿、餐饮业
2003	0.18	0.05	0.39	0.39	1.10
2004	0.24	0.06	0.44	0.25	1.21
2005	0.16	0.06	0.30	0.18	1.26
2006	0.37	0.06	0.31	0.21	1.35
2007	0.38	0.07	0.29	0.25	1.58
2008	0.21	0.08	0.33	0.28	0.90
2009	0.22	0.08	0.34	0.32	0.95
2010	0.14	0.08	0.28	0.33	1.12
2011	0.04	0.09	0.24	0.35	1.37
2012	0.01	0.09	0.23	0.37	1.60
2013	0.01	0.09	0.45	0.38	1.45
2014	0.01	0.09	0.61	0.43	1.46
2015	0.00	0.09	- 0.00	0.44	1.33
2016	- 0.00	0.10	- 0.01	0.38	1.35
2017	- 0.01	0.10	0.03	0.44	1.06
2018	0.06	0.09	0.57	0.44	1.67
平均值	0.13	0.08	0.30	0.34	1.30

碳排放影子价格为减少一单位二氧化碳排放所需付出的减排成本，该数值代表二氧化碳减排的难易程度。如表 12 - 7 所示，河北省各行业 2003～2018 年平均碳排放影子价格由高到低排序，依次为｛批发、零售业和住宿、餐饮业｝、｛交通运输、仓储和邮政业｝、｛建筑业｝、｛农、林、牧、渔业｝、｛工业｝，此排序也是行业减排难度由难到易的排序。

批发、零售业和住宿、餐饮业 2013～2018 年平均碳排放影子价格为 1.30 亿元/万吨，远远高于其他行业，说明其减少一单位二氧化碳排放所带来的行业生产总值的减少量最多，减排成本最大，在各个行业中减排最为困难。

计算各行业平均碳排放影子价格的平均值为 0.43 亿元/万吨，河北省各行业中除批发、零售业和住宿、餐饮业以外其他行业平均碳排放影子价格都低于此平均值，说明这 4 个行业碳减排成本相对较小，碳减排潜力较高，应作为以后碳减排的工作重点。尤其是工业，其平均碳排放影子价格最低，碳减排成本最低，碳减排潜力最大，这也符合现阶段的经济社会现实。

二、行业碳排放效率指数和行业碳排放公平指数

由于行业碳排放强度、行业碳排放影子价格与行业碳排放效率指数均呈负相关关系，即行业碳排放强度和行业碳排放影子价格越高，行业碳排放效率越低。因此对行业碳排放强度和行业碳排放影子价格均取倒数，将得到的倒数用公式（12-4）进行标准化处理，然后代入公式（12-2）中，并取 α 值为 0.50，从而计算出各行业的碳排放效率指数。

将行业人均碳排放量和行业人均生产总值用公式（12-4）经过标准化处理，然后代入公式（12-3）中，并取 β 值为 0.50，从而计算出各行业的碳排放公平指数，如表 12-8 所示。

表 12-8　　　　河北省各行业碳排放效率指数
和碳排放公平指数估算结果

行业	碳排放强度（万吨/亿元）	碳排放影子价格（亿元/万吨）	碳排放效率指数	行业人均碳排放量（万吨/万人）	行业人均GDP（亿元/万人）	碳排放公平指数
农、林、牧、渔业	0.16	0.13	0.39	0.30	1.72	0.50
工业	8.50	0.08	0.45	66.40	8.28	0.55
建筑业	0.16	0.30	0.58	0.38	2.72	0.42

续表

行业	碳排放强度 （万吨/亿元）	碳排放 影子价格 （亿元/万吨）	碳排放 效率 指数	行业人均 碳排放量 （万吨/万人）	行业人均 GDP （亿元/万人）	碳排放 公平 指数
交通运输、仓储 和邮政业	0.91	0.34	0.42	8.11	9.46	0.65
批发、零售业和 住宿、餐饮业	0.20	1.30	0.46	0.66	3.29	0.44
平均值	1.99	0.43	0.46	15.17	5.09	0.51

其中，碳排放强度最高的行业是工业，而工业的行业生产总值远超其他行业，所以工业的碳排放强度与其高额的碳排放量密切相关，过多的碳排放量拉高了其碳排放强度，说明工业发展可能较为粗放，今后要注意相关技术投入，推动工业向集约化、低减排方向发展；除工业外的其他行业各年行业生产总值相差不大，而交通运输、仓储和邮政业在这4个行业中碳排放强度最高，与剩余3个行业有较大差距，可能是由于其行业性质，对能源的消耗量较大，导致碳排放量较高；农、林、牧、渔业，建筑业，批发、零售业和住宿、餐饮业碳排放强度较低，说明其每增加一单位产值所产生的碳排放较少。

行业人均碳排放量最高的是工业，主要原因还是其大量的碳排放；其次是交通运输、仓储和邮政业，其就业人数较少，行业碳排放量较高，使得这一指标较高；建筑业，批发、零售业和住宿、餐饮业的行业人均碳排放量较少，是因为两个行业的就业人数和碳排放都相对较小；农、林、牧、渔业行业人均碳排放量最少，主要因为其就业人口多，而碳排放相对较少。

在碳排放公平指数下，行业人均生产总值反映了行业对碳排放污染治理的支付能力。交通运输、仓储和邮政业行业人均生产总值最高，主要因为其就业人数较少，拉高了这一指标，其对碳排放污染治理的支付能力较强；工业行业人均生产总值较高，主要因为其行业生产总值较高，其对碳排放污染治理的支付能力较强，减排较为容易；农、林、牧、渔业，建筑业，批发、零售业和住宿、餐饮业行业人均生产总值较低，对碳排放污染治理的支付能力较弱。

如表 12 - 8 所示，在行业碳排放强度和行业碳排放影子价格权重相同时，得到行业碳排放效率指数。其中，建筑业的碳排放效率指数较高，即在相同投入要素水平下，减少一单位碳排放所需要牺牲的经济代价较小，碳减排成本较低。而其他行业碳减排效率指数均低于平均效率指数，碳减排成本较高。

在行业人均碳排放量和行业人均生产总值权重相同时，得到行业碳排放公平指数。其中，工业，交通运输、仓储和邮政业是碳排放公平指数较高的行业，主要是因为这两个行业的人均生产总值与人均碳排放量都较高，对碳排放有较高的支付能力。

将河北省 5 个行业的碳排放效率指数和碳排放公平指数分别与它们的平均值相比较。碳排放效率指数的平均值为 0.46，碳排放公平指数的平均值为 0.51。如果某一行业的碳排放效率指数高于效率指数的平均值，那么称这一行业为碳排放"高效率"的，反之则称为"低效率"的。同样地，如果某一行业的碳排放公平指数高于公平指数的平均值，那么称这一行业为碳排放"高公平"的，反之则称为"低公平"的。

由此可以将河北省 5 个行业划分为 4 类，分别是"高效率高公平""高效率低公平""低效率高公平""低效率低公平"，如图 12 - 6 所示。

由图 12 - 6 可知，右上方为"高效率高公平"区域，没有行业在这个区域内，说明各行业都有需要完善的地方来实现碳排放的高效率高公平；左上方为"高效率低公平"区域，只有建筑业在这个区域内，其碳减排成本较低，碳减排潜力较小，在未来的碳减排中可分配较少的碳减排任务；右下方为"低效率高公平"区域，工业，交通运输、仓储和邮政业在这个区域内，说明其对碳排放污染治理的支付能力较强，碳减排潜力高，在未来的碳减排中应承担更多的碳减排任务；左下方为"低效率低公平"区域，农、林、牧、渔业，批发、零售业和住宿、餐饮业在这个区域内，说明其对碳排放污染治理的支付能力较弱，碳减排成本较高，碳减排难度较大。

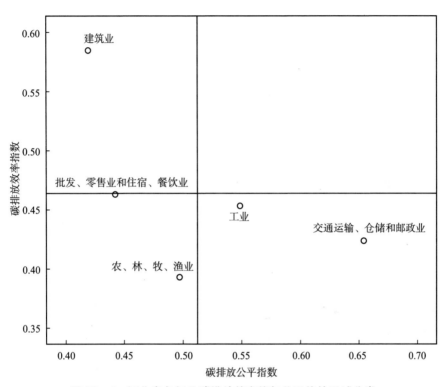

图 12 - 6　河北省各行业碳排放效率值与公平值的区域分类

三、行业碳排放潜力指数

对式（12 - 1）中的权重 θ 分别取 1/2、2/3、1/3，将估算得到的各行业碳排放效率指数和碳排放公平指数分别代入，得到各行业效率与公平相同权重、侧重效率和侧重公平时的碳减排潜力指数，如表 12 - 9 所示。

表 12 - 9　　　　　　　　效率与公平取不同权重下的碳排放潜力指数

行业	效率与公平相同权重 $\theta = 1/2$	侧重效率 $\theta = 2/3$	侧重公平 $\theta = 1/3$
农、林、牧、渔业	0.45	0.43	0.46
工业	0.50	0.49	0.52
建筑业	0.50	0.53	0.47
交通运输、仓储和邮政业	0.54	0.50	0.58
批发、零售业和住宿、餐饮业	0.45	0.46	0.45

　　在效率与公平相同权重时，工业，建筑业，交通运输、仓储和邮政业的碳减排潜力指数较高；若侧重考虑效率，建筑业，交通运输、仓储和邮政业的碳减排潜力指数较高；若侧重考虑公平，工业，交通运输、仓储和邮政业的碳减排潜力指数较高。不管是侧重于考虑效率还是侧重于考虑公平，交通运输、仓储和邮政业的碳减排潜力指数都很高，而农、林、牧、渔业，批发、零售业和住宿、餐饮业的碳排放潜力指数都很低。

　　与效率和公平相同权重时相比，在侧重考虑效率的情形下，建筑业的碳减排潜力指数将从第二名上升到第一名，说明如果决策者是效率偏好型，则建筑业将承担更多的减排责任；在侧重考虑公平的情形下，工业的碳减排潜力指数的排名将从第三名上升到第二名，如果决策者更看重公平和减排支付能力，减排责任将更多地分配给工业；同时，不管是侧重于考虑效率还是侧重于考虑公平，交通运输、仓储和邮政业的碳减排潜力指数都很高，需要承担较高的减排责任。可见，对效率和公平的不同偏好，将影响决策者制定河北省各行业的碳减排任务目标。

第十三章

基于信息熵的多因子混合
加权分配模型构建

第一节　模型理论基础及基本原理

一、模型概述

信息是个很抽象的概念。人们常常说信息很多，或者信息较少，但却很难说清楚信息到底有多少。而信息理论第一次用数学语言阐明了概率与信息冗余度的关系。信息熵（information entropy）是信息论的基本概念，描述信息源各可能事件发生的不确定性。20 世纪 40 年代，香农（C. E. Shannon）借鉴了热力学的概念，把信息中排除了冗余后的平均信息量称为"信息熵"，并给出了计算信息熵的数学表达式。

按照信息论基本原理的解释，信息是系统有序程度的一个度量，熵是系统无序程度的一个度量；根据信息熵的定义，对于某项指标，可以用熵值来判断某个指标的离散程度，其信息熵值越小，指标的离散程度越大，该指标对综合评价的影响（即权重）就越大，如果某项指标的值全部相等，则该指标在综合评价中不起作用。因此，可利用信息熵这个工具，计算出各个指标的权重，为多指标综合评价提供依据。信息熵的提出解决了对信息的量化度量问题。使用信息熵方法对多因子混合加权分配模型进行构建，其是一种客观赋权方法，在具体使用过程中，根据各指标的数据的分散程度，利用信息熵计算出各指标的熵权，再根据各指标对熵权进行一定的修正，从而得到较为客观的指标权重。

该方法在指标构建方面具有很多优势，首先熵权法是根据各项指标值的变异程度来确定指标权重的，这是一种客观赋权法，避免了人为因素带来的偏差。相对那些主观赋值法，精度较高客观性更强，能够更好地解释所得到的结果。但熵权法忽略了指标本身的重要程度，有时确定的指标权数会与预期的结果相差甚远，同时熵权法不能减少评价指标的维数，也就是熵权法符合数学规律具有严格的数学意义，但往往会忽视决策者主观的意图。此外如果指标值的变动很小或者很突然地变大变小，熵权法用起来会有局限。

二、模型计算步骤

步骤一：确定评价对象，建立评价指标体系，构造水平矩阵。

步骤二：对评价矩阵进行标准化处理得到矩阵 R。

当 j 为正指标时：

$$r_{ij} = \frac{r'_{ij} - \min(r'_{ij})}{\max(r'_{ij}) - \min(r'_{ij})} \qquad (13-1)$$

j 为负指标时：

$$r_{ij} = \frac{\max(r'_{ij}) - r'_{ij}}{\max(r'_{ij}) - \min(r'_{ij})} \qquad (13-2)$$

步骤三：计算每个指标的熵值。

信息量是度量弄清楚一个未知事物需要查询信息的多少，单位是比特。随机变量取某个值时，其概率倒数的对数就是信息量。通俗地说就是，事物所含信息量与其发生的概率负相关。一件事物出现的概率决定了它的不确定性大小，也就决定了所含信息量的大小。出现的概率越大，不确定性越小，所含信息量也就越小。信息熵也就是信息量的期望。可以把信息熵理解成不确定性的大小，不确定性越大，信息熵也就越大。

$$H_j = -k \sum_{i=1}^{m} f_{ij} \ln f_{ij} \qquad (13-3)$$

$$f_{ij} = \frac{r_{ij}}{\sum_{i=1}^{m} r_{ij}}, \quad k = \frac{1}{\ln m} \qquad (13-4)$$

其中，f_{ij} 为第 j 个指标下第 i 个项目指标值的权重。

信息量是对信源发出的某一个信号所含信息的度量，信息熵是对一个信源所含信息的度量，也就是信息量的期望。对连续信源，香农给出了形式上类似于离散信源的连续熵，虽然连续熵仍具有可加性，但不具有信息的非负性，已不同于离散信源，不代表连续信源的信息量。连续信源取值无限，信息量是无限大，而相对熵是一个有限的相对值。但是，在取两熵的差值为互信息时，它仍具有非负性。这与力学中势能的定义相仿。

（四）计算指标的综合权数 λ_{ij}

对熵权法得到的权重进行修正：

$$\lambda_{ij} = \frac{\lambda'_j w_j}{\sum_{i=1}^{n} \lambda'_j w_j} \qquad (13-5)$$

第二节　建模流程步骤

本书以排放主体的历史实际排放水平为基础，综合考虑各排放主体的排放需求、减排责任与潜力三个方面的因素，通过熵权法构建衡量各排放主体未来排放权利的排放指数，在历史实际排放基础上通过排放指数对配额总量进行初次分配。

排放指数代表着未来各行业扣除掉需要承担的减排义务后可以排放的权利，本书基于各地市生产部门排放需求、减排责任与潜力三个准则，运用信息熵方法，对排放指数进行构建。三个准则中，排放需求代表各行业为保证生产所必需的排放空间，使用各地区产出水平指标来衡量；减排责任代表由于地区生产过程中碳排放强度高，产业清洁化低所必须承担的减排任务；减排潜力代表各地区减少排放的资源投入能力或技术变革与替代的空间。

各行业的排放指数在传统的指标体系设计思想的基础上进行构建，但传统指标体系的分解指标构建过程中并没有考虑各指标异质性的影响，因此本书对该构建方法进行改进，并引入信息熵方法提高指标精确度，信息熵权模型是一种客观赋权方法，有着客观性及适用性强的特点，克服了单一指标法的缺点。利用熵方法对各行业三个指标赋权，并将其整合成一个综合指数，即为各行业的排放指数。具体构建过程如下。

首先，对指标数据进行标准归一化处理，消除指标量纲对计算结果的影响，排放需求对应指标为正向指标，需求越大所获得的配额量越大，而 $k=2$ 或 3 时减排责任与潜力为负向指标，值越大所获得的配额量越小，需要进行正向转换。对于正负向指标，采取不同指标的归一化方法。

正向指标：

$$Y_{ijk} = \frac{x_{ijk} - \min(x_{1jk},\ x_{2jk},\ \cdots,\ x_{mjk})}{\max(x_{1jk},\ x_{2jk},\ \cdots,\ x_{ijk}) - \min(x_{1jk},\ x_{2jk},\ \cdots,\ x_{ijk})}$$

$$(13-6)$$

负向指标：

$$Y_{ijk} = \frac{\max(x_{1jk},\ x_{2jk},\ \cdots,\ x_{ijk}) - x_{ijk}}{\max(x_{1jk},\ x_{2jk},\ \cdots,\ x_{ijk}) - \min(x_{1jk},\ x_{2jk},\ \cdots,\ x_{ijk})}$$

$$(13-7)$$

其中，x_{ijk} 为第 i 个地市的第 j 个行业第 k 个指标的初始指标值，Y_{ijk} 为归一化处理后的标准值。

其次，计算每个指标的信息熵，对于每一个行业，其第 k 个指标的信息熵为：

$$H_k = - k \sum_{i=1}^{m} P_{ik} \times \ln P_{ik} \qquad (13-8)$$

其中，H_k 为第 k 个指标的信息熵，$k = \dfrac{1}{\ln m}$，$P_{ik} = \dfrac{Y_{ik}}{\sum\limits_{i=1}^{m} Y_{ik}}$ 代表第 i 个地区的第 k 个指标所占的比重。若 $P_{ik} = 0$ 则令 $P_{ik} \ln P_{ik} = 0$。

之后，计算各个指标的熵权，对于任意行业，定义其各个指标的信息效用值为 $d_k = 1 - H_k$，对信息效用值进行归一化处理，即可得到每个指标的熵权：

$$W_k = \dfrac{d_k}{\sum\limits_{k=1}^{z} d_k} \qquad (13-9)$$

最后，计算各个行业的排放指数 $EII = \dfrac{1}{Z} \sum\limits_{k=1}^{z} Y_k$。

以历史实际排放水平为基础按行业对各地市碳排放配额进行分配，选取各地市历史实际排放占比作为基准，使用增排指数对各地市四行业的配额占比进行调节，具体分配方式如下：

$$R_{ij}^{'} = \dfrac{r_{ij}(1 + EII_{ij} \times \delta_j)}{2} \qquad (13-10)$$

其中，$R_{ij}^{'}$ 为 j 个行业中第 i 个地市所得配额分配份额，R_{ij} 为 j 个行业中 i 个地市的实际排放占比，EII_{ij} 为第 i 个地市第 j 个行业的增排指数，δ_j 是为保持配额总量的各行业的调整系数，在保持配额总量恒定的前提下由各行业配额比例及增排指数倒推得出，四行业的调整系数分别为 0.18、0.18、0.20 及 0.21。

第三节　指标体系及数据基础

排放指数代表着未来各行业扣除掉需要承担的减排义务后可以排放的权利，本书基于各行业排放需求、减排责任与潜力三个准则，运用信息熵方法，对提出的指标构建方法进行改进，对排放指数进行构建。三个准则中，排放需求代表各行业为保证生产所必需的排放空间，使用各地区产出水平指标来衡量；减排责任代表由于地区生产过程中碳排放强度高，产业清洁化低所必须承担的减排任务；减排潜力代表各地区减少排放的资源投入能力或技术变革与替代的空间，各行业三个准则的具体指标及意义如表 13 - 1 所示。

表 13 - 1　　　　　　　　　各行业三个准则指标及意义

准则	行业	指标	指标意义
排放需求	发电行业	火电发电量	来源于化石燃料燃烧发电形式的发电量
	工业行业	规模以上工业企业产成品	—
	交通行业	旅客 + 货物周转量	包括民航业的交通行业客运及货运量 × 运输距离
	建筑行业	建筑业总产值	—
		建筑业房屋施工面积	—
减排责任	发电行业	单位发电量能耗	发电能耗/发电量
	工业行业	单位工业增加值能耗	工业能耗/工业增加值
	交通行业	单位周转量排放量	交通行业碳排放量/周转量
	建筑行业	单位建筑业增加值能耗	建筑业能耗/建筑业增加值
减排潜力	发电行业	火电占比	火电装机容量占总装机容量比例
	工业行业	规模以上工业企业利润总额	—
	交通行业	交通运输业增加值	—
	建筑行业	建筑业企业利润总额	—

　　排放需求准则体现在各行业的产量指标上，以各行业主要经济产出作为数据集；减排责任准则以各行业能耗强度、排放强度等反映生产能效的指标表示；减排潜力准则则用各行业产业增加值或利润额等衡量各省市减排投入能力的指标来表示。

　　各指标数据来源如下：各地市发电量、运输周转量、各行业增加值、利润额等经济社会数据直接来源于《河北省统计年鉴》以及各地方统计局发布的统计年鉴与官方信息；排放强度、能耗强度等能效指标根据各地市能源活动数据及排放量数据计算得出。

第十四章

河北省分行业碳排放额度
分配结果分析与讨论

第一节　碳排放额度优化分配结果分析

　　基于多目标优化分配模型，采用改进的自适应遗传算法对目标函数（10-13）进行求解，算法初始生成包含200个个体的种群，在经过2000次种群迭代后，得到效率、公平与稳定原则下的最终配额优化结果，如表14-1所示。图14-1为按最终碳排放配额总量排序的各省份四行业配额分配情况及两次分配的DEA效率变动情况，结合图表可以看出：唐山市碳排放配额为16340.00万吨，配额总量居于榜首；衡水市配额总量最少，为2614.00万吨。11个地市中唐山市碳排放配额明显高于其他地市，其碳排放配额占总配额的24.69%；配额总量排在唐山市之后的数个省份彼此之间所获配额量差距较小；衡水市与廊坊市排名靠后，所获得的碳排放配额均不足4000.00万吨。

表 14 – 1　　　　　　　　　　碳排放配额分配结果

地级市	基准年配额量（万吨）	DEA 效率	优化分配配额量（万吨）	优化后 DEA 效率	配额调整量（万吨）
石家庄	9453.00	1.000	6705.00	1.000	– 2747.00
邯郸	10254.00	0.786	7118.00	0.968	– 3135.00
唐山	21075.00	0.859	16340.00	1.000	– 4734.00
保定	4056.00	0.883	5451.00	0.915	1395.00
秦皇岛	4101.00	0.700	5426.00	0.671	1325.00
张家口	5907.00	0.772	4902.00	0.960	– 1004.00
邢台	5023.00	0.834	4401.00	0.765	– 621.00
沧州	5462.00	1.000	4740.00	0.989	– 721.00
廊坊	2356.00	0.990	3360.00	1.000	1004.00
衡水	1813.00	0.870	2614.00	1.000	801.00
承德	4032.00	0.741	5115.00	0.845	1083.00
平均值	6684.72	0.857	6015.63	0.919	—

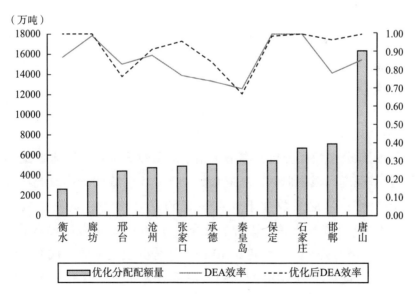

图 14 – 1　11 地市的碳配额量优化结果及两次分配的 DEA 效率

优化分配后各地市碳排放配额结果较初次分配配额结果调整量如表 14 - 1 第 5 列所示，其中石家庄、邯郸、唐山、张家口、邢台、沧州 6 个地市的配额调整量为负值，表明这 6 个地市需要放弃部分排放配额以服从整体公平与效率的目标。具体来看，6 个地市都在基准年中获得了大量的排放配额，其中包括配额总量在基准年配额分配中排名前三的唐山、邯郸、石家庄，这 3 个地市在优化调整过程中配额的削减量极大，配额削减量均超过 2000.00 万吨。其中唐山市需削减配额最多，削减量为 4734.00 万吨。可见在保证效率的前提下，以单位GDP 配额量来衡量的公平性原则在配额的重新分配中起到了一定作用。其余 5 个地市在优化分配后配额量均出现不同程度的增加，其中保定增加配额最多，增量为 1395.00 万吨。

由表 14 - 1 可知，基准年碳配额分配后 11 个地市的配额 DEA 效率平均值为 0.86，经过优化分配后大部分地市配额分配效率出现了明显提高，整体 DEA 效率平均值提高至 0.92。达到分配有效的地市数量增加了 2 个，DEA 效率值高于 0.90 的地市数量达到 8 个，可见优化分配使得总体分配效率得到提高。但经过优化分配后张家口、沧州和邢台 3 个地市分配效率仍处在中等水平，DEA 效率值介于 0.60 ~ 0.80。优化分配后 11 个地市中秦皇岛、邢台和沧州 3 市分配效率值出现小幅度下降，表明这 3 个地市为满足总体效率目标牺牲了自己的分配效率，其中沧州 DEA 效率值由 1 下降为 0.99，在配额量减少721.00 万吨的情况下失去了配额分配的有效状态。

从配额公平角度分析，本书采用基尼系数测算地市间排放配额分配的公平程度，根据惯例，基尼系数大于 0.5 时表明碳排放配额分配绝对不公平；基尼系数介于 0.40 ~ 0.50 为不公平；基尼系数介于0.30 ~ 0.40 为基本公平；基尼系数介于 0.20 ~ 0.30 为相对公平；小于 0.20 为绝对公平。一般将 0.40 作为区分分配公平的警戒线。测算得到初次分配后单位 GDP 配额的基尼系数为 0.35，优化分配后的基尼系数为 0.25。初次分配得到的配额结果处在基本公平状态，经过优化配额结果提升至相对公平状态，可见优化使得公平性得到一定程度的提升。

第二节　行业间碳排放差异性动态比较分析

本节根据第十三章中多因子混合加权分配模型计算出河北省 11 个地市 4 个排放行业的排放指数，由排放指数分别得出 4 个行业在各地市的配额份额，根据总配额量计算出各地市排放行业的配额的分配量，以下将结合模型结果与各地市情况作进一步讨论。

测算过程中各指标的信息熵值和权重如表 14-2 所示。以发电行业为例，三个准则的代表指标熵值分别为 0.92、0.91、0.94，对应权重为 0.41、0.40、0.17，其中排放需求熵值最小，说明各地市发电行业的排放需求差异较大，因此该指标所占权重最大，在测算中对结果的影响最大。

表 14-2　　　　各行业三准则指标的信息熵值和权重

准则	发电行业		工业行业		交通行业		建筑行业	
	熵值	权重	熵值	权重	熵值	权重	熵值	权重
排放需求	0.92	0.41	0.85	0.36	0.89	0.40	0.87	0.21
减排责任	0.91	0.40	0.86	0.34	0.92	0.27	0.87	0.22
减排潜力	0.94	0.17	0.87	0.30	0.90	0.32	0.85	0.26

根据多因子混合加权分配模型得出各地市四行业配额比例，如图 14-2 所示，四行业中发电行业与工业行业在各地市所获得的配额占较大比重，平均占比分别为 40.71% 和 38.59%，而交通行业与建筑行业配额占比平均值为 12.65% 与 8.13%。各行业配额比重与其任务量及相对发展水平直接相关。从发电行业角度来看保定、衡水两个地市的发电行业配额占比均超过 50%，其中衡水发电排放

配额占比最高，为 56.63% 。保定、衡水等地市发电量较高，且其发电结构都偏向于火电，因而电力行业排放远高于其他行业。相反，邢台、廊坊等地市发电行业排放较少，获得的排放配额与其他行业相比占比较小。

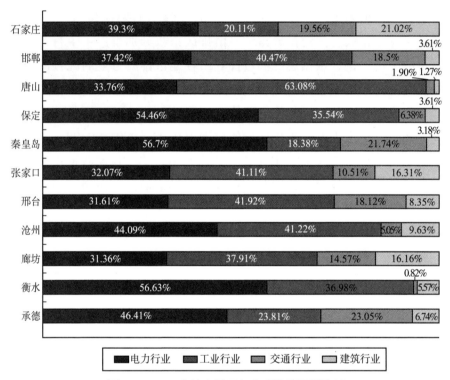

图 14 - 2　11 个地市的四行业碳排放配额比例

就工业行业来看，各地市工业行业配额占比差异明显，其中唐山具有第二产业比重过大、经济增长带有工业色彩的特点，所获得的工业行业配额占比最大，工业配额占比高达 63.08% ，远高于其他地市。其次，张家口、邢台、沧州等地市正经历产业转型发展快速推进的时期，第三产业正迅速扩张但工业仍占一定地位，其工业行业所获得的排放配额占比也超过 40% 。然而以第三产业为经济主导的石家庄、承德等地市的工业行业较其他行业相比获得的碳排放配额较少。

建筑行业和运输行业在各地市获得的排放配额比例普遍较小。其中，承德市的运输行业配额占比最高，为 23.05%。石家庄市的运输行业配额占比高于除承德市外的其他地市，为 21.01%，相较于发电行业和工业行业，石家庄市的运输行业发展成效更为明显，近年基础设施及运输装备规模大幅提升。

本节以历史实际排放水平为基础，测算得到了各地市碳配额的分配方案和 4 个行业的配额分配比例，在一定程度上保证了历史配额分配方法所强调的平稳性。在"双碳"目标下，各行各业均需厉行节约、加快低碳变革。具体来看，电力部门低碳化是整个能源变革的先导，为推动电力部门低碳转型，政府应在未来积极扩大新能源装机规模，加速推动储能技术进步，提高电力系统稳定性；充分发挥商业机制支撑作用，完善电力市场机制，加快变革商业模式从而拉低新能源成本；实现碳中和目标，需要工业部门及工业用能发生深刻变革，紧抓第四次工业革命机遇，提升单位能源附加值，大力发展集约循环经济，推进工业用能结构加速脱碳；推广先进高效技术是重要手段，要发挥氢能在高温、冶金等难以脱碳领域中的重要作用；加快建设现代交通体系，推动交通用能于 2025 年前后达峰，加速交通体系的智能化、数字化、电动化、网联化和共享化，打破交通用能"一油独大"局面，大力发展新能源汽车、共享出行、无人驾驶等新技术，加快形成多元化格局；对于建筑部门，应加速提升建筑部门电气化水平以适应数字化智能化发展趋势；积极发挥太阳能、地热能、氢能等在取暖、热水脱碳方面的作用。

第五篇

河北省碳达峰与碳中和
实现路径及对策建议

本篇共包括两章内容，分别为：河北省碳达峰实现路径及对策建议、河北省碳中和实现路径及对策建议。本篇内容是在总结本书前四篇内容研究结果的基础上，分别从不同的视角和层面对河北省实现碳达峰与碳中和目标的路径提出的相关对策建议，旨在为实现河北省的中长期绿色低碳可持续发展建言献策。

第十五章

河北省碳达峰实现路径及对策建议

第一节 基于地市级层面的河北省
碳达峰实现路径

一、各地级市碳达峰结果

根据《河北省经济年鉴 2020》得到 2019 年河北省各地级市的GDP、人口及能源消耗量，按照不同情景下设定的指标增速，预测在不同情景下，2020 年到碳达峰节点以及碳达峰节点到碳中和节点的GDP 总量、人口总量以及能源消耗总量，预测指标增速设计如下：

（1）GDP 设置高增长、中增长、低增长三种模式，增长速率分别为7%、6%、5%，考虑到低碳背景下，经济发展水平有所下降，每五年降低2%，最低保持1%不变。

（2）人口设置高增长、中增长、低增长三种模式，达到人口峰值的年份分别为 2035 年、2030 年、2025 年，增长速率分别为 0.75%、0.6%、0.4%。

（3）能源消耗总量设置高减排、中减排两种模式，降低速率分别为 2.5%、2%。

根据所设立的不同情景及预测结果，选择了五种可以实现 2030 年碳达峰的情景进行分析，得到各地级市碳达峰结果。

（一） Ⅲ - Ⅱ情景

Ⅲ - Ⅱ情景下（即人口、人均 GDP、城镇化水平中增长，能源强度高减排，林业投资、造林总面积高增长，森林病虫鼠害面积、耕地面积中降低），河北省碳达峰时间为 2030 年，河北省 2020～2030 年预测碳排放总量为 1316535 万吨，以 2013～2017 年各市碳排放量为依据进行初始分配，并通过 ZSG - DEA 模型求得最优碳配额。石家庄市、承德市、唐山市、保定市、邢台市、邯郸市这 6 个市分别为 18083 万吨、4459 万吨、19355 万吨、15571 万吨、103 万吨、2234 万吨的碳排放空间，可以增加相应数量的碳排放量，仍能达到 DEA 有效。张家口市、秦皇岛市、廊坊市、沧州市、衡水市要想实现 DEA 有效，就必须相应减少 10713 万吨、5628 万吨、16504 万吨、25182 万吨、1778 万吨的碳排放量。

（二） Ⅳ - Ⅱ情景

Ⅳ - Ⅱ情景下（即人口、人均 GDP、城镇化水平中增长，能源强度中减排，林业投资、造林总面积高增长，森林病虫鼠害面积、耕地面积中降低），河北省碳达峰时间为 2030 年，河北省 2020～2030 年预测碳排放总量为 1326778 万吨，以 2013～2017 年各市碳排放量为依据进行初始分配，并通过 ZSG - DEA 模型求得最优碳配额。石家庄市、承德市、唐山市、保定市、邢台市、邯郸市这 6 个市分别为 18224 万吨、4494 万吨、19506 万吨、15692 万吨、104 万吨、2251 万吨的碳排放空间，可以增加相应数量的碳排放量，仍能达到 DEA 有效。张家口市、秦皇岛市、廊坊市、沧州市、衡水市要想实现 DEA 有效，就必须相应减少 10796 万吨、5672 万吨、16632 万吨、25378 万吨、1792 万吨的碳排放量。

（三） V - IV情景与 V - VI情景

V - IV情景（人口、人均GDP、城镇化水平低增长，能源强度高减排，林业投资、造林总面积中增长，森林病虫鼠害面积、耕地面积中降低）与 V - VI情景（人口、人均GDP、城镇化水平低增长，能源强度高减排，林业投资、造林总面积低增长，森林病虫鼠害面积、耕地面积中降低）的达峰情况相同。V - IV情景与 V - VI情景下，河北省碳达峰时间为2030年，河北省2020～2030年预测碳排放总量为1208400万吨，以2013～2017年各市碳排放量为依据进行初始分配，并通过ZSG - DEA模型求得最优碳配额。石家庄市、承德市、唐山市、保定市、邢台市、邯郸市这6个市分别为16598万吨、4093万吨、17766万吨、14292万吨、95万吨、2050万吨的碳排放空间，可以增加相应数量的碳排放，仍能达到DEA有效。张家口市、秦皇岛市、廊坊市、沧州市、衡水市要想实现DEA有效，就必须相应减少10796万吨、5672万吨、16632万吨、25378万吨、1792万吨的碳排放量。

（四） VI - VI情景

VI - VI情景下（即人口、人均GDP、城镇化水平低增长，能源强度中减排，林业投资、造林总面积低增长，森林病虫鼠害面积、耕地面积中降低），河北省碳达峰时间为2030年，河北省2020～2030年预测碳排放总量为1217429万吨，以2013～2017年各市碳排放量为依据进行初始分配，并通过ZSG - DEA模型求得最优碳配额。石家庄市、承德市、唐山市、保定市、邢台市、邯郸市这6个市分别为16722万吨、4123万吨、17898万吨、14398万吨、95万吨、2065万吨的碳排放空间，可以增加相应数量的碳排放，仍能达到DEA有效。张家口市、秦皇岛市、廊坊市、沧州市、衡水市要想实现DEA有效，就必须相应减少9906万吨、5205万吨、15261万吨、23286万吨、1644万吨的碳排放量。

不同情景下河北省各市的碳减排比例大致相同，其中石家庄市、承德市、唐山市、保定市、邢台市、邯郸市碳减排比例为负值，代表可增加排放，其他城市碳减排比例为负，代表需减少排放。将各市的碳减排比例从大到小排序，依次是沧州市、张家口市、廊坊市、秦皇岛市、衡水市、邢台市、邯郸市、保定市、唐山市、承德市、石家庄市（最后4个市比例相近，排名不分先后），同时这也是各市碳减排难度由大到小的顺序。

二、地级市碳达峰实现路径

本书运用STIRPAT模型分析了人口数、人均GDP、能源强度、城镇化水平4种因素对河北省碳排放量的影响，并设置了不同的水平，组合为6种发展模式，发现人口规模、人均GDP、城镇化水平在不同情景中具有增排效果，每提高1%，碳排放量将相应增加3.122%、0.383%、0.572%，其中人口规模对增排的效应最为显著。能源强度具有较强的减排作用，每降低1%，碳排放量将相应减少0.263%。对比可实现碳达峰的不同情景，控制人口增长、经济增速、城镇化发展水平、工业终端能源强度、优化能源消费结构、产业结构以及电力能源结构等途径降低能源强度，对河北省各地级市碳达峰实现具有重要影响作用。

河北省碳排放现状，整体来看，具有以下三个特点：一是碳排放总量大。以煤炭等化石燃料为主的能源结构、清洁能源在能源消费量中比重较低、能源消费总量较高等因素，导致河北省二氧化碳排放总量大，河北省2019年碳排放量约为91421万吨，占全国碳排放量的8%。二是碳排放强度高。据统计，河北省2019年碳排放强度为18219.84吨/万元，约是北京碳排放强度最低地区的4.85倍、全国平均碳排放强度的2.15倍。三是碳排放量地区不均衡。唐山、邯郸、石家庄是碳排放量最高的三座城市，约占全省排放量的65%[①]。各地

---

① 作者根据历年《河北省能源统计年鉴》中的数据测算得出。

级市经济发展水平、重点产业、地理环境等存在不同差异，各市在保证经济稳定发展的基础上，应依托各地级市优势，基于不同分配方案，协同实现河北省碳达峰。

前文在不同情景下将各市的碳减排比例按从大到小排序，得到各市碳减排难度由大到小的顺序，即沧州市、张家口市、廊坊市、秦皇岛市、衡水市、邢台市、邯郸市、保定市、唐山市、承德市、石家庄市（最后4个市比例相近，排名不分先后）。按照碳减排难易程度和发展状况，将各市分为"降碳改造城市""达峰攻坚城市"。

（一）"降碳改造城市"路径分析

"降碳改造城市"包括石家庄市、承德市、唐山市、邢台市、邯郸市。这些城市相对工业化，通过优化其工业和能源结构来减少碳排放的潜力大。第三产业发展和居民用电也是碳排放量增加的重要来源，碳减排侧重对工业等碳排放量高行业的控制和消费端行为习惯的约束。在碳达峰路径方面，对新增煤炭消费项目进行能源管制、对高碳行业进行节能减排改造、修订更高标准的工业节能法规、优化能源结构、消费端降碳等方面提出建议：

（1）通过实施新增煤炭消费项目等量或减量替代，切实减少化石能源的使用，降低非可再生能源消费比例；加大清洁能源技术研发投入，加快清洁能源产业发展和项目建设，推进气电、风电、氢电等多元化发展，进一步夯实能源多元化发展新格局。

（2）推进"两高"行业项目进行节能减排升级改造。对具有较大减排潜力行业的项目设定更高的减排任务，制订发展计划分步淘汰能源密集型企业和工艺流程，发展战略新兴低碳产业，学习并鼓励研发先进技术，开展生产线节能环保升级，进行绿色工艺改造，引领产业体系低碳化转型。

（3）修订工业节能降污低耗法律法规。相关部门加快完善更加严格的节能标准，提高重点行业能耗限额准入水平，切实加大引领倒逼力度，引领河北省经济发展与碳排放实现早日"脱钩"。

（4）优化能源存量、扩展能源增量。在推进降碳项目过程中，要考虑保障现有发展水平所需能源消耗。因此，需继续推进煤炭高效集中利用，也要加快分布式天然气能源站、储能电站、分布式光伏电站、分布式风力电站等有序推广应用，保证能源消费总量，并提高清洁能源在能源结构中的比重，实现能源结构优化。

（5）引导消费侧尽快低碳转型，深度探索脱碳路径。倡导低碳生活方式，提升交通、建筑、物流等领域电气化水平，通过屋顶光伏发电等综合发电方式促进建筑脱碳，推广绿色材料的使用，推进"绿色电力"逐渐替代传统化石能源电力成为能源消费的主要形式，推动能源消费走高质量发展道路。

（二）"达峰攻坚城市"路径分析

"达峰攻坚城市"包括沧州市、张家口市、廊坊市、秦皇岛市、衡水市、保定市。这些城市正处于产业转型期，具备较大的发展潜力和动力，经济和能源消耗具有快速增长的特点。就该类城市碳达峰路径探索而言，从推动形成低碳产业布局，淘汰传统落后产能、集约化开发资源及规模化布局低碳产业链、源头上提高人们环保意识等方面提出建议。

（1）优化产业结构布局。利用好区位优势，做好北京市、天津市的产业转移与承接平台发展，大力推进先进制造业和现代服务业发展，推动产业向集聚化、链条化、高端化、绿色化、特色化发展，建立河北特色的具有全国竞争力的现代产业体系，进一步激发经济发展动能。

（2）加快淘汰"两高"项目落后产能。根据当地发展情况，修订综合标准体系，根据替代项目发展情况，制定逐步淘汰落后产能规划，依法依规关闭高能耗、低环保、安全保证低和技术不合格等项目产能。

（3）对产业布局进行针对性规划建设，聚焦低碳产业体系建设，鼓励大企业扩张发展、中小企业稳步成长，培育壮大下游产业链；引导资源利用规模化、高技术化、集约化，提高资源节约和综合利用水平，避免出现其他省市传统工业"先污染后治理"的老路子。

（4）注重人才引进，充分利用当地资金、企业和高等院校等资源，为低碳转型注入技术与人才动力；进一步倡导节能减排行为、宣传低碳生活方式，提高市民的环保节约意识。

第二节 基于行业层面的河北省碳达峰实现路径

一、行业碳减排潜力指数测算结果分析

根据河北省各行业各年的 GDP、就业人数、资本存量以及碳排放量，得到各行业各年碳排放影子价格，发现河北省各行业减排难度由难到易依次为 ｛批发、零售业和住宿、餐饮业｝｛交通运输、仓储和邮政业｝｛建筑业｝｛农、林、牧、渔业｝｛工业｝。

批发、零售业和住宿、餐饮业 2013～2018 年平均碳排放影子价格为 1.2973 亿元/万吨，远远高于其他行业，减排成本最大，在各个行业中减排最为困难。

计算各行业平均碳排放影子价格的平均值为 0.42878 亿元/万吨，河北省各行业中除批发、零售业和住宿、餐饮业以外其他行业平均碳排放影子价格都低于此平均值，这 4 个行业碳减排成本相对较小，碳减排潜力较高，应作为以后碳减排的工作重点。工业平均碳排放影子价格最低，碳减排成本最低，碳减排潜力最大。

二、各行业碳达峰实现路径

（一）建筑业碳达峰路径

根据行业碳排放效率指数和行业碳排放公平指数的测算结果，建筑业在"高效率低公平"区域内，其碳减排成本较低，碳减排潜力较

小，在未来的碳减排中可分配较少的碳减排任务。从完善绿色建筑相关法律体系、鼓励和支持绿色建筑技术创新及提高建筑团队素质等方面提出建议。

寻求建筑业经济发展与碳排放的协调，完善绿色建筑相关法律体系，是实现 2030 年碳达峰目标的必经之路，也是大力推进建筑节能控制碳排放的必经之路。同时，需完善建筑监督管理机制，严格监督符合条件的地区全面贯彻落实绿色建筑标准和绿色建筑评价技术规则；继续推进住宅节能改造，对施工过程中的水、土、气、光、声污染进行控制规避；落实北方采暖地区城镇新建住宅强制执行 75% 节能标准；对建筑物征收绿色税，例如对使用节能环保材料减税。

鼓励和支持绿色建筑技术创新。通过技术创新，可以有效提高建筑资源和能源利用率，从根本上减少碳排放。为实现 2030 年建筑业碳排放达峰目标，提高能源效率和建筑节能技术是遏制建筑业碳排放增长的重要手段。行业技术水平的提高离不开政府对创新的鼓励和支持，还有建筑节能技术的大力推广，总之要不断加强对绿色建筑技术和材料的关键技术研发的支持。此外，政府要重视建筑技术研发资金的投入，保证各层级能够完成全过程研究。加强对知识产权的法律保护，政府相关部门可以对积极创新的企业、高等院校及科研机构给予一定的奖金和名誉奖励，鼓励创新。

提高建设队伍素质。目前，我国建筑工人的特点是老龄化和低学历，河北省也不例外。他们在上岗前往往缺乏系统的、专业的技术培训和考核，这就造成了施工人员技术水平和技能水平不高，对建设工程的质量和安全可能造成直接影响。因此，建筑业团队的素质提高对实现建筑业经济高质量发展和 2030 年碳排放达峰起到了间接作用。为促进工人组织化、专业化，应鼓励企业培训技术工人，建立建筑工人管理服务机构，组织学习国家绿色建筑法律法规。

（二）工业，交通运输、仓储和邮政业碳达峰路径

根据行业碳排放效率指数和行业碳排放公平指数的测算结果，工

业，交通运输、仓储和邮政业在"低效率高公平"区域内，其对碳排放污染治理的支付能力较强，碳减排潜力大，在未来的碳减排中应承担更多的碳减排任务。

（1）加强行业能源结构优化调整。降低行业化石能源的需求与消费比例，推动能源电力从高碳向低碳转型，从以化石能源为主向以清洁能源为主转变。根据各市清洁能源禀赋，提升风能、太阳能、生物质能、海洋能等新能源和可再生能源开发利用能力，加快淘汰低于现有能耗最低标准产能，加强工业领域节能减排管控力度，实现工业等行业高质量发展与节能降碳协同推进。

（2）实施重点行业降污与碳减排协调治理。高能耗、高碳排放、高污染的重点行业包括电力、热力生产和供应行业，黑色金属冶炼和轧制加工行业，石油、煤炭等燃料加工行业，非金属矿产品行业，化工原料和化工产品制造业等。在 2030 年碳达峰目标下，此类产业结构调整任务十分艰巨。这些产业一直是河北省污染治理的重点产业，应由末端治理向源头清洁转型，在坚持企业超低排放转型和深度治理的同时，要加大落后生产工艺和生产线的淘汰力度，实现全过程智能化、清洁化、循环化和低碳化转型，促进传统产业的绿色转型改造，提高企业清洁生产水平，逐步达到国际先进水平，提高产业的绿色发展能力，引导企业向高品质、高端化发展，实现降污与碳减排协同治理。

（3）加大战略性新兴产业布局力度。高端装备制造、新能源汽车等战略性新兴产业对碳排放贡献较小，这些产业代表着科技创新的方向，也代表着河北省工业等行业高质量发展的方向。此类行业具有能耗低、生产技术先进、清洁度高、终端处理投资低等优点。未来，这类产业应继续结合战略性新兴产业的发展要求和方向，充分发挥北京、天津等产业承接和转移的区位优势，持续提高产业集中度，不断提升其在产业结构中的比重，保持绿色高质量发展优势，推动河北省工业行业向高质量、低污染发展。

（三）农、林、牧、渔业，批发、零售业和住宿、餐饮业碳达峰路径

根据行业碳排放效率指数和行业碳排放公平指数的测算结果，农、林、牧、渔业，批发、零售业和住宿、餐饮业在"低效率低公平"区域内，其对碳排放污染治理的支付能力较弱，碳减排成本较高，碳减排难度较大。

据测算，餐饮行业排放的温室气体约占全球排放量的 26%[①]。鉴于食品行业对人民的重要性，实现"双碳"目标的最大挑战之一即减少农业领域的碳排放。当前，河北省餐饮领域碳减排至少还面临人均蛋白质供应将继续上升、化肥替代技术尚不成熟、餐饮设备及餐余处理污染等问题，需要在技术支撑上进一步加大力度。植物蛋白替代肉类和奶制品是有效降低畜牧业碳排放的举措之一。此外，推广高技术含量的工艺和技术在农业生产过程中的应用也是农业减碳的主要方式。餐饮企业服务的设施设备引入低碳技术、餐厅引入环保节能技术、餐饮企业实行清洁工艺生产，降低能耗，做好污水、油烟废气和垃圾的处理工作，做到达标排放。消费端推行绿色低碳服务，尽量避免一次性餐具的使用，引导顾客合理点餐，提倡"光盘"行动等，宣传低碳饮食文化，倡导科学、理性的餐饮消费。

第三节　河北省碳达峰减排对策建议

一、高碳行业碳达峰减排建议

（一）在交通运输行业碳达峰方面

一是优化交通能源结构，推动交通能源向绿色能源转变。通过减

---

① 资料来源为媒体报道。

税、加补贴、出台政策加大对新能源汽车的扶持力度，加快推动新能源汽车替代传统燃油汽车，加快充电桩和充换电等电动交通工具基础设施建设，加快淘汰老旧汽车。二是推动交通运输业技术进步。降低能源强度是达到峰值的关键因素，政府应提供政策支持，鼓励企业通过优化汽车发动机技术等交通运输节能技术，积极降低汽车能耗，持续推进交通运输行业降低 CO_2 排放。

（二）电力行业碳达峰方面

非化石能源发展是实现碳达峰目标的关键。燃煤发电技术中，大力推广 SC600 和 USC1000 技术替代 PC300L 和 SUBC 技术；新能源方面，全面加强顶层设计，在风、光等新能源开发建设、新能源消纳、电力系统智能化升级、电力体制机制改革以及其他非化石能源发展等方面提前谋划，统筹推进。

（三）钢铁行业碳达峰方面

围绕落实相关部门碳达峰要求，2030 年前钢铁行业应重点从加大废钢资源利用力度、提升系统能效水平以及提高绿电使用比例等方面加快推进绿色低碳转型发展；同时，着眼实现碳中和愿景的需要，坚持短期与中长期工作相结合，加快推进氢能炼钢、CCUS 等低碳前沿技术的部署。建议应统筹考虑减污降碳要求和区域资源能源条件，加强对河北省重点区域的短流程炼钢布局和部署，推动"降碳"与"减污"进一步协同增效。

（四）建筑行业碳达峰方面

合理控制建筑规模，加强建筑拆建管理，防止大拆大建；提高能源效率，对既有的和创新的能源效率实施改进措施，政府应优先投入资金用于绿色建筑技术研发，支持工业现代化基础研究，充分发挥政府减排的重要作用，如探索可再生能源的组织、新型节能墙体材料和外部隔热门窗；需要完善符合条件的地区绿色建筑标准执行情况的监督管理机制，全面落实绿色建筑评价标准、技术法规等相关法律制度；持续推进既有住宅节能改造，严禁使用不符合节能减排标准的建筑材料和工艺。

（五）铝冶炼行业碳达峰方面

相关研究发现，氧化铝提炼和电解过程产生大量碳排放，但间接排放比直接排放更为严重，前者占总碳排放的68%以上，多来自发电等上游生产链，应注意减少燃烧和使用化石燃料和电力等基本能源造成的间接排放。可以通过使用水电、风能、核能和太阳能等更清洁的能源来改善电力结构。尽管铝产量是决定行业碳排放的最重要因素，仍可以通过新的产能配置方案、技术进步和能源结构优化等降低行业碳排放强度。新的产能分配方案和能源结构优化对于制造企业实现碳效率提升和阈值配额比技术进步更重要，并且研究结果可能因能源部门而异。淘汰原有落后产能，控制省原铝新增产能，提高碳效率。提出更加合理的产业布局，向清洁能源禀赋地区转移。引导企业和消费者优先选用绿色铝材和产品。

（六）煤化工行业碳达峰方面

重点从控制产量、优化原料和燃料结构、提升能效等方面开展行动，并制定配套政策和保障措施。控制现代煤化工发展规模；从源头减少传统煤化工产品需求；优化行业用能结构；优化甲醇行业原料结构；提高行业能效水平；促进产品固碳化发展。

（七）石化化工行业碳达峰方面

建议从以下几方面推进石化化工行业碳达峰工作：推动产品结构调整，严控新增高能耗高污染产能；提倡节约资源、能源，提高资源回收利用率；鼓励研发提高行业技术水平，推动节能和低碳项目，实施提高能效和碳排放标准；全面加强石油化工行业自备电厂管控；石油化工行业实行总量控制制度，分解落实到企业，指导企业实施总量减排规划，制定合理减排路径。

（八）水泥行业碳达峰方面

建议提高水泥熟料落后产能和过剩产能淘汰标准；加强节能执法监管，开展水泥单位产品能耗限额标准执行情况的专项节能监察；加大税收金融政策支持力度，推动提高行业原材料替代比例，支持低碳技术改造；推动实施行业碳排放控制，制定"十四五""十五五"水泥行业碳排放总量控制目标。

二、河北省碳达峰减排对策建议

在综合考虑经济增长、产业发展、城镇化水平、人口规模、能源强度、现有节能政策等条件下，河北省能源需求将随着人口规模增大，经济增长由于工业化、城镇化的推进而持续上升，但能源效率提升、产业结构优化有助于降低能源需求量。对河北省碳排放量进行预测发现：保持经济增速不变，减排力度越弱，碳排放量增加越多；保持减排力度不变，经济增速越快，碳排放量增速越快。加强减排力度，在一定程度上能够抑制经济增长带来的碳排放量的增加。结合河北省的发展态势和预测结果，确定"中增长－高减排"为最佳发展模式，对河北省碳达峰减排提出如下建议。

（一）强化政策导向，完善科学有效的碳达峰政策体系

强化政策导向，落实能源消费总量和强度"双控"目标，以推动形成经济转型升级的倒逼机制。通过单位 GDP 能源强度能耗控制对碳排放进行约束，能够使河北省碳排放较参考情景提前达峰，但并不能满足中国国家自主贡献目标，说明单一行政手段的碳减排效果有限。因此，节能目标应由单一的强度约束转向总量和强度"双控"约束。

高标准谋划是实现碳达峰碳中和的前提。一是完善科学有效的碳达峰政策体系。政府要按照国家"双碳"目标推动地方性法规的出台，将"双碳"行动落实到法律层面，并尽快出台相关重点领域及行业"双碳"政策的实施方案和支撑保障措施，如出台碳减排行业标准、碳减排投融资和绿色金融方案、碳排放交易实施细则、碳排放监督考核规定等涉碳政策，不断丰富碳达峰碳中和的政策篮子。二是加大生态环境保护资金的投入力度。要建立完善的生态保护补偿投入机制，鼓励多元化投入，可通过股权投资、建立基金、政府和社会资本合作（PPP）等模式拓宽投资渠道，引导社会资本参与生态环保建设，形成政府、企业和社会多元化的生态环保投入格局。

（二）优化能源结构，重点发展节能清洁技术

优化能源结构是实现碳达峰碳中和的根本。据《河北省统计年鉴》统计，河北省 2020 年一次电力及其他能源仅占能源消费总量的 6.28%，因此要改进煤炭的低碳处理技术，减少燃烧过程中的 CO_2 排放，同时加快发展天然气能源和可再生能源，是河北省碳达峰的必由之路。一是控制产能，促进传统产业差异化逐步实现能源替代。河北省能源消费主要以煤炭为主，煤炭在一次能源中的主导地位短期内难以改变，鼓励能源密集型行业更多地使用排放系数低的燃料是一个巨大的挑战。政府可以启动产业差异化政策，给予传统供给企业一定的过渡时间和稳定预期，鼓励关键工业部门通过制定和实施阶段性、区域性 CO_2 减排目标来实现化石燃料消耗的减少。二是开发清洁能源，加大能源基地建设。引导产业能源结构多元化，研发升级能源利用技术，扩大新能源的使用，提高清洁能源的使用比例，规划和实施水电、风电、光伏、生物质能等可再生能源的发展。同时，利用废弃物带来更多环境效益，扩大可再生能源利用范围，努力实现终端节能。三是重点发展节能清洁技术，向循环经济转型，扩大节能环保产业规模，提高环保技术水平，研发节能新产品，提高减排效果，促进产业节能，是实现碳达峰碳中和的必要手段。发展低碳技术，不仅要进行

自主创新，还要积极寻求国际技术合作，充分利用"清洁发展机制"。河北省政府需要扩大外商直接投资（FDI）规模和强度，提高投资质量，优化 FDI 产业布局，为出台碳排放管控提供良好的资金基础，并与国内外先进研究机构合作实现技术创新。目前，由于省内高精尖技术资本的引进仍然有限，政府应鼓励外资进入高技术产业，限制外资进入低技术、高耗能产业。

（三）倡导低碳生活，逐步打造低碳高质量城市

随着经济的快速发展和基础设施建设的扩建，居民能源消耗在碳排放中的比重将逐渐增加。中国正在经历从传统农业社会向现代工业化、城市化社会的转变。城镇化进程决定着居民的生活方式，越来越多的新城镇化居民将改变能源消费行为，享受更多现代能源服务。此外，越来越多的人将倾向于消耗更多的能源来获得高质量的生活，这给节能减排带来了更大的压力。

因此，河北省各政府应大力引入"低碳城市"的概念，提高低碳经济意识，培养低碳生活方式，改善居民家庭能源利用，增加有利于低碳生活的公共服务。此外，中国还应采取优化经济结构、推动可持续低碳经济模式、摒弃过时的高耗能高排放产业、扩大具有代表性的第三产业等根本性举措，进一步提高社会总收入水平，丰富社会公益事业，减轻公众消费负担，释放巨大消费潜力。

交通作为居民日常生活中不可或缺的一部分，对碳排放的贡献也很大。因此，为降低交通运输业的人均碳排放量，应对交通建设、城市人口密度、建成区规模和城市道路密度进行合理规划控制，发挥集聚效应，提供成熟的公共交通体系，推动出行方式转变，对客运部门采取具体调控措施，如提高车辆上座率等。

（四）调整产业结构，推进绿色低碳产业发展

我国已进入产业结构深度调整时期，产业升级也是河北省碳减排的主要途径之一。作为一个农业大省，农业生产既是中国的碳源，也

是碳汇，土地利用变化会增加碳排放，土地整治和集约利用会增加碳汇。工业是河北省实体经济增长的主导力量，但仍呈现高耗能、高排放、低效率的特点。以交通运输、旅游为代表的第三产业逐渐成为经济增长的重要支撑。河北省应改变传统的依赖资源的粗放发展方式，聚焦产业转型升级，因地制宜推动产业结构调整，朝着低碳生态化方向发展。优化产业空间布局、控制高耗能产业产能扩张、转移高耗能产业是控制碳排放的有效手段。政府相关部门应综合考虑各市发展状况及资源禀赋度，针对不同行业制定有针对性的减排政策。对于高耗能行业，控制产业规模、化解严重过剩产能是减少碳排放的有效措施；优化农业结构，鼓励使用有机肥等环境友好的农业生产要素，将有助于减少农业部门的碳排放；对于食品生产等轻工业，整合食品企业，提高能源利用效率，升级能源消费结构，发展大型食品企业集团；推进深加工，进一步精炼半成品，提高生产附加值，以高质量生产替代低附加值大批量生产，能够有效减少碳排放。

节约和集约利用资源是实现"双碳"目标的关键。推动绿色低碳产业发展，提高化石资源保护和集约利用水平，是实现"双碳"目标的核心。第一，提高能源替代效率。通过能源替代、提高能效、在线监测与核算等手段实现减排，突破碳减排的关键技术，推动高效安全的储能技术和绿色氢能等的大规模应用。第二，推进矿业绿色发展。要实现从要素驱动型向创新驱动型的转变，鼓励和引导矿业企业加快技术改造，推广使用先进适用的技术装备，促进矿业企业转型升级，推进矿产资源勘查开发综合绿色转型。第三，推动绿色发展、低碳转型和数字赋能。以低碳能源促进发展模式的转变和升级，进而促进经济和社会的绿色低碳体制变革。同时，加快数字赋能，建立更高效、更清洁、更经济、更安全的现代能源体系，实现能源的数字化转型，使传统产业实现低碳化改造，控制和减少 CO_2 增量，推动碳排放尽快达到峰值，并迅速转向下行趋势，走长期碳中和的发展道路。第四，推广应用 CCUS。一方面，按照国家技术标准完善省级标准体系建设，出台 CCUS 相关政策，鼓励高校、科研机构和企业参与关键核心技术的研发和技术示范，促进 CCUS 产业的发展；另一方面，通过开展自然资源调查，完成河北省 CO_2 地质封存潜力评价，编制河北省 CO_2 地质封存适宜性评价图。

（五）坚持绿色发展，稳定提升减排增汇能力

提升生态系统碳汇能力是实现碳达峰碳中和的重点。绿色发展是经济社会发展的基调，持续提升生态系统碳汇能力，采用合理有效的措施将更多的碳固定于生态系统中，是实施"双碳"目标战略之重。要在减少二氧化碳等温室气体排放的同时，注重通过国土空间格局优化，更多地实现陆地生态系统的碳汇功能，更多地中和人类经济社会系统的碳排放，使碳排放量和碳吸收量达到平衡。一是在国土空间规划中融入碳约束。保护项目的优先级可以利用现有的基于生物多样性和生态系统服务系统数据，包括对生物多样性和生态系统服务的动态监测，构建针对性模型来确定要注重对于碳汇高区域空间的保护，建立碳汇影响评估制度，提出碳汇损失补偿机制，为实现陆地生态系统的碳汇功能提供保障。二是提升森林、草原、湿地、土壤等生态系统的覆盖率。加快生态建设，开展大规模的自然保护地体系建设、全域土地综合整治、山水林田湖草沙综合修复治理等生态修复工程，扩大植被覆盖面积，提高河北省生态系统质量，增加森林生态系统碳储量，稳定提升森林、草原、湿地、耕地等主要碳汇空间的减排增汇能力。

（六）建立碳排放权交易市场，完善碳排放权交易配套机制

积极参与碳排放权市场交易是实现"双碳"目标的保障。建立和发展河北省碳排放权交易市场是实现"双碳"目标的重要举措，能够有效助推河北省经济的高质量转型发展。一是持续推进全省碳交易市场的建设和完善。碳排放权交易试点可以为在全国范围内全面推行碳交易市场提供借鉴和启示，河北省碳排放权交易标准的建立可以参考试点的发展情况。扩大碳交易市场交易范围，推动企业积极参与碳排

放权交易，实现高碳行业全参与，充分发挥碳排放权市场对 CO_2 排放的规制作用。二是完善碳配额和交易价格机制。碳排放交易基于市场价格信号，过多的免费碳配额会导致低碳排放交易价格，削弱碳排放成本和绿色门槛的调节作用；但是，过低的免费配额会导致碳交易市场供不应求，从而导致生产成本高，碳交易不活跃。为此，应充分发挥市场调节作用，由政府统筹调控，科学设计碳配额和分配方案，合理制定碳排放价格，维护市场稳定运行，调动企业积极性，从而促进区域整体绿色低碳发展。三是优化区域产业结构，设置"绿色门槛"，利用碳排放权交易为企业逐步淘汰低效落后生产、发展先进产业结构。四是能源消费结构升级。通过刺激技术创新和促进能源结构调整，合理控制能源消费总量和碳排放总量，充分发挥碳交易机制的调节作用；鼓励使用清洁能源，提高能源效率。五是加强科研领域的人才培养、资金投入和国际交流，可以有效促进高素质"双碳"人才团队的壮大，高素质团队是河北省碳交易市场建设的基础，通过强化国家目标、地区需求与学科建设间的联系，促进当地及合作高等院校、科研院所和企业产、学、研相结合，同时对市场参与主体进行专业能力培训，为河北省"双碳"目标的实现提供人才保障和专业支撑。

第十六章

河北省碳中和实现路径及对策建议

第一节　基于地级市层面的河北省
碳中和实现路径

一、地级市碳排放配额预测结果

各情景下对各地级市碳中和的碳排放配额效率值及配额进行调整，均可使河北省在 2060 年前实现碳中和。Ⅲ－Ⅱ情景下（人口、人均 GDP、城镇化水平中增长，能源强度高减排，林业投资、造林总面积高增长，森林病虫鼠害面积、耕地面积中降低）河北省碳达峰时间为 2030 年，碳中和时间是 2049 年。Ⅳ－Ⅱ情景下（人口、人均 GDP、城镇化水平中增长，能源强度中减排，林业投资、造林总面积高增长，森林病虫鼠害面积、耕地面积中降低）河北省碳达峰时间为 2030 年，碳中和时间是 2052 年。Ⅴ－Ⅳ情景下（人口、人均 GDP、城镇化水平低增长，能源强度高减排，林业投资、造林总面积中增长，森林病虫鼠害面积、耕地面积中降低）河北省碳达峰时间为 2030 年，碳中和时间是 2051 年。Ⅴ－Ⅵ情景下（人口、人均 GDP、城镇化水平低增长，能源强度高减排，林业投资、造林总面积低增

长，森林病虫鼠害面积、耕地面积中降低）河北省碳达峰时间为
2030 年，碳中和时间是 2060 年。VI - VI 情景下（人口、人均 GDP、
城镇化水平低增长，能源强度中减排，林业投资、造林总面积低增
长，森林病虫鼠害面积、耕地面积中降低）河北省碳达峰时间为
2030 年，碳中和时间是 2054 年。

Ⅲ - Ⅱ情景下（人口、人均 GDP、城镇化水平中增长，能源强度
高减排，林业投资、造林总面积高增长，森林病虫鼠害面积、耕地面
积中降低）河北省 2031 ~ 2049 年预测碳排放总量为 2539450 万吨，
基于 ZSG - DEA 模型求得碳排放配额预测结果，石家庄市、承德市、
唐山市、保定市、邢台市、邯郸市 6 个市分别有 34848 万吨、8593 万
吨、37300 万吨、30006 万吨、182 万吨、4284 万吨的碳排放空间，
张家口市、秦皇岛市、廊坊市、沧州市、衡水市要相应减少 20673 万
吨、10658 万吨、31850 万吨、48592 万吨、3440 万吨的碳排放量。
Ⅳ - Ⅱ情景下（人口、人均 GDP、城镇化水平中增长，能源强度中减
排，林业投资、造林总面积高增长，森林病虫鼠害面积、耕地面积中
降低）河北省 2031 ~ 2052 年预测碳排放总量为 2988943 万吨，基于
ZSG - DEA 模型求得碳排放配额预测结果，石家庄市、承德市、唐山
市、保定市、邢台市、邯郸市 6 个市分别有 41016 万吨、10114 万吨、
43903 万吨、35317 万吨、215 万吨、5042 万吨的碳排放空间，张家
口市、秦皇岛市、廊坊市、沧州市、衡水市要相应减少 24333 万吨、
12545 万吨、37487 万吨、57194 万吨、4049 万吨的碳排放量。V -
Ⅳ情景下（人口、人均 GDP、城镇化水平低增长，能源强度高减排，
林业投资、造林总面积中增长，森林病虫鼠害面积、耕地面积中降
低）河北省 2031 ~ 2051 年预测碳排放总量为 2286549 万吨，基于
ZSG - DEA 模型求得碳排放配额预测结果，石家庄市、承德市、唐山
市、保定市、邢台市、邯郸市 6 个市分别有 31378 万吨、7737 万吨、
33586 万吨、27018 万吨、164 万吨、3857 万吨的碳排放空间，张家
口市、秦皇岛市、廊坊市、沧州市、衡水市要相应减少 18614 万吨、
9597 万吨、28678 万吨、43753 万吨、3097 万吨的碳排放量。V - VI

情景下（人口、人均 GDP、城镇化水平低增长，能源强度高减排，林业投资、造林总面积低增长，森林病虫鼠害面积、耕地面积中降低）河北省 2031~2060 年预测碳排放总量为 3166945 万吨，基于 ZSG – DEA 模型求得碳排放配额预测结果，石家庄市、承德市、唐山市、保定市、邢台市、邯郸市 6 个市分别有 43459 万吨、10716 万吨、46517 万吨、37421 万吨、227 万吨、5342 万吨的碳排放空间，张家口市、秦皇岛市、廊坊市、沧州市、衡水市要相应减少 25782 万吨、13292 万吨、39720 万吨、60600 万吨、4290 万吨的碳排放量。Ⅵ – Ⅵ情景下（人口、人均 GDP、城镇化水平低增长，能源强度中减排，林业投资、造林总面积低增长，森林病虫鼠害面积、耕地面积中降低）河北省 2031~2054 年预测碳排放总量为 3166945 万吨，基于 ZSG – DEA 模型求得碳排放配额预测结果，石家庄市、承德市、唐山市、保定市、邢台市、邯郸市 6 个市分别有 36560 万吨、9015 万吨、39132 万吨、31480 万吨、191 万吨、4494 万吨的碳排放空间，张家口市、秦皇岛市、廊坊市、沧州市、衡水市要相应减少 221689 万吨、11182 万吨、33414 万吨、50979 万吨、3609 万吨的碳排放量。

二、不同情景下碳减排效果动态评估

在不同情景设置下，河北省各地级市从碳达峰到实现碳中和这段时间内的碳减排比例大致相同。石家庄市碳减排比例为 – 9.69%，初始碳配额大幅度低于最终碳配额，说明石家庄市碳减排成效显著。承德市碳减排比例为 – 9.69%，初始碳配额大幅度低于最终碳配额，说明承德市减排压力较小。张家口市碳减排比例为 14.84%，初始碳配额大幅度高于最终碳配额，说明张家口市减排压力较大，需加强减排力度使碳排放降低至目标碳配额。秦皇岛市碳减排比例为 9.14%，初始碳配额较大幅度高于最终碳配额，说明秦皇岛市为实现目标碳配额需提高减排效率，增加减排效果。唐山市碳减排比例为 – 9.69%，与石家庄市、承德市减排比例相同，初始碳配额大幅度低于最终碳配额，碳减排成效显著。廊坊市碳减排比例为 13.70%，略低于张家口市，初始碳配额大幅度高于最终碳配额，说明廊坊市减排压力较大，需加强减排力度使碳排放降低至目标碳配额。保定市与石家庄市、承德市、唐山市减排比例相同，为 -9.69%，减排压力较小，可以为减排压力较大的地级市分担压力。沧州市碳减排比例为 16.81%，是碳减排比例最高的地级市，初始碳配额大幅度高于最终碳配额，说明沧州市减排压力很大，需要大幅降低碳排放达到目标碳配额。衡水市碳减排比例为 2.78%，初始碳配额略高于最终碳配额，需继续提高减排效率达到目标成效。邢台市碳减排比例为 -0.09%，初始碳配额略低于最终碳配额，需继续保持减排效率以期望达到更高成效。邯郸市碳减排比例为 -1.45%，初始碳配额低于最终碳配额，减排压力小，为达到目标碳配额需继续提高减排成效。

V - IV情景（人口、人均 GDP、城镇化水平低增长，能源强度高减排，林业投资、造林总面积中增长，森林病虫鼠害面积、耕地面积中降低）与V - VI情景（人口、人均 GDP、城镇化水平低增长，能源强度高减排，林业投资、造林总面积低增长，森林病虫鼠害面积、耕地面积中降低）对比，林业投资、造林总面积不同，其他影响因素均为人口、人均 GDP、城镇化水平低增长，能源强度高减排，森林病虫鼠害面积、耕地面积中降低。林业投资、造林总面积中增长的V - IV情景下各地级市的碳配额总量为 2286548 万吨，林业投资、造林总面积低增长的V - VI情景下各地级市的碳配额总量为 3166944 万吨，由此可得林业投资、造林总面积低增长的V - VI情景下的碳配额总量比林业投资、造林总面积中增长的V - IV情景多 880396 万吨，平均每个地级市为 80036 万吨。

III - II情景（人口、人均 GDP、城镇化水平中增长，能源强度高减排，林业投资、造林总面积高增长，森林病虫鼠害面积、耕地面积中降低）与IV - II情景（人口、人均 GDP、城镇化水平中增长，能源强度中减排，林业投资、造林总面积高增长，森林病虫鼠害面积、耕地面积中降低）对比，能源减排强度不同，其他影响因素均为人口、人均 GDP、城镇化水平中增长，林业投资、造林总面积高增长，森林病虫鼠害面积、耕地面积中降低。能源强度高减排的Ⅲ－Ⅱ情景下各地级市碳配额总量为 2539451 万吨，能源强度中减排的Ⅳ－Ⅱ情景下各地级市碳配额总量为 2988944 万吨，由此可得能源强度中减排的Ⅳ－Ⅱ情景下的碳配额总量比能源强度高减排的Ⅲ－Ⅱ情景多 449493 万吨，平均每个地级市为 40863 万吨。Ⅴ－Ⅵ情景（人口、人均 GDP、城镇化水平低增长，能源强度高减排，林业投资、造林总面积低增长，森林病虫鼠害面积、耕地面积中降低）与Ⅵ－Ⅵ情景（人口、人均 GDP、城镇化水平低增长，能源强度中减排，林业投资、造林总面积低增长，森林病虫鼠害面积、耕地面积中降低）对比，能源减排强度不同，其他影响因素均为人口、人均 GDP、城镇化水平低增长，林业投资、造林总面积低增长，森林病虫鼠害面积、耕地面积中降低。能源强度高减排的Ⅴ－Ⅵ情景下各地级市碳配额总量为 3166944 万吨，能源强度中减排的Ⅵ－Ⅵ情景下各地级市碳配额总量为 2664180 万吨，由此可得能源强度中减排的Ⅳ－Ⅱ情景下的碳配额总量比能源强度高减排的Ⅲ－Ⅱ情景多 502764 万吨，平均每个地级市为 45705.82 万吨。

三、地级市层面碳中和实现路径判定

基于不同情景下河北省各地级市碳中和结果分析，河北省将在 2049～2060 年实现碳中和，全省碳达峰至碳中和期间的碳排放总量为 2286549 万～3166945 万吨。

（一）碳减排压力很大的地级市——沧州市、张家口市、廊坊市、秦皇岛市

沧州市是环渤海区域资源丰富的地区之一，产业主要以大型石油化工、煤化工、盐化工、合成材料、管道装备制造、港口物流为主，高能耗、高污染的重工业产生了高额的碳排放。在长期的工业发展基

础上，为如期实现碳中和，沧州市应对产业结构和区域经济发展进行有效的调节和优化。调整农业内部结构，推动第一产业现代化，继续保持第一产业的区域竞争优势，积极优化产业结构，加快产业现代化步伐。改变经济增长方式，充分利用油、气、地热资源丰富及临港优势，着重发展能源清洁利用的高新技术，在利用能源发展工业的同时还能保证减少对环境的污染，经济高效稳定增长。

张家口市每年碳排放总量约为5000万吨二氧化碳，碳排放主要部门为能源行业和工业。张家口市主体的支柱产业由钢铁、煤炭、化工、装备制造等高耗能、高排放行业构成，并且张家口市有为附近城市输送电力的任务，使得其碳排放水平较高。张家口市政府管理者应从机制体制上求突破，为可再生能源市场提供方便，推进能源结构调整。用能企业应提高政策执行的灵活性，强化技术创新与配套基础设施建设。

廊坊市是京津冀协同发展蓝图的最大受益者，近年来廊坊市的产业结构持续优化，第三产业占比不断提升，新型显示、高端制造、大数据等六大重点产业规模不断壮大，现代物流、文化旅游、电子商务等现代化服务业加快发展。为减少碳排放可采取的措施有：提高能源效率，降低数据中心能耗，优化电力使用效率；产品生命周期减排，可以通过使用环保材料、碳减排生产技术和节能产品设计来缓解；产品制造的供应链减排，检测并约束供应链上的碳排放，为供应商减排提供帮助。

秦皇岛市是一座新兴的工业城市，五大支柱产业为：建材工业、金属压延工、化学工业、机电工业、食品饮料工业。秦皇岛是河北省东侧的城市，东临渤海并且与沈阳接壤，这就使得秦皇岛市成为京津冀地区与东北地区的连接重地。秦皇岛市在第一产业方面有进行粮食、粮油加工的产业，在第二产业方面有铝制品产业，加工制造车轮产业等，同时秦皇岛市优越的地理位置使它成为具有重要地位的港口城市。为了能够尽快实现城市碳中和，秦皇岛市聚焦重点领域开展节能低碳行动。重点关注工业行业节能，对工业子行业中钢铁、化工等消耗化石能源占比较大的行业进行重点管理，禁止进行高排放的项目，减少化石能源消耗。城乡建设要遵循绿色低碳原则，引领推动城乡建设低碳转型。深入推进低碳交通运输体系建设，科学规划交通基础设施建设，全面提升交通运输能效水平。

（二）碳减排压力较大的地级市——衡水市、邢台市、邯郸市

衡水市以粮食业和工业为支柱产业，生产的粮食供应全国各地，因为粮食产量多所以也发展出各式各样的农副产品加工，衡水地区特别适合棉花的生长，并形成了以丝网、玻璃钢、橡塑制品、采暖铸造等十大特色产业为主体的工业体系。但是衡水市的工业经济对一次能源的消耗量巨大，并没有产生相应水平的产出，造成了巨大的环境污染，乡镇企业的发展更落后于市级企业，技术产能及效率落后，对衡水市的绿色经济发展并没有起到积极作用，反而产生了高额的碳排放。衡水市应在第一产业方面发展绿色生态农业，充分利用农作物剩余的植物秸秆等喂食养殖的动物，使用植物秸秆、动物粪便等制造沼气产生电能、热能等用于家庭使用，太阳能等清洁能源的大面积使用可以减少传统能源使用，减轻能源消耗造成的环境污染。衡水市的教育水平和方法被全省乃至全国效仿，衡水市应充分利用这一优势，培育许多优秀的技术人员，打造教育品牌，做大做强名牌教育绿色生态品牌。

邢台市是京津冀协同发展规划中产业转移的接收地，是一座资源型城市，煤、矿资源丰富，主要支柱产业为装备制造、新能源、新型建材、煤盐化工、钢铁深加工、食品医药及纺织服装，其支柱产业的结构调整和升级改造必须与承接京津产业转移相结合。未来发展中，邢台市必须紧紧围绕京津冀生态环境支撑区功能定位，保持力度、延伸深度、拓展广度，加强污染防治、环境保护、气候监测，厚植高质量赶超发展绿色底色，推动邢台绿色崛起。

邯郸市矿产资源丰富，主要为煤矿、铁矿、灰岩矿，这三类矿产

衍生出了邯郸市的主要产业：煤－火电－炼钢，煤－炼焦－冶铁/电机，煤－煤化工－精细化学品（化肥、农药、医药中间体、涂料等）；铁矿－冶铁－炼钢－钢材加工，钢材－机械零部件－机械装备，钢材－钢构/建材；灰岩－水泥/陶瓷－建材。重工业生产产生了较多碳排放，形成了减排压力。邯郸市碳减排的发展任务就是工业转型升级，在淘汰落后产能的同时提升现有产业发展质量，培育更多高端产业。深入实施造林绿化，继续推进"绿美邯郸"攻坚行动，强力推进太行山造林绿化步伐，积极推动国家森林城市建设，增加生态碳汇。

（三）碳减排压力较小的地级市——保定市、唐山市、承德市、石家庄市

保定市是首批入选"中国低碳城市发展项目"的城市之一，期望在新能源产业带动城市低碳发展的原则下推动城市发展模式的转型。其中实施的比较重要的行动就是保定市计划在全市范围内大规模使用太阳能，这是考虑了保定的地理位置、天气等原因后，最适合保定的发展可再生能源的道路之一。保定市的"中国电谷"也在新能源设备及技术方面占有重要地位，助力于保定市新能源的发展。在之前的工作努力下，保定市的碳减排压力较小，应在现有的生产体系基础上继续加强绿色低碳理念的引导，推动产业低碳转型，加速农业绿色发展，提高服务业绿色发展水平。

唐山市是一个依煤而建、因钢而兴的资源型城市。以煤、石油、天然气为主的化石燃料燃烧是产生碳排放的主要形式。为进一步减少碳排放，如期实现碳中和，唐山市应调整能源消费结构，增加清洁能源、新能源比重，充分利用优越的地理位置及丰富的海洋资源发展风能、太阳能、潮汐能等新能源，降低传统化石能源带来的碳排放问题。

承德市因其享有美誉的旅游资源而得名，承德避暑山庄是有名的旅游景点。但不可忽视的是承德拥有着丰富的清洁能源储备。承德市以文化旅游产业、清洁能源产业、大数据产业、绿色食品及生物健康

产业为主导产业，其碳减排压力较小。承德市应充分利用复合型清洁能源富集的强大优势，积极发展清洁能源产业，争取在全国打造领先地位。承德市优越的地理位置可以同时发展风电、光伏、水电三种形式的清洁能源建设。承德市应在发展风、光、水新能源之外，加强氢能战略研究和布局，大力发展制氢先进技术，努力建设国内一流的氢能产业基地，形成以资源优势、技术优势为依托的清洁能源产业发展格局。

石家庄市是河北省的政治、经济、文化、交通中心，也是京津冀都市圈的重要组成部分，但石家庄产业及能源结构不合理，高耗能、高排放工业贡献了大约四分之三的碳排放，作为一个产业结构偏重工业的城市，石家庄应优化产业布局、加大低碳转型力度，大幅减少高耗能和高碳工业占比，在现有的工业用地面积基础上尽力实现更高的经济收益，大幅降低单位工业用地面积的碳强度，确保城市尽快实现碳中和。

第二节　基于行业层面的河北省碳中和实现路径

一、行业碳减排潜力指数测算结果

上文根据《中国统计年鉴》及中国碳核算数据库（CEADs）发布的使用 IPCC 分部门排放核算方法得出的省级碳排放清单，将与碳排放相关的行业主要分为以下五类：农、林、牧、渔业；工业；建筑业；交通运输、仓储和邮政业；批发、零售业和住宿、餐饮业。碳减排潜力指数为碳减排效率指数与碳减排公平指数，其中碳减排效率指数选取碳排放强度和碳排放影子价格两个指标进行构建，碳减排公平指数选取行业人均碳排放量与行业人均生产总值两个指标进行构建。

农、林、牧、渔业的碳排放效率指数为 0.3931，其碳排放强度为 0.1622 万吨/亿元，碳排放影子价格为 0.1267 亿元/万吨；碳排放公平指数为 0.4976，其行业人均碳排放量为 0.3016 万吨/万人，行业人均 GDP 为 1.7247 亿元/万人。工业的碳排放效率指数为 0.4533，其碳排放强度为 8.5011 万吨/亿元，碳排放影子价格为 0.0790 亿元/万吨；碳排放公平指数为 0.5488，其行业人均碳排放量为 66.3974 万吨/万人，行业人均 GDP 为 8.2785 亿元/万人。建筑业的碳排放效率指数为 0.5849，其碳排放强度为 0.1556 万吨/亿元，碳排放影子价格为 0.3005 亿元/万吨；碳排放公平指数为 0.4191，其行业人均碳排放量为 0.3808 万吨/万人，行业人均 GDP 为 2.7209 亿元/万人。交通运输、仓储和邮政业的碳排放效率指数为 0.4240，其碳排放强度为 0.9133 万吨/亿元，碳排放影子价格为 0.3404 亿元/万吨；碳排放公平指数为 0.6544，其行业人均碳排放量为 8.1129 万吨/万人，行业人均 GDP 为 9.4558 亿元/万人。批发、零售业和住宿、餐饮业的碳排放效率指数为 0.4633，其碳排放强度为 0.2038 万吨/亿元，碳排放影子价格为 1.2973 亿元/万吨；碳排放公平指数为 0.4423，其行业人均碳排放量为 0.6603 万吨/万人，行业人均 GDP 为 3.2881 亿元/万人。

二、行业碳减排潜力指数动态评估

碳排放强度是评估碳排放水平的重要指标，如果这个指标较高的话说明需要采取措施降低碳排放，提高碳排放效率。碳排放强度最高的行业是工业，其次是交通运输、仓储和邮政业，因为行业高额的生产总值和行业性质决定了其对能源的消耗量较大，产生了较多的碳排放。碳排放影子价格指的是减少一单位碳排放所需要付出的减排成本。批发、零售业和住宿、餐饮业的碳排放影子价格最高，工业的碳排放影子价格最低，表明批发、零售业和住宿、餐饮业减少一单位碳排放所需付出的成本高，减排压力较大，而工业减少一单位碳排放所付出的成本低，有利于碳减排工作的开展。在碳排放强度和碳排放影子价格两个指标的综合作用下，各个行业的碳排放效率指数相差不大。综合考虑行业就业人数，行业人均碳排放量作为衡量碳排放公平指数的一个指标，工业的行业人均碳排放量远远大于其他行业，大约是行业人均碳排放量最小的农、林、牧、渔业的 220 倍。工业的高额人均碳排放量是由于该行业产生大量的碳排放量，而农、林、牧、渔业的就业人口较多但产生的碳排放量较少，所以行业人均碳排放量最少。行业人均生产总值反映行业经济平均发展状况，也代表对减排的人均支付能力。交通运输、仓储和邮政业以及工业的行业人均生产总值较高，交通运输、仓储和邮政业因为就业人数较少，所以其对碳排放污染治理的支付能力较高，而工业因为行业生产总值很高所以行业的人均生产总值指标被拉高。在行业人均碳排放量和行业人均生产总值两项指标的综合作用下交通运输、仓储和邮政业的碳排放公平指数最高，建筑业的碳排放公平指数最低。

综合考虑上文中提到的两个碳排放水平评估指数，分别与各自指数的平均水平进行参考比较，河北省 5 个行业可以分为 3 类。建筑业属于"高效率低公平"类型，其碳减排成本较低，潜力较小，在未来的碳减排中可分配较少的碳减排任务；工业，交通运输、仓储和邮政业属于"低效率高公平"类型，说明其对碳排放污染治理的支付能力较强，碳减排潜力高，在未来的碳减排中应承担更多的碳减排任务；农、林、牧、渔业，批发、零售业和住宿、餐饮业属于"低效率低公平"类型，对碳排放污染治理的支付能力较弱，碳减排成本较高，碳减排难度较大。在效率与公平权重相同时，工业，建筑业，交通运输、仓储和邮政业的碳减排潜力指数较高；侧重考虑效率时，建筑业，交通运输、仓储和邮政业的碳减排潜力指数较高；侧重考虑公平时，工业，交通运输、仓储和邮政业的碳减排潜力指数较高。由此可见，无论是从效率方面进行评估，还是从公平方面进行比较，交通运输、仓储和邮政业的碳减排潜力指数都很高，而农、林、牧、渔业，批发、零售业和住宿、餐饮业的碳排放潜力指数都很低。

三、行业层面碳中和实现路径判定

(一)"高效率低公平"行业——建筑业

1. 完善政策支持和保障机制

现有政策引导在建筑领域绿色低碳发展上起到很大作用,但未来进一步完善政策支持和引导,建立保障机制,是促进建筑领域绿色低碳发展的关键环节。建筑供给侧要加强宏观调控,对"炒房"的行为进行制止,加强房屋购买或房屋租赁的保障制度,对现有的建筑进行低碳化改造,对未建项目进行低碳化的强制要求,充分利用房屋建筑资源。制定和完善建筑绿色低碳发展的法律法规,实施绿色建筑统一标识制度,深化执法体制改革,加强管理能力建设和执法能力建设。鼓励建筑业绿色低碳发展新技术,提倡装配式建筑施工方式及建筑低碳运行等新技术。

2. 实现建筑材料低碳化

建筑材料的建造使用过程也会产生大量的碳排放,使用新技术或者调整产业结构,减少使用建筑材料过程中的碳排放。加强低碳技术研发,推进建筑材料行业低碳技术的推广应用;防止大拆大建,采用工业废弃物、烧结黏土等逐步取代传统矿物;研发并应用以 CO_2 作为生产原料的建材或能够吸收 CO_2 的建筑材料;加大建筑垃圾循环利用率,通过建筑垃圾分类、回收处理、再生处理、资源化利用和产品应用五个步骤促进建筑垃圾资源回收利用;大力发展二氧化碳的收集、储存、利用技术并推广应用。

3. 建筑施工低碳化

工程施工一般要持续很长时间,在这一过程中设备使用、材料使用、能源使用等都会产生很多碳排放,随着现在三维施工图纸、信息实时更新、数字孪生等技术的发展,施工过程中要提高效率,减少试错重建,整体把握施工进程。积极采用节能照明灯具和光能装置,设置过载保护系统以提高能源使用效率，科学管理施工现场，优化配置建材资源，设立低碳发展培训机构、领导机构、监督机构、考核机构等以促进建筑施工过程低碳化。

（二）"低效率高公平"行业——工业，交通运输、仓储和邮政业

1. 优化工业产业结构和布局，推动能源消费结构转型

工业企业应按照河北省相关政策文件的要求，对剩余的工业产业进行有效调整，淘汰无法跟上现代化进展的工业产能，提高工业技术水平，工业生产出来的产品要符合绿色经济发展的要求，工业产业链也要追求绿色低碳。工业中的细分行业有些是碳排放量比较大的行业，比如水泥化工业、火力发电行业等，对于这些重点行业要专门制定减排策略，采取逐步使用清洁能源替代化石能源的方式，合理地逐步梯次化调整能源利用体系。

2. 采用清洁能源车辆，降低运输流程碳排放

运输流程中产生的排放量巨大，因此，运输流程碳减排是交通运输企业碳中和战略的重点之一。领先的交通运输企业在该领域已经做出巨大努力，通过大力投资来改变运输车辆的能源结构，通过推广电动能源和绿色燃料的使用，推动车辆升级和节能降耗，并不断优化车队规模和运输路线，减少运输流程的温室气体排放。

3. 打造绿色包装，实现进一步减排

包装生产同样是高排放环节，仓储和邮政企业可以考虑进一步减少包装材料使用量，并努力选择环保可回收的包装生产原料，实现进一步减排。如京东公司推出了多个减少包装材料使用、增加可回收材料利用比例的举措。截至 2020 年底，京东累计使用循环快递箱 1600 余万次，累计减少一次性泡沫箱 1.8 亿个。京东物流通过采用极具创意的包装设计和电子运单，每年减少胶带使用量 4 亿米，减少纸张消

耗 13219 吨[①]。京东物流联合可口可乐、宝洁和联合利华等消费品公司，建立起废塑料回收系统，在京东购买商品后由物流送到消费者手中，商品产生的废塑料由消费者收集起来，集中交给京东物流再回收回去，回收利用可以减少塑料生产、燃烧或降解产生的碳排放。

（三）"低效率低公平"行业——农、林、牧、渔业，批发、零售业和住宿、餐饮业

1. 稳步改变传统粗放农业

农业系统需要通过解决土壤退化、侵蚀，过度使用化学品，水资源浪费和野生动物自然栖息地破坏等几个问题来提高可持续性。加快免耕种植和秸秆还田的应用，提高农民在使用节水灌溉的同时准确制备水和化肥的能力，稳步改变以高碳要素投入为特征的传统粗放农业。在这一过程中，应充分发挥市场机制的作用。同时，政府应提供政策支持。例如，对用于免耕种植和秸秆还田的农业机械提供补贴，为研发更节能、更清洁的农业机械分配更多投资，并提高使用新能源农业机械的比例。推动秸秆还田跨区域应用，加快空间减碳效应的产生，加强不同地区农业减碳的互动，发展良好的合作共赢机制，帮助不同地区发挥各自优势，实现绿色农业生产模式的共享，为邻近地区作出贡献，向邻近地区学习，最终实现碳排放减少。

2. 加强企业管理，降低单位产值能耗

加强批发零售企业在产品生产、运输、销售等过程的管理力度，建立低碳管理体系。可以参照质量管理体系模式制定低碳发展方针及目标，组建低碳管理工作小组，对各项工作进行监督管理。在可再生能源方面，企业决策者需要考虑企业自身所在地区的外部条件，如一年的日照时间、风力、潮汐周期等，并根据区域能源、机械技术发展水平制定适当的能源使用策略。在实际运营过程中，企业的发展离不开政策的引导，管理者需要密切关注当地的减排政策，并及时调整减

---

① 资料来源为媒体报道。

排战略。

3. 政策推动减排，节能降耗低碳发展

在经济和政策方面，住宿餐饮通常位于经济发达、贸易繁荣的地区，并且自身的经济基础和实力雄厚。这些领域通常对减排保持积极态度，政策导向也偏向积极。在社会技术方面，得益于良好的条件和发达的贸易，这些行业与可靠的交通和物流网络之间有着深厚的联系。同时，这些地区通常拥有丰富的减排人才和研究机构，有利于促进相应技术的快速发展。所有这些都是实现"零碳"的有益基础。在这一进展之后，由于能源措施的潜力巨大，住宿餐饮可以开展研究，以改进和解决相应能源措施应用中的问题（如门店储存场地的规划和建设、能源燃料的持久性和环保性等）。在执行相应决策内容的过程中，需要通过管理措施随时跟踪减排过程，并与减排目标核对结果。找出门店管理过程中的不足之处，并不断修订未来的目标和措施，以形成积极的闭环。与其他行业学术研究一样，减排能力较弱的门店应积极借鉴实践经验，吸取不足。同时，积极与高减排能力门店合作对接。这些都将提高住宿、餐饮行业的减排能力和综合能力，帮助行业加快完成减排任务。

第三节　河北省碳中和减排对策建议

一、争取"碳达峰"适度超前，为实现"碳中和"赢得时间和信心

（一）适度加快进度、略留余地，避免在 2030 年出现被动

"碳达峰"的行动计划要提前制定，根据各行业各省具体情况分别制订方案，鼓励有条件的地区率先实现达峰。由于 2019 年新冠疫

情，人均GDP和能源强度的增速低于国际预测的0.5%～1.0%。在人口增长率、城镇化率、能源消费结构和产业结构的设计是基于现有政策的情况下，根据国家中长期发展规划（2007年）和能源供应与消费革命战略（2016～2030年）（国家发展和改革委员会，2016），河北省碳排放量有望在"十五五"期间进入平台期，峰值接近8.8亿吨，给"碳中和"工作带来巨大压力。在加速改善情景下，如进一步降低能源强度、进一步优化能源结构、进一步升级产业结构，最大限度地保护和恢复陆地生态系统，大幅减少碳排放，河北省有望在2025年前实现"碳达峰"。

（二）提前规划重点领域排放限额和"碳达峰"时间表，引导和强化市场预期

瞄准2030年前实现"碳达峰"的目标，尽早确定重点领域碳排放限额和达峰时间表，并向全社会公布，以引导排放主体及时采取行动。河北省在2020年消费的能源总量有3.27亿吨标准煤，其中煤炭占比73%左右，全省二氧化碳排放量约为8亿吨，且排放主要集中在唐山、邯郸、石家庄，约占全省排放量的65%。考虑到2020年以后可能的经济复苏进程及河北省新发展格局的建设要求，未来10年累计二氧化碳排放量不超过60亿吨，其中电力（含热力）约占42%、工业约37%、交通约13%、建筑约8%（均不含电力）。

水泥、钢铁、电力行业碳排放率先达峰。水泥行业仍处于震荡期，谨防其碳排放出现反弹。作为河北省支柱产业之一的钢铁行业力争在"十四五"初期达峰，2030年吨钢碳排放较2020年至少下降24%。电力行业力争在"十四五"期间碳排放达峰，最晚不迟于2030年，峰值为2.3亿吨，2030年平均每度电碳排放较2020年至少下降25%。化工行业乙烯、甲醇、电石等关键产品碳排放将继续增长，其达峰时间可以略晚于全省"碳达峰"时间。建筑、交通等民生部门可以在"十五五"甚至"十六五"期间达峰，力争实现2030年前碳达峰。

（三）持续推动能源供给革命，进一步加快可再生能源开发和储运设施部署

以非化石能源替代化石能源被认为是中国实现碳中和目标的主要途径，可再生能源、核能和碳捕获在实现中国碳中和目标方面发挥着重要作用。同样对河北省能源发展来说，非化石能源开发对煤炭相关温室气体的减排具有积极影响，能源结构调整带来的碳替代效应是河北省碳中和的关键。除了经济规模、城市化和绿色能源发展中的空间效应等因素外，自然资源禀赋也是影响绿色能源发展的关键因素。水电主要集中在水资源丰富、地形落差较大的地区。风能需要丰富的风能资源，主要分布在地势平坦、自然灾害较少的地区。太阳能在阳光充足、土地闲置较多的地区，如沙漠和草原，潜力最大。核电通常建在沿海地区和地质灾害较少的地区，以确保冷却水的供应和设施的安全。河北省开发可再生能源需要根据各地实际情况发挥最大优势。同时，要支持技术开发，结合保障可再生能源电力消纳需求和电力安全稳定供应要求，适度发展灵活调节的超临界和煤气化联合循环等先进的燃煤和核电技术。

（四）推广先进减排技术，挖掘节能增效潜力

信息和通信技术可以通过提高生产和管理效率，为工业节能减排作出重大贡献。一方面，信通技术可以帮助监测和分配制造过程中的动态物质和能量流，从而提高能源和资源效率；另一方面，信通技术可以优化生产过程，降低生产过程中的能耗和排放强度。除了工业结构升级和清洁生产技术推广等传统措施外，信通技术的应用可以成为帮助工业应对能源和环境挑战的有效措施。若以钢铁、水泥和煤电行业为具体研究对象，它可以在未来 15 年内将工业节能减排潜力扩大 10.7%～21.7%；水泥行业进一步普及先进新型干法窑和高效余热发电技术，争取实现 2030 年全覆盖；逐步推进燃料替代，力争实现 10%～15% 渗透。化工行业加速推广先进煤气化技术，推动原料结构

轻质化发展和现有先进生产技术的进一步推广。建筑行业的冬季采暖、夏季制冷技术要提高效率，减少用电及能源消耗，使用清洁电能，争取实现 2030 年电气化水平上升至 65%。交通运输部门应加快引导"公转铁""公转水"等低碳运输方式，发展电动车、氢燃料车等先进技术。

二、在新的历史时期构建具有河北省特色的低碳产业体系

（一）改进传统产业，提高发展质量

京津冀地区能源消费碳排放的总体分布表明，碳排放与城市经济、城市人口和产业结构密切相关。高碳排放区扩展到河北省的秦皇岛、唐山和沧州的沿海地区，主要是因为当地政府依靠东部港口的独特地理位置，结合相应的生产要素，大力发展工业经济和重工业。绿色创新是传统产业降低碳排放强度的重要渠道，需要灵活的环境监管。在惩罚污染企业的基础上，地方政府应向在绿色转型方面表现突出的企业提供退税和奖励，并向愿意开展绿色创新的污染企业提供财政补贴，增强其进行绿色技术研发的能力。

（二）扩大研发投资，做大新兴产业

尽管可再生能源是清洁的，因此更有可能促进低碳增长，但全球可再生能源部门仍然没有得到充分发展。在这种情况下，河北省政府的财政支持可以被认为是发展这一行业的最重要机制。特别是在相对发达但污染相对较多的河北省，可以肯定相关政府投资能够提高能效和清洁能源开发项目；因此，政府对清洁能源的投资理论上可以与这些经济体的脱碳联系起来。此外，政府补贴在鼓励可再生能源项目私人研发投资方面也有很大作用。由于研发投资被证明在确保低碳经济增长方面是可行的，因此建议前 10 个可再生能源投资项目增加各自

的预算拨款，以资助其可再生能源部门的发展。同时，有关政府可以向私营部门看齐，鼓励公私伙伴关系，以进一步推动与可再生能源项目相关的研发投资。

（三）克服所有阻碍，使用清洁能源

一方面，除了解除阻碍从不可再生能源转向可再生能源的财政限制外，克服非财政障碍也同样重要。在其他相关政策中，河北省政府还可以考虑制定严格的环境政策，特别是防止过度开采和使用不清洁的自然资源。相反，应该制定法规，强制规定清洁能源的使用，以便减少对环境不友好的自然资源的需求压力。另一方面，在国际贸易方面，必须鼓励更多地使用低碳燃料，从而在很大程度上减少出口项目中的碳含量，进而实现化石燃料密集型出口相关产业的绿色化。同时，河北省各地市还可以期待通过纳入涉及使用清洁和可再生能源的商品和服务，使各自的出口篮子多样化。最后，规划环境可持续的城市化政策非常重要，应对与城市化相关的环境逆境对河北省来说更具挑战性。因此，政府需要使其城市化政策与环境可持续的低碳增长战略保持一致。

（四）京津冀协同，发展绿色低碳

近年来，随着我国经济的快速发展，京津冀地区火电等高霾产业过度集中，环境污染日益严重。各项政策的制定和实施对京津冀地区火电、经济等高霾产业的协调发展起着至关重要的作用。针对京津冀地区不同的政策需求匹配情况，提出完善京津冀地区火电、经济等高霾产业协同发展政策的建议：一是加强京津冀地区火电、经济等高霾产业协同发展的财政投资政策供给，主要在于强化无偿投资政策和强化有偿财政投资政策；二是完善京津冀地区火电、经济等高霾产业协调发展的税种，主要表现在强化环境保护税政策，强化资源税政策，增加消费税政策；三是深化京津冀地区火电、经济等高霾产业协同发展的绿色信贷政策，主要在于深化差别化信贷政策、深化能效信贷政

策和生态循环信贷政策；四是加强京津冀地区火电、经济等高霾产业协同发展的技术合作政策，主要在于强化技术合作协调政策，强化技术合作促进政策和技术合作资源共享政策；五是完善京津冀地区火电、经济等高霾产业协同发展监测预警政策。

（五）构建新能源发展体系，稳步实现"碳中和"

煤炭、石油和天然气等常规化石能源的消耗产生了大量污染物，对自然环境造成了严重破坏。为了促进能源生产和社会消费模式的转变，以风能和太阳能为代表的新能源的发展在世界范围内面临着巨大的机遇。决策者应优先考虑能源使用部门的工作，家庭部门清洁燃料利用率的提高可以带来更大的环境效益。燃煤一直是河北家庭的主要取暖方式。天然气替代燃煤供暖的实施已显著减少污染物排放，进一步减少了空气污染。此外，与燃煤机组相比，天然气供暖设施的热效率有所提高，其原材料通过管道运输，在一定程度上减轻了城市交通压力。然而，在清洁取暖政策的实施过程中存在一些紧迫的问题。例如，天然气使用和供暖设施建设的成本相对较高。因此，政府应加快天然气基础设施建设的进程。事实上，清洁能源包括电力、太阳能、地热、空气热能、工业余热，以及经过清洁能源技术处理的低污染化石能源，因此，国家和地方政府在未来的规划中，应根据不同地区的实际情况，合理制定供热政策。

三、低碳转型和固碳布局双轮驱动，稳步推进实现"碳中和"

（一）继续加速能源系统低碳化，有序发展固碳技术

当使用清洁能源（如光伏发电或风能）替代传统的化石燃料燃烧时，必须考虑可再生能源的间歇性可用性。因此，可再生能源的发展需要伴随着能源储存和分配技术的创新。同时，生物质可以用作能量

存储介质，以将太阳能和废碳转化为液体或固体燃料，这些燃料可以在没有存储时间限制的情况下存储和使用。CCUS 项目作为减少燃煤电厂 CO_2 排放的重要手段，受到越来越多的关注，若能源系统加大转型力度，CCUS 将从 2030 年起有序部署，到 2060 年，非化石能源占比达到 73% 以上，终端电气化率达到 85% 以上，二氧化碳排放量 1 亿～1.5 亿吨，需依靠森林等碳汇吸收来实现碳中和。

（二）谋划重点领域"碳达峰"后的中和行动，低成本实施 CCUS 技术

为了从"碳达峰"迈向"碳中和"，电力（含热力）行业应承担约 37%～41% 的二氧化碳中和量，并争取在 2050～2060 年实现零排放；工业、交通、建筑部门承担的二氧化碳中和量分别约为 25%～33%、10%～14%、8%。完成上述任务，需要大规模部署 CCUS 技术。基于技术可行性和经济性考虑，CCUS 技术将累计捕集 10 亿～15 亿吨二氧化碳，为氢能、储能等突破性技术的大规模应用争取时间。

（三）持续进行能源技术革命，加速能源"零碳化"进程

如今的新型电力系统以新能源为主体，新能源占比大幅提高，为配合发电量，输电技术尤其是远距离输电技术也需要进步。为应对新型电力系统的不确定性，对储能的需求也比之前更高。为了加速能源"零碳化"进程，争取 2060 年风电、太阳能发电装机容量有重大突破、可再生能源发电比例提升至 75% 以上，并在 2060 年基本完成存量火电替换。

钢铁行业大力发展短流程炼钢和氢能炼钢，并结合 CCUS 技术使用，争取 2060 年吨钢碳排放相比于 2020 年下降 60% 以上。水泥行业加快实施生活垃圾和工业固废等燃料替代化石燃料使用，同时使用碳强度较低的原料替换传统石灰石，并配套实施 CCUS 技术，争取 2060 年前燃料替代和原料替代比例均达到 50% 以上。化工行业继续推动原料结构轻质化发展，并逐步发展以 CCUS、电解制氢、CO_2 利用和生

物质转化技术为代表的颠覆性技术，争取实现乙烯、甲醇、电石、合成氨等关键化工产品碳排放在 2037 年前达峰。建筑和交通等民生部门，全面推进电气化进程；大力普及绿色建筑，发展基于储能技术的智能需求响应系统，推广热泵、储热技术快速发展，力争 2060 年电气化率提升到 85% 以上；基本淘汰燃油汽车，创新共享出行业态，大力推进航空替代燃料商业化进程，加快电力、氢燃料、生物燃料等新能源在交通领域的推广应用，尤其是在公共服务领域，应尽早实现交通和运输工具 100% 使用清洁能源。

四、政策建议

（一）明确低碳发展的重要地位

保护生态环境是全人类的共同任务，任何国家都很难单独实现其目标。目前，许多国家和地区都把保护环境、低碳发展作为重要行动指引，河北省更是积极响应国家号召。为了明确低碳发展的重要地位，河北省应在立法中体现，制定法律措施来控制碳排放量以及惩罚措施。坚持系统观，加强宏观顶层设计，将落实"碳达峰"和"碳中和"作为河北省经济与社会发展规划的重要内容，统筹融合低碳发展与经济体系优化升级、能源系统清洁低碳安全高效转型、科技创新、生态环境保护、土地空间优化、社会安全维护等相关工作。

（二）健全河北省低碳发展的激励机制

加快建立健全省市级碳交易机制，允许碳排放进行拍卖，配额用不完的碳排放可以在交易市场卖出，配额用完后可在交易市场买入，同时碳银行这一创举也应并行，允许碳配额进行存储和借贷。相关部门必须首先认识到，信息激励（如情感信息和低碳指导）和社会影响（如同行模仿和背书影响）可以为促进可持续低碳消费行为作出积极贡献。因此，相关部门可以从情感信息入手，通过电视、电影、报纸、自媒体和其他渠道，提高公众对环境退化的认识，引发公众对环境保护的认识，激发内部低碳动力。在此基础上，低碳指导信息的推广可以赋能低碳消费决策。结合社会影响力的重要作用，相关部门可以提供具有良好社会互动和信息处理功能（如多渠道互动、搜索、比较、评级、聊天室、公告栏和论坛）的在线宣传环境和低碳产品购买平台，它们可以增强消费者的能力和治理机制，从而提高社会互动和低碳消费行为活动的效率。同时，鼓励公众发布和传播积极有效的情感信息和理性行为引导信息，促进低碳信息的有效传播，为低碳消费决策奠定坚实基础。除了行为指导外，低碳购买行为也应受到重视。从低能耗和新能源等低碳消费产品的角度来看，相关部门应通过互联网、众多数字频道和电视节目向客户分发丰富的信息，包括降价策略、补贴策略和积极的环境效益，以形成信息级联。从社会影响力（如同行模仿和背书影响力）对低碳消费决策的积极影响来看，有必要支持那些已经有影响力的人。

（三）加快河北省产业结构升级调整

在产业结构调整和技术创新方面提高监管力度是非常有必要的。产业升级是推动我国现代产业体系建设和发展的必由之路，也是"十四五"时期社会经济建设的重中之重。政府应加强节能目标体系与"双碳"目标的衔接，坚决控制高污染、高消耗项目的发展，依法推动落后产能有序退出，因地制宜培育低碳产业格局。此外，碳排放权交易系统（ETS）和财政支持政策应充分发挥资源配置和收入分配在促进低碳产业发展中的作用，为低碳产业渡过"婴儿阶段"提供制度和财政保障。应加强对污染企业的执法，减少地方政府干预，以形成有效的污染控制约束机制。此外，政策协调有助于充分调动各方资源，以适应复杂的环境，增强政策内容的科学性，从而提高环境质量。

（四）加速推进面向碳中和的能源转型

能源转型不一定意味着使能源系统脱碳，而是简单地从主要基于一种主要能源的系统转移到主要基于另一种主要能源的系统。随着煤炭使用的发展，工业革命已经成为一种能源转变，从一个主要由生物质运行的系统转变为一个主要以煤炭为基础的系统，现如今需要转变成以新能源为主体的新型电力系统。过去发生的能源转型似乎与我们正在努力实施的低碳能源转型非常不同，可能只能为我们理解能源转型提供有限的帮助，特别是在体制结构方面，因为这些转型没有受到监督。与以往不同，转型将不是由经济机会驱动的，而是由解决环境问题的需要驱动的，同样的微观经济驱动因素在未来的转型中也很重要，通过实施适当的管理，政府和公民必须从过去的变化观察者转变为未来能源转型的参与者。他们需要从系统的角度看待这一转变，以确定他们想要遵循的途径及其相关目标，从而引导能源过渡走向碳中和。

（五）深度推进储能与CCUS等技术的科技创新

碳捕获利用和储存（CCUS）技术是实现社会脱碳和"碳中和"的重要组成部分。它的成功不仅取决于技术进步，还取决于人们对它的反应。加强统筹推进"碳达峰"与"碳中和"相关的科学研究，重视气候工程系统管理，建立环境与经济相关联的数据库，随时监测碳排放，追踪时空变化和预测预警分析，建立碳中和评估技术与标准。促进政府对低碳创新技术的扶持力度，发挥企业在技术创新中的主导地位，突破储能、氢能、CCUS等关键技术。加速低碳技术的试验、示范和推广工作，加快商业化和市场化进程。

（六）增强区域和全省陆地生态系统固碳能力

将碳化生物质灰返回土壤可以增强作物－土壤生态系统的固碳能力。生态系统固碳是最为成熟的固碳方式，在对粮食产量造成影响以及对生态系统没有损害的前提下，鼓励植树造林、保护耕地、保护湿地等能够增加陆地碳汇的行为。主要是政策支持和政府引导，重视生态系统的固碳能力。城市化进程迅速的地区在碳储存动态方面表现出更明显的变化，因为大片农田、未使用土地和水被转化为建设用地，降低了生态系统的碳封存能力。

（七）树立能源安全观，减少技术风险

安全永远是排在第一位的大问题，河北省的能源安全问题主要为能源供给问题以及技术层面的问题。能源的供给除了与能源的开采量有关之外，有些能源依赖于进口，与国际大环境之间也有着比较密切的关系。当国际环境发生变化时，能源供给可能就会减少。电力系统技术层面的问题主要是电网运行是否是安全稳定的。现在的电力系统以新能源为主体，新能源的大规模并网给电力系统的调频调峰技术带来了一定的挑战，风电、太阳能等发电对自然条件的要求较高，如果发电条件达不到的话，发电量减少就需要传统煤电进行调节，这对传统煤电的灵活性调节能力又有了新高度的要求。因此电力系统的稳定性需要技术的支持，以提高电力系统灵活应对风险的能力。河北省各行各业统筹规划，早日实现"碳中和"目标。

参 考 文 献

［1］阿荣．基于 ZSG－DEA 模型下的中国碳市场初始配额研究及区域政策分析［J］．甘肃科学学报，2017，29（2）：125－130＋137. DOI：10. 16468/j. cnki. issn1004－0366. 2017. 02. 025.

［2］本刊编辑部．2020 中国十大绿色事件［J］．绿色中国，2021（1）：14－35.

［3］部分省市"十四五"循环经济发展规划、再生资源产业发展规划（摘要）［J］．资源再生，2022（9）：18－24.

［4］蔡博峰，吕晨，董金池，等．重点行业/领域碳达峰路径研究方法［J/OL］．环境科学研究，2022，35（2）：320－328. DOI：10. 13198/j. issn. 1001－6929. 2021. 11. 05.

［5］沧州市国民经济和社会发展第十四个五年规划和二〇三五年远景目标纲要［N/OL］．沧州日报，2021－06－10（5）. DOI：10. 28160/n. cnki. nczdb. 2021. 001205.

［6］曹庆奎，赵斐．基于模糊－支持向量机的煤层底板突水危险性评价［J/OL］．煤炭学报，2011，36（4）：633－637. DOI：10. 13225/j. cnki. jccs. 2011. 04. 026.

［7］车启龙，张龙生，张旭华，等．甘肃省森林碳汇量计算及动态变化预测［J/OL］．林业科技通讯，2020（4）：16－20. DOI：10. 13456/j. cnki. lykt. 2019. 07. 16. 0002.

［8］陈爱萍．全球双碳政策对中国的启示［J］．生态文明世界，2022（4）：42－49＋7.

［9］陈云．中国特色大国外交的理论创新和责任之举［J］．人民

论坛，2022（6）：44 – 47.

[10] 程云鹤，董洪光，耿纪超，等．中部地区崛起的能源需求及碳达峰路径研究 [J]．中国工程科学，2021，23（1）：68 – 78.

[11] 邓莉，臧统政．工业互联网给商业银行带来的挑战与机遇 [J]．海南金融，2022（5）：72 – 79.

[12] 低碳生活发展脉络 [J]．网络传播，2021（9）：70 – 71.

[13] 奋力开启新时代"三个努力建成"新征程 [N]．唐山劳动日报，2020 – 12 – 01（3）．

[14] 冯宗宪．基于碳中和的碳达峰目标设立和行动 [J]．探索与争鸣，2021（9）：8 – 11.

[15] 傅翠晓．碳达峰、碳中和的五大重点关注领域 [J]．张江科技评论，2021（4）：66 – 68.

[16] 高国．碳达峰和碳中和：中国走向绿色经济体的必然选择 [J]．北方经济，2021（3）：25 – 27.

[17] 高吉喜，侯鹏，翟俊．以实现"双碳目标"和提升双循环为契机，大力推动我国经济高质量发展 [J/OL]．中国发展，2021，21（S1）：47 – 52. DOI：10. 15885/j. cnki. cn11 – 4683/z. 2021. s1. 006.

[18] 高世楫，俞敏．"双碳"促进人类可持续发展 [J]．今日中国，2022，71（1）：72 – 74.

[19] 高世楫，俞敏．中国提出"双碳"目标的历史背景、重大意义和变革路径 [J]．新经济导刊，2021（2）：4 – 8.

[20] 戈晶晶．碳中和倒逼能源智慧发展 [J]．中国信息界，2021（1）：51 – 54.

[21] 耿建扩，陈元秋，李保健．河北：坚定不移落实新发展理念和新发展格局 [N/OL]．光明日报，2020 – 11 – 14（3）．DOI：10. 28273/n. cnki. ngmrb. 2020. 005966.

[22] 关敏捷，袁艳红，冉木希，等．基于 STIRPAT 模型的山西省能源碳排放影响因素及峰值预测 [J/OL]．中国煤炭，2021，47

（9）：48 - 55. DOI：10. 19880/j. cnki. ccm. 2021. 09. 007.

[23] 关于深入打好污染防治攻坚战的实施意见 [N/OL]. 湖南日报，2022 - 09 - 27（1）. DOI：10. 28360/n. cnki. nhnbr. 2022. 005525.

[24] 郭欣哲，杨森，岳晨阳，等. 基于神经网络的碳排放与吸收预测分析方法 [J]. 中国科技信息，2021（23）：88 - 90.

[25] 何涛. 基于低碳化发展的区域交通碳排放影响因素分析及预测研究 [D]. 天津：河北工业大学，2017.

[26] 河北省国民经济和社会发展第十四个五年规划和二〇三五年远景目标纲要 [N/OL]. 河北日报，2021 - 05 - 29（11）. DOI：10. 28326/n. cnki. nhbrb. 2021. 004276.

[27] 河北省加快推进碳达峰碳中和进程 [J]. 中国氯碱，2021（6）：47.

[28] 河北统计年鉴 2016 [M]. 北京：中国统计出版社，2016.

[29] 河北统计年鉴 2017 [M]. 北京：中国统计出版社，2017.

[30] 河北统计年鉴 2018 [M]. 北京：中国统计出版社，2018.

[31] 河北统计年鉴 2019 [M]. 北京：中国统计出版社，2019.

[32] 河北统计年鉴 2020 [M]. 北京：中国统计出版社，2020.

[33] 河北统计年鉴 2021 [M]. 北京：中国统计出版社，2021.

[34] 洪竞科，李沅潮，蔡伟光. 多情景视角下的中国碳达峰路径模拟：基于 RICE - LEAP 模型 [J]. 资源科学，2021，43（4）：639 - 651.

[35] 胡鞍钢. 中国实现 2030 年前碳达峰目标及主要途径 [J]. 北京工业大学学报（社会科学版），2021，21（3）：1 - 15.

[36] 胡西武，黄蕾，李毅. 应对气候变化下的青藏高原碳脱钩水平测度及碳达峰路径选择：以青海省为例 [J/OL]. 青海社会科学，2021（5）：43 - 54. DOI：10. 14154/j. cnki. qss. 2021. 05. 006.

[37] 郇庆治. 论习近平生态文明思想的形成与发展 [J]. 鄱阳湖学刊，2022（4）：5 - 28 + 124.

［38］黄秀莲，李国柱，马建平，等. 河北省碳排放影响因素及碳峰值预测［J/OL］. 河北环境工程学院学报，2021，31（2）：6 - 11. DOI：10.13358/j. issn. 2096 - 9309. 2020. 0907. 01.

［39］黄志辉，纪亮，尹洁，等. 中国道路交通二氧化碳排放达峰路径研究［J/OL］. 环境科学研究，2022，35（2）：385 - 393. DOI：10.13198/j. issn. 1001 - 6929. 2021. 11. 06.

［40］吉安市人民政府关于印发吉安市"十四五"生态环境保护规划的通知［J］. 吉安市人民政府公报，2022（1）：27 - 51.

［41］建筑资讯［J］. 建筑科技，2021，5（5）：1 - 2.

［42］姜慧婕，王爽. 河北严格规范临时用地管理［N/OL］. 中国自然资源报，2022 - 04 - 04（2）. DOI：10.28291/n. cnki. ngtzy. 2022. 001134.

［43］姜慧婕. 临时用地尽量不占或少占耕地［N/OL］. 燕赵农村报，2022 - 03 - 29（1）. DOI：10.28323/n. cnki. nhbnm. 2022. 000144.

［44］姜克隽，胡秀莲，庄幸，等. 中国 2050 年低碳情景和低碳发展之路［J］. 中外能源，2009，6（6）：21 - 26.

［45］金玲，郝成亮，吴立新，等. 中国煤化工行业二氧化碳排放达峰路径研究［J/OL］. 环境科学研究，2022，35（2）：368 - 376. DOI：10.13198/j. issn. 1001 - 6929. 2021. 11. 08.

［46］鞠建华. 绿色发展引领中国矿业进入新发展阶段［J］. 中国矿业，2021，30（1）：1 - 4.

［47］李菲菲，钱魏冬，许正松. 效率和公平视角下我国 30 个省（市）碳减排潜力指数及减排政策分析［J］. 湖南工业大学学报，2020，34（5）：47 - 55.

［48］李惠民，张西，张哲瑜，等. 北京市碳排放达峰路径及政策启示［J/OL］. 环境保护，2020，48（5）：24 - 31. DOI：10.14026/j. cnki. 0253 - 9705. 2020. 05. 005.

［49］李兰兰，於冉，於忠祥，等. 基于 STIRPAT 模型的长江经

济带农业碳排放时空特征及影响因素分析 [J/OL]. 安徽农业大学学报（社会科学版），2020，29（5）：32 - 37 + 132. DOI：10.19747/j. cnki. 1009 - 2463. 2020. 05. 005.

[50] 李强，夏海清. "双碳"目标约束下环境分权的产业升级效应研究 [J/OL]. 软科学，2022，36（11）：15 - 22. DOI：10. 13956/j. ss. 1001 - 8409. 2022. 11. 03.

[51] 李永华. 绿色发展的路子是正确的，路子选对了就要坚持走下去 [J]. 中国经济周刊，2021（5）：14 - 16.

[52] 李子强. 河北省产业结构调整的问题研究 [D]. 延吉：延边大学，2011.

[53] 梁锋. 碳中和目标下碳捕集、利用与封存（CCUS）技术的发展 [J]. 能源化工，2021，42（5）：19 - 26.

[54] 林草"十四五"筑牢生态安全屏障 [J]. 绿色中国，2021（17）：3.

[55] 林卫斌，朱彤. 实现碳达峰与碳中和要注重三个"统筹" [J/OL]. 价格理论与实践，2021（1）：17 - 19 + 33. DOI：10.19851/j. cnki. cn11 - 1010/f. 2021. 01. 03.

[56] 林育锦，王宇佳. 工业企业实现碳达峰碳中和的思考 [J]. 皮革制作与环保科技，2021，2（21）：164 - 165 + 168.

[57] 刘爱玉，柯水发，王亚. 北京市土地资源禀赋及碳汇量分析 [J/OL]. 林业经济，2015，37（7）：94 - 98 + 128. DOI：10. 13843/j. cnki. lyjj. 2015. 07. 019.

[58] 刘凤庭. 把握新发展阶段 贯彻新发展理念 加快构建全省林业草原事业发展新格局：在全省林业和草原工作视频会议上的讲话 [J]. 河北林业，2021（2）：4 - 13.

[59] 刘凯，江世浩，朱文珏. 广东省森林碳汇量估算及其空间效应分析 [J]. 中国农业资源与区划，2015，36（3）：120 - 126.

[60] 刘立果. 河北省工业碳排放预测及减排对策研究 [D]. 北京：华北电力大学，2019.

[61] 刘满平. 我国实现"碳中和"目标的挑战与政策建议 [J]. 当代石油石化, 2021, 29 (4): 1 - 9.

[62] 刘满平. 我国实现"碳中和"目标的意义、基础、挑战与政策着力点 [J/OL]. 价格理论与实践, 2021 (2): 8 - 13. DOI: 10. 19851/j. cnki. cn11 - 1010/f. 2021. 02. 06.

[63] 刘满平. 政策着力点在哪里 [J]. 中国石油石化, 2021 (5): 20 - 24.

[64] 刘梅. 低碳化生产管理在建筑施工企业中的应用研究 [D/OL]. 天津: 天津科技大学, 2019. DOI: 10. 27359/d. cnki. gtqgu. 2019. 000679.

[65] 刘伟, 罗景辉, 谷岩. 基于碳达峰碳中和目标的河北省能源发展战略研究 [J/OL]. 河北省科学院学报, 2022, 39 (4): 65 - 68. DOI: 10. 16191/j. cnki. hbkx. 2022. 04. 013.

[66] 刘兴华, 廖翠萍, 黄莹, 等. 基于 STIRPAT 模型的广州市建筑碳排放影响因素及减排措施分析 [J/OL]. 可再生能源, 2019, 37 (5): 769 - 775. DOI: 10. 13941/j. cnki. 21 - 1469/tk. 2019. 05. 020.

[67] 刘志海. 平板玻璃行业如何从低碳走向碳中和 [J]. 玻璃, 2021, 48 (3): 1 - 5.

[68] 吕斯涵, 张小平. 山东省农业净碳汇时空演化特征分析 [J]. 水土保持学报, 2019, 33 (2): 227 - 234.

[69] 吕文平, 葛翠恩. 基于生态文明的衡水市县域经济发展研究 [J/OL]. 科技资讯, 2019, 17 (5): 106 - 107. DOI: 10. 16661/ j. cnki. 1672 - 3791. 2019. 05. 106.

[70] 吕竹青. 抢抓变革机遇 抢占未来发展制高点: 河北省碳达峰碳中和路径研究 [J]. 环境经济, 2021 (14): 30 - 35.

[71] 绿文. 林草事业发展提出 12 个主要目标:《"十四五"林业草原保护发展规划纲要》印发 [J]. 国土绿化, 2021 (8): 4.

[72] 马秀梅.《内蒙古自治区人民政府办公厅关于科学绿化的

实施意见》解读 [J]. 内蒙古林业, 2022 (3): 26-28.

[73] 毛亚林. 碳中和背景下中国能源中短期预测研究 [J]. 技术经济, 2021, 40 (8): 107-115.

[74] 牛震. 全国人大代表、中国农业科学院农业环境与可持续发展研究所所长赵立欣: 农业农村如何实现"碳达峰""碳中和"? [J]. 农村工作通讯, 2021 (6): 32-33.

[75] 潘文静. 河北加快构建绿色低碳循环发展经济体系 [N/OL]. 河北日报, 2021-09-13 (2). DOI: 10.28326/n. cnki. nhbrb. 2021.007136.

[76] 潘文静. 河北省"十四五"规划《纲要》背后的"12345" [N/OL]. 河北日报, 2021-05-30 (2). DOI: 10.28326/n. cnki. nhbrb. 2021.004321.

[77] 庞凌云, 翁慧, 常靖, 等. 中国石化化工行业二氧化碳排放达峰路径研究 [J/OL]. 环境科学研究, 2022, 35 (2): 356-367. DOI: 10.13198/j. issn. 1001-6929. 2021. 11. 26.

[78] 蒲峥屹, 李云飞. 基于网格搜索支持向量机的个人信用等级评分预测 [J/OL]. 市场研究, 2020 (3): 33-36. DOI: 10. 13999/j. cnki. scyj. 2020. 03. 011.

[79] 齐广君, 陈赫一. 中共石家庄市委举行十届十次全会 [N]. 石家庄日报, 2020-11-14 (1).

[80] 秦皇岛市国民经济和社会发展第十四个五年规划和二〇三五年远景目标纲要 [N/OL]. 秦皇岛日报, 2021-06-17 (A01). DOI: 10.28620/n. cnki. nqhdb. 2021.001015.

[81] 邱宁佳, 贺金彪, 赵建平, 等. 基于PSO的支持向量机改进算法研究 [J]. 长春理工大学学报 (自然科学版), 2019, 42 (3): 120-127.

[82] 渠慎宁, 郭朝先. 基于STIRPAT模型的中国碳排放峰值预测研究 [J]. 中国人口·资源与环境, 2010, 20 (12): 10-15.

[83] 单欣. 基于LMDI法与STIRPAT模型的中国碳排放量影响因

素研究 [J]. 节能, 2021, 40 (5): 54 - 57.

[84] 萨和雅, 罗翔, 王一辰. 基于 STIRPAT 模型的内蒙古自治区碳排放预测研究 [J]. 内蒙古师范大学学报 (自然科学汉文版), 2021, 50 (4): 347 - 352.

[85] 萨和雅, 王路航, 恩和巴图, 等. 数学模型在区域碳达峰中的应用综述 [J]. 内蒙古师范大学学报 (自然科学汉文版), 2021, 50 (6): 533 - 538 + 546 + 468.

[86] 山西省财政厅自然资源和生态环境处. 山西财政生态环境领域工作十年成效 [J]. 山西财税, 2022 (12): 4 - 5.

[87] 省人民政府办公厅关于印发贵州省 "十四五" 自然资源保护和利用规划的通知 [J]. 贵州省人民政府公报, 2022 (4): 42 - 77.

[88] 省委省政府出台 《关于深入打好污染防治攻坚战的实施意见》 [N/OL]. 河北日报, 2022 - 01 - 09 (3). DOI: 10.28326/n. cnki. nhbrb. 2022.000153.

[89] 《"十四五" 林业草原保护发展规划纲要》 印发 [J]. 浙江林业, 2021 (9): 17.

[90] 四建磊, 王成果, 吴韬. 省委九届十一次全会在石家庄召开 [N/OL]. 河北日报, 2020 - 11 - 09 (1). DOI: 10.28326/n. cnki. nhbrb. 2020.008212.

[91] 宋杰鲲. 基于支持向量回归机的中国碳排放预测模型 [J]. 中国石油大学学报 (自然科学版), 2012, 36 (1): 182 - 187.

[92] 宋鹏, 张慧敏, 毛显强. 面向碳达峰目标的重庆市碳减排路径 [J/OL]. 中国环境科学, 2022, 42 (3): 1446 - 1455. DOI: 10.19674/j. cnki. issn1000 - 6923.20210923.006.

[93] 宋心怡, 炼晨, 张依然. "双碳" 目标 "施工图" 日渐清晰——肥料行业将迎来新变革 [J]. 中国农资, 2021 (11): 3 - 5.

[94] 孙铁山, 刘禹圻. 京津冀城市工业对雾霾污染影响的溢出效应——基于制造业投资城市网络的视角 [J]. 地理科学进展, 2023, 42 (2): 237 - 248.

［95］孙义，刘文超，徐晓宇．基于STIRPAT模型的辽宁省碳排放影响因素研究［J/OL］．环境保护科学，2020，46（5）：43 - 46. DOI：10. 16803/j. cnki. issn. 1004 - 6216. 2020. 05. 008.

［96］孙翼飞．节能降耗 餐饮行业谋求新"碳"索［N］．新金融观察，2021 - 11 - 29（18）. DOI：10. 28881/n. cnki. nxjgc. 2021. 000385.

［97］唐怀坤．电信运营商实现碳达峰与碳中和路径分析［J/OL］．通信世界，2021（14）：13 - 15. DOI：10. 13571/j. cnki. cww. 2021. 14. 005.

［98］唐坚．加速推动重点行业转型升级 助力"碳中和"步入快车道［J］．领导科学论坛，2021（4）：106 - 114. DOI：10. 19299/j. cnki. 42 - 1837/C. 2021. 04. 013.

［99］童慧琴，龙飞，祁慧博，等．基于试点7省市减排的森林碳汇需求潜力预测与仿真研究［J/OL］．林业资源管理，2019（4）：10 - 17 + 68. DOI：10. 13466/j. cnki. lyzygl. 2019. 04. 002.

［100］推进建筑材料行业碳达峰、碳中和行动倡议书［J/OL］．中国建材，2021（2）：21 - 23. DOI：10. 16291/j. cnki. zgjc. 2021. 02. 004.

［101］万军，王倩，蒋春来．新时代中国的生态环境保护：成效、经验和世界意义［J］．当代中国与世界，2021（3）：37 - 43.

［102］汪旭颖，李冰，吕晨，等．中国钢铁行业二氧化碳排放达峰路径研究［J/OL］．环境科学研究，2022，35（2）：339 - 346. DOI：10. 13198/j. issn. 1001 - 6929. 2021. 11. 11.

［103］王爱民，李响．市委十届十一次全会召开［N］．唐山劳动日报，2020 - 11 - 27（1）.

［104］王达川，靳廉洁，姚海元，等．"双碳"目标下深圳国际枢纽海港集疏运体系优化研究［J］．中国航海，2022，45（4）：107 - 111.

［105］王刚潮．碳中和加快促进生态产品价值实现机制的建立［J］．皮革制作与环保科技，2021，2（18）：76 - 79.

［106］王慧茹，封学军，沈金星，等. 基于SVR的江苏省交通运输业碳排放达峰预测［J/OL］. 环境科技，2022，35（3）：58 - 63. DOI：10.19824/j.cnki.cn32 - 1786/x.2022.0036.

［107］王丽娟，邵朱强，熊慧，等. 中国铝冶炼行业二氧化碳排放达峰路径研究［J］. 环境科学研究，2022，35（2）：377 - 384. DOI：10.13198/j.issn.1001 - 6929.2021.11.18.

［108］王丽娟，张剑，王雪松，等. 中国电力行业二氧化碳排放达峰路径研究［J/OL］. 环境科学研究，2022，35（2）：329 - 338. DOI：10.13198/j.issn.1001 - 6929.2021.11.24.

［109］王利强，陈亚恒，许皞，等. 河北省耕地资源动态分析及耕地后备资源可持续利用对策［J］. 资源与产业，2006（3）：36 - 39.

［110］王琪. 基于STIRPAT模型的河北省碳排放峰值预测研究［D］. 北京：华北电力大学，2019.

［111］王穗子，刘帅，樊江文，等. 碳交易市场现状及草地碳汇潜力研究［J］. 草业学报，2018，27（6）：177 - 187.

［112］王铁军，史杰. 我省出台《河北省国土绿化规划（2018 - 2035年）》到2035年完成营造林5180万亩［J］. 河北林业，2019（5）：8.

［113］王亭亭. 河北省与国内发达省份主要经济指标对比分析及"十四五"经济发展思路［J］. 经济论坛，2020（4）：13 - 22.

［114］王伟，张晓晴，万宝春. 碳达峰碳中和背景下河北省工业行业碳排放和经济产出分析研究［J］. 经济论坛，2021（11）：5 - 9.

［115］王亚南. 二氧化碳捕集、利用与封存（CCUS）项目环境影响评价初探［J］. 低碳世界，2013（1）：26 - 27.

［116］王怡. 中国省域二氧化碳排放达峰情景预测及实现路径研究［J］. 科学决策，2022（1）：95 - 105.

［117］王月明，姚明宇，张一帆，等. 煤电的低碳化发展路径研究［J/OL］. 热力发电，2022，51（1）：11 - 20. DOI：10.19666/

j. rlfd. 202110191.

　　[118] 王志刚. 对生态文明建设背景下林业教育的思考 [J]. 河北农业大学学报（社会科学版），2022, 24 (6)：40 - 50. DOI：10. 13320/j. cnki. jauhe. 2022. 0077.

　　[119] 王中建，薛亮. 深入打好污染防治攻坚战 [N/OL]. 中国自然资源报，2021 - 11 - 08 (1). DOI：10. 28291/n. cnki. ngtzy. 2021. 003633.

　　[120] 魏静，冯忠江，郑小刚，等. 1995 - 2004 年河北省生态足迹分析与评价 [J]. 干旱区资源与环境，2008 (6)：175 - 180.

　　[121] 魏一鸣，范英，王毅，等. 关于我国碳排放问题的若干对策与建议 [J]. 气候变化研究进展，2006 (1)：15 - 20.

　　[122] 魏一鸣，余碧莹，唐葆君，等. 中国碳达峰碳中和时间表与路线图研究 [J/OL]. 北京理工大学学报（社会科学版），2022, 24 (4)：13 - 26. DOI：10. 15918/j. jbitss1009 - 3370. 2022. 1165.

　　[123] 翁爽. "电力经验" 领跑碳市场：专访中国电力企业联合会专职副理事长王志轩 [J]. 中国电力企业管理，2020 (28)：10 - 13.

　　[124] 吴隽宇，张一蕾，江伟康. 粤港澳大湾区生态系统碳储量时空演变 [J/OL]. 风景园林，2020, 27 (10)：57 - 63. DOI：10. 14085/j. fjyl. 2020. 10. 0057. 07.

　　[125] 吴彤，张兴宇，程星星，等. 基于 STIRPAT 模型的临沂市工业碳排放分析及预测 [J]. 华电技术，2021, 43 (6)：47 - 54.

　　[126] 解振华. 坚持积极应对气候变化战略定力 继续做全球生态文明建设的重要参与者、贡献者和引领者：纪念《巴黎协定》达成五周年 [J]. 环境与可持续发展，2021, 46 (1)：3 - 10. DOI：10. 19758/j. cnki. issn1673 - 288x. 202101003.

　　[127] 习近平总书记关于 "碳达峰、碳中和" 系列倡议 [J]. 国家电网，2021 (3)：8.

　　[128] 夏志华，李玉金. 新能源应用技术促进保定的节能减排

[J]. 能源与节能，2012（1）：25 – 27.

[129] 肖金成，魏孟举，刘钊. 碳达峰碳中和背景下河北省能源结构优化调整的对策 [J]. 中国电力企业管理，2021（34）：60 – 62.

[130] 肖兰兰. 全球气候治理中的领导 – 跟随逻辑：欧盟的实践与中国的选择 [J/OL]. 中国地质大学学报（社会科学版），2021，21（2）：91 – 102. DOI：10. 16493/j. cnki. 42 – 1627/c. 2021. 02. 009.

[131] 肖磊. 基于支持向量机参数优化的图像特征智能辨识 [J/OL]. 电脑知识与技术，2020，16（4）：173 – 175 + 177. DOI：10. 14004/j. cnki. ckt. 2020. 0443.

[132] 信贺宁. 省直机关 2022 年底前全部建成节约型机关 [N/OL]. 河北经济日报，2021 – 08 – 17（3）. DOI：10. 28318/n. cnki. nhbjj. 2021. 002289.

[133] 邢力仁，武正弯，张若玉. CCUS 产业发展现状与前景分析 [J]. 国际石油经济，2021，29（8）：99 – 105.

[134] 徐拥军. 垃圾低碳化是实现“碳中和”的必然选择 [J]. 张江科技评论，2021（1）：12 – 14.

[135] 许晓伟，魏俊英，门丽静. 河北省产业结构与就业结构协调发展研究 [J/OL]. 现代商贸工业，2021，42（8）：17 – 19. DOI：10. 19311/j. cnki. 1672 – 3198. 2021. 08. 008.

[136] 薛黎明，张心智，刘保康，等. 基于支持向量回归机的河北省能源消费碳排放预测 [J]. 煤炭工程，2017，49（8）：165 – 168.

[137] 颜伟，黄亚茹，张晓莹，等. 基于 STIRPAT 模型的山东半岛蓝色经济区碳排放预测 [J/OL]. 济南大学学报（自然科学版），2021，35（2）：125 – 131. DOI：10. 13349/j. cnki. jdxbn. 20201012. 002.

[138] 杨红叶. 基于小波包和支持向量机的滚动轴承故障特征提取及诊断研究 [D/OL]. 青岛：青岛大学，2019. DOI：10. 27262/d. cnki. gqdau. 2019. 001779.

[139] 杨虹. 河北“十四五”时期谋划推进一批重大工程项目

[N/OL]. 中国经济导报, 2021 - 06 - 02（2）. DOI：10. 28095/n. cnki. ncjjd. 2021. 001258.

[140] 杨仕超. 广东省建筑领域碳达峰方案建议 [J/OL]. 工程建设标准化, 2022（2）：36 - 38. DOI：10. 13924/j. cnki. cecs. 2022. 02. 003.

[141] 杨思佳. 京津冀地区净二氧化碳排放影响因素研究与控制建议 [D/OL]. 北京：北京化工大学, 2020. DOI：10. 26939/d. cnki. gbhgu. 2020. 000618.

[142] 姚一雯. 京津冀协同背景下的河北经济发展策略分析 [J/OL]. 经济研究参考, 2014（70）：72 - 75. DOI：10. 16110/j. cnki. issn2095 - 3151. 2014. 70. 013.

[143] 叶亨利, 余兴光, 张继伟, 等. 我国二氧化碳捕集利用与封存项目环境影响评价对策 [J/OL]. 环境与可持续发展, 2017, 42（5）：43 - 46. DOI：10. 19758/j. cnki. issn1673 - 288x. 2017. 05. 011.

[144] 尹晶萍, 张煜星, 付尧, 等. 中国碳排放与森林植被碳吸收潜力研究 [J/OL]. 林业资源管理, 2021（3）：53 - 61. DOI：10. 13466/j. cnki. lyzygl. 2021. 03. 009.

[145] 于春沣, 米哲, 周志强. 增强责任感使命感紧迫感 攻坚克难统筹谋划扎实推进"双碳"工作 [N]. 天津日报, 2021 - 06 - 21（1）. DOI：10. 28789/n. cnki. ntjrb. 2021. 003054.

[146] 于佩显. 基于绿色发展视角的北京市净碳排放量控制研究 [D]. 北京：北京化工大学, 2018.

[147] 于婷. 西安市居民消费碳排放分析及预测 [D/OL]. 西安：西安建筑科技大学, 2021. DOI：10. 273 93/d. cnki. gxazu. 2021. 000053.

[148] 余道洋. 电能质量扰动信号的检测与识别方法研究 [D]. 淮南：安徽理工大学, 2021. DOI：10. 26918/d. cnki. ghngc. 2021. 000063.

[149] 余璐. 绿色发展 描绘美丽中国新画卷 [J]. 中国环境监察, 2021（1）：24 - 27.

[150] 袁闪闪，陈潇君，杜艳春，等. 中国建筑领域 CO_2 排放达峰路径研究 [J/OL]. 环境科学研究，2022，35（2）：394 - 404. DOI：10. 13198/j. issn. 1001 - 6929. 2021. 11. 12.

[151] 原境彪. 碳达峰背景下城镇居住建筑碳排放目标确定研究 [D/OL]. 北京：北京交通大学，2021. DOI：10. 26944/d. cnki. gbfju. 2021. 002532.

[152] 苑立立，姜慧婕. 临时用地尽量不占或少占耕地 [N/OL]. 河北日报，2022 - 03 - 26（3）. DOI：10. 28326/n. cnki. nhbrb. 2022. 002033.

[153] 岳昊，郑雅楠，马国真. 京津冀产业协同发展成效、问题及政策建议：基于产业用电量的视角 [J]. 中国能源，2020，42（6）：32 - 36 + 16.

[154] 张鸿宇. 老有所养：让梦想照进现实 [J]. 乡音，2019（11）：10 - 12.

[155] 张建云. 气候变化对国家水安全的影响及减缓适应策略 [J]. 中国水利，2022（15）：3 - 5 + 14.

[156] 张军，吴桂英，张吉鹏. 中国省际物质资本存量估算：1952—2000 [J]. 经济研究，2004（10）：35 - 44.

[157] 张在旭，宋杰鲲，张宇. 一种基于支持向量机的企业财务危机预警新模型 [J]. 中国石油大学学报（自然科学版），2006（4）：132 - 136.

[158] 赵钦新，王云刚，梁志远，等. 工业锅炉行业应对变局的创新思维和实践 [J/OL]. 工业锅炉，2021（1）：1 - 14. DOI：10. 16558/j. cnki. issn1004 - 8774. 2021. 01. 001.

[159] 赵天泽. 浅析"双碳"背景下商业银行助力央企绿色产业发展 [J]. 农银学刊，2022（3）：41 - 44. DOI：10. 16678/j. cnki. 42 - 1864/f. 2022. 03. 009.

[160] 郑立群. 中国各省区碳减排责任分摊——基于零和收益 DEA 模型的研究 [J]. 资源科学，2012，34（11）：2087 - 2096.

［161］郑州市人民政府办公厅关于印发《郑州市"十四五"流域水生态环境保护规划》《郑州市城市集中式饮用水水源地环境保护规划》的通知［J］.郑州市人民政府公报，2022（8）：27-59.

［162］郑州市人民政府办公厅关于印发郑州市"十四五"生态环境保护规划的通知［J］.郑州市人民政府公报，2022（5）：35-61.

［163］智慧，牛迪凡.山西实现碳达峰碳中和的几点思考［J］.三晋基层治理，2021（6）：97-100.

［164］中共邯郸市委关于制定国民经济和社会发展第十四个五年规划和二〇三五年远景目标的建议［N/OL］.邯郸日报，2020-12-18（1）.DOI：10.28332/n.cnki.nhdrb.2020.001841.

［165］中共河北省委关于制定国民经济和社会发展第十四个五年规划和二〇三五年远景目标的建议［N/OL］.河北日报，2020-11-17（1）.DOI：10.28326/n.cnki.nhbrb.2020.008465.

［166］中共衡水市委关于制定国民经济和社会发展第十四个五年规划和二〇三五年远景目标的建议［N/OL］.衡水日报，2021-01-20（A01）.DOI：10.28379/n.cnki.nhsbr.2021.000158.

［167］中共秦皇岛市委关于制定国民经济和社会发展第十四个五年规划和二〇三五年远景目标的建议［N/OL］.秦皇岛日报，2020-12-07（A01）.DOI：10.28620/n.cnki.nqhdb.2020.001561.

［168］中共唐山市委关于制定国民经济和社会发展第十四个五年规划和二〇三五年远景目标的建议［N］.唐山劳动日报，2020-12-18（1）.

［169］中共玉溪市委关于制定国民经济和社会发展第十四个五年规划和二〇三五年远景目标的建议［N/OL］.玉溪日报，2020-12-17（1）.DOI：10.38270/n.cnki.nyxbr.2020.002484.

［170］中共中央 国务院关于深入打好污染防治攻坚战的意见［J］.中国对外经济贸易文告，2021（74）：3-8.

［171］中国共产党河北省第九届委员会第十一次全体会议决议［N/OL］.河北日报，2020-11-09（2）.DOI：10.28326/n.cnki.nhbrb.

2020. 008183.

［172］中国共产党唐山市第十届委员会第十一次全体会议决议
［N］. 唐山劳动日报，2020 - 11 - 27（1）.

［173］中国人民银行呼和浩特中心支行中国人民银行锡林郭勒盟
中心支行联合课题组，白莹，尹雪娜. 碳达峰、碳中和愿景下内蒙古
自治区草原碳汇经济发展与金融支持路径研究［J/OL］. 北方金融，
2022（3）：50 - 57. DOI：10. 16459/j. cnki. 15 - 1370/f. 2022. 03. 006.

［174］中华人民共和国国民经济和社会发展第十四个五年规划和
2035 年远景目标纲要［J］. 中国水利，2021（6）：1 - 38.

［175］钟薇薇，高海，徐维军，等. 多聚类视角下的碳达峰路径
探索与趋势研判——基于广东省 21 个地级市面板数据的分析［J/OL］.
南方经济，2021（12）：58 - 79. DOI：10. 19592/j. cnki. scje. 391173.

［176］周瑞婧，燕振刚. 基于甘肃省农业碳排放和碳吸收近 10
年对比与分析［J/OL］. 生产力研究，2020（7）：61 - 64. DOI：10.
19374/j. cnki. 14 - 1145/f. 2020. 07. 015.

［177］周涛，张艳宁，袁和金，等. 基于改进粒子群算法的支持
向量机［J］. 计算机工程与应用，2007（15）：44 - 46.

［178］庄贵阳，窦晓铭，魏鸣昕. 碳达峰碳中和的学理阐释与路
径分析［J/OL］. 兰州大学学报（社会科学版），2022，50（1）：57 -
68. DOI：10. 13885/j. issn. 1000 - 2804. 2022. 01. 006.

［179］资讯［J］. 绿色中国，2021（17）：6 - 7.